U0819780

生产网络与区域创新论丛

# 上海农业创新网络演化研究

刘 刚 著

中国财经出版传媒集团
中国财政经济出版社

**图书在版编目（CIP）数据**

上海农业创新网络演化研究／刘刚著．--北京：
中国财政经济出版社，2020.8
（生产网络与区域创新论丛）
ISBN 978－7－5095－9857－3

Ⅰ.①上…　Ⅱ.①刘…　Ⅲ.①现代农业－农业发展－研究－上海　Ⅳ.①F327.51

中国版本图书馆 CIP 数据核字（2020）第 101289 号

责任编辑：彭　波　　　责任印制：史大鹏
封面设计：卜建辰　　　责任校对：张　凡

中国财政经济出版社 出版

**URL**：http：//www.cfeph.cn
E－mail：cfeph @ cfemg.cn
**（版权所有　翻印必究）**
社址：北京市海淀区阜成路甲 28 号　邮政编码：100142
营销中心电话：010－88191537
北京财经印刷厂印装　各地新华书店经销
710×1000 毫米　16 开　17.25 印张　259 000 字
2020 年 8 月第 1 版　2020 年 8 月北京第 1 次印刷
定价：68.00 元
ISBN 978－7－5095－9857－3
（图书出现印装问题，本社负责调换）
本社质量投诉电话：010－88190744
**打击盗版举报热线：010－88191661　QQ：2242791300**

# 前　言

农业，民生之本，2004 年以来，中共中央、国务院一号文件均以“三农”为主题，十分重视包括农业在内的“三农”问题对中国社会主义现代化建设的影响。并在“十三五”规划中，提出要加大农业科技创新投入，加快农业发展方式转变，推动农业供给侧结构性改革，探索农业现代化发展的新路，推进农业现代化建设。因此，研究基于农业产学研一体化的创新合作网络对于提升我国农业竞争力、彻底解决“三农”问题、丰富创新经济地理学理论具有重要意义。

创新网络已成为经济地理学界的研究热点问题之一，但大多学者有关创新网络的研究主要以高技术、知识密集型工业为主，对农业创新系统以及都市型农业创新网络结构和空间特征的关注相对较少。总体来说，国内外关于农业创新体系的研究仍处于起步阶段，农业创新的相关研究多以国家/区域创新系统理论为支撑，重点剖析农业创新的主体及要素、农业技术扩散和创新模式等方面，对网络机理及演化特征关注较少。

与其他产业相比，农业创新网络具有自身的独特性，特别是随着大都市区域日益聚焦于二三产业的发展，“农业死亡”等论断不绝于耳，都市现代农业如何发展备受关注。以往学者研究农业创新发展更多是基于对农户和农业合作社等微观主体的调研或者就狭义农业中某一产业的创新展开研究，但从全球农业发展态势和创新网络研究动态来看，应该更多关注以企业为主体的农业网络发展，关注农业企业、科研院所、高校如何开展合作创新，从而进一步提升农业产业的核心竞争力，推动农业供给侧结构性改革。上海作为我国特大型城市，虽然农业总体规模不大，但是都市现代农业发展水平不低，上海拥有全国农业百强企业的五分之一，而且上海具有强大的高校、科研院所的智力优势。因此，研究上海农业创新网络对于推动我国现代农业创新发展具有重要的示范带动效应。

为了进一步深入研究农业创新网络的演化和发展，满足国内外社会各界对农业创新网络深入解析的期待，并为当前乃至未来一段时间都市型农业创新网络探索提供研究支撑，本书通过借鉴国内外研究成果，从经济学、地理学相结合的研究视角出发，拟解决三个关键问题：一是从经济地理学和农业地理学视角出发，构建农业创新网络分析的理论框架，阐述农业创新网络的行业特征、区域特征、阶段特征等；二是建立上海农业创新网络的分析框架，基于联合申请发明专利（技术知识网络）、联合发表科技论文（科学知识网络）等数据，着重分析上海农业创新网络的演化阶段、网络结构和空间结构；三是结合农业龙头企业问卷调研和高校、科研院所、政府等深入访谈，综合运用多种分析方法，系统分析上海农业创新网络的演化机理等。

本书共有八章，包括农业创新网络研究的理论基础、农业创新发展环境与条件、上海农业创新发展历程与现状、上海农业创新网络构成与空间结构、上海农业创新网络格局和演进机理、上海农业创新网络发展前景与政策建议等内容。本书综合运用行动者网络理论、区域创新系统理论、三螺旋理论，并以上海市软科学研究项目“新型城镇化背景下上海农业产学研一体化机制创新研究”（14692104000）、“基于长江经济带发展战略的长三角科技创新合作研究”（15692100700）、农业企业技术创新模式的形成与演化研究（16692105700）、上海都市农业众创空间发展模式及对策研究（17692105600）和上海市社会发展科技领域项目“崇明岛农田生物多样性优化构建与生态农业发展示范”（19DZ1203802）等课题为支撑，对上海市级、国家级农业龙头企业、上海涉农高校、科研院所、政府等相关部门和专家进行了多次实地调研和系列访谈，获取了丰富的一手资料，辅以文献查询和综合分析计算，对上海农业创新网络开展了系统研究。一方面，借助1988～2018年上海表征农业创新网络中科学知识网络与技术知识网络的农业技术领域合著论文和共同申请专利信息数据，运用复杂网络与空间分析方法，基于城市、区域和国家等3个层面，从网络整体结构、关键节点的比较及其空间结构等方面分析了上海农业创新网络的结构及其空间特征；另一方面，借助农业龙头企业调研问卷获得的第一手数据，剖析了上海农业创新网络的演化特征和演进机理，并验证了网络结构、空间结构、区域创新环境及其交互作用对创新的作用机制。研究发现：

第一，上海农业创新网络的演化具有明显的突变性特征。1988～2018年，上海农业创新网络中行为主体间持续的合作关系已基本建立，创新知识交流愈发频繁。从网络创新主体技术知识网络（联合申请专利）和科学知识网络（联合发表论文）的情况可以看出，上海农业创新主体合著论文及合作专利数量不断增多，但是上升过程中表现出不断波动特点。

第二，上海农业创新网络中高校、科研院所占据核心地位。尽管越来越多的企业作为创新主体进入网络，但涉农高校、科研院所在上海农业创新网络中发挥重要带动作用。上海市农业科学院、上海交通大学等科研院所和大学具有较强的科研能力和创新实力，吸引了更多农业龙头企业与其开展联合攻关和创新。

第三，地方创新网络是上海农业创新合作系统的主体。农业产品具有在地性消费特征，对本地创新合作的需求强劲，上海农业创新本地合作频率和强度均高于跨区域合作。上海农业创新网络本市、区域以及本国三个尺度相对重要性比较分析结果显示，尽管上海与区域内、外行为主体的创新合作日渐增强，跨界合作创新的数量也在逐渐增长，但与长三角抑或全国其他城市的合作创新相比，上海农业创新本地尺度的合作仍然占据重要地位，地理邻近对农业创新的重要性并未减弱。

第四，创新能级越高的企业越倾向于开展跨区域合作。总体来看，上海农业创新网络跨区域合作不断增多，特别是在国有及大中型民营企业中，其创新合作的需求远远高于小型企业，它们在网络中的核心地位相对突出。具体来说，知识伙伴明显呈现出随着创新能力提高而比例递增的趋势，一些创新能级越高的企业，越倾向于与高校、科研院所等知识伙伴进行合作。从空间尺度来看，创新能级较高的大型企业十分重视对外交流与合作，跨区域联系已经多于本地联系。这些企业通过与区外行为主体的创新交流，有效地弥补了本地合作中知识同质性的不足，提升了创新绩效。

第五，政府在农业知识生产中发挥主导作用。政府在农业发展及创新政策、奖励机制等环节为企业创新发展提供了有利条件，在构建都市农业科技创新体系过程中发挥了重要作用。上海农业创新实地调研结果显示，除高校、科研院所外，企业对政府作用的感知度最高。需要特别指出的是，随着企业年龄增加和创新项目扩大，企业对政府支持的感知度越高。农业创新网络构成、空间结构、政府支持之间交互作用的回归分析结果显示，知识伙伴与政府支持具有较强的正相关性，说明政府是农业知识生产的重要推动者。

在本书的编写和出版过程中，华东师范大学曾刚教授给予了诸多指导，上海市农业科学院领导给予了大力支持，中国财政经济出版社为本书的顺利出版付出了艰辛的劳动，在此，一并表示衷心感谢！

农业创新网络研究是一个较新的领域，可借鉴、参考和比较的研究成果不多，有很多问题需要进一步探索和研究。农业创新网络的演化受到内外部多种因素的影响和制约，本书从“高校—科研院所—企业—政府”等产学研合作角度进行了分析，重点从不同行为主体之间的合作关系，探讨了农业创新网络的形成与演化机理。但是，农业概念较广，内部涉及的细分产业领域较多，由于数据样本的局限性，本书未能对农业领域内不同产业创新网络合作机制与演化机理以及与国内、国际其他城市的农业创新网络比较研究分析。本书意在抛砖引玉，力求针对农业创新网络演化提供一种研究思路，本书诸多不足之处恳请各位读者批评指正。

刘　刚

2019年12月

# 目　录

# 第一章

# 上海农业创新网络研究的时代背景

对于一个占世界五分之一人口的发展中国家而言，中国农业具有十分重要的地位和作用。近代农业科技革命对中国的影响，实际上是从1949年才开始的，比发达国家晚了近半个世纪。但是，中华人民共和国成立之初，就抓住了这个机遇，大力发展化肥、农药、拖拉机和农电等农用工业，几乎由零起点分别发展到年产化肥3000万吨、农药66万吨、拖拉机8300万台和农电2173亿千瓦时的生产能力等。这50年中，农药、化肥、农机、用电和良种等农业投入高速增长，农业产出也是数十倍地增加，形成了一个高投入、高产出和高速度的清晰轮廓，其增速明显高于同期的美国和世界平均值。①

然而，从目前情况来看，我国虽是农业大国，但并不是农业强国。当前进入国际市场的谷物总交易量中85%来自美、加、澳等发达国家，谷物净进口国多为发展中国家，我国粮食进口数量不断增多，国内粮食库存量也保持较高水平，显现出粮食进口量、库存量、生产量“三量齐增”的特有现象。农业仍然是“四化同步”的短腿，从农业现状来看，面临的最大问题就是一方面低端的农产品供大于求，而高质量的农产品供不应求，另一方面农产品结构性失衡，有的种类库存过剩，有的种类仍然依靠进口。

---

① 农业科技问题研究报告．国家中长期科学和技术发展战略研究04专题。

与其他产业相比，农业创新具有自身的独特性，特别是随着大都市区域日益聚焦于二三产业的发展，“农业死亡”等论断不绝于耳，都市现代农业如何发展备受关注。与国内其他区域比较而言，尽管上海农业的规模与产量较小，但上海具有强大的科技资源优势和企业发展优势，粮食作物单位面积产量，农业机械化、设施化水平，农民组织化程度，农业商品率等均位居全国前列，在引领全国农业现代化发展中发挥重要作用。由《现代农业》杂志联合现代农业产业网、鸿与智产业研究院共同发起的“2013现代农业创新力企业100强”评选活动中，上海农业企业共有21家入围百强名单，因此，研究以都市型农业为代表的上海农业企业创新如何布局、合作关系、创新网络，对农业创新系统良性运转和创新节点的培育具有重要意义。

## 第一节

## 推进现代农业创新发展的迫切需要

农业，民生之本。长期以来，我国十分重视农业发展，中共中央、国务院在20世纪80年代连续五年、21世纪2004年以来连续十七年发布了以“三农”问题为内容的一号文件，对农业发展和农业科技创新提出了指导方针。习近平总书记在党的十九大报告中明确指出：“农业农村农民问题是关系国计民生的根本性问题，必须始终把解决好‘三农’问题作为全党工作重中之重。”2017年的中央一号文件强调，当前需要“围绕农业增效、农民增收、农村增绿，加强科技创新引领”。21世纪以来，从2004年至今，中共中央、国务院每年的一号文件都锁定在“三农”事业发展上（见表1-1），特别指出了要利用现代科学技术推动农业科技创新，加强农业产学研合作，推动现代农业的快速、健康发展，特别强调“十三五”期间要推进农业现代化发展，加大农业科技创新投入，加快转变农业发展方式，推进农业供给侧结构性改革，而农业创新网络研究是推进农业现代化建设和农业供给侧结构性改革的有效方式。

1978年以来，随着改革开放不断深化和扩大，城市化与工业化步伐不断加快，积极推动了我国经济社会的飞速发展。尤其是进入21世纪以后，中国政府加快推进城市化进程。2012 年 10 月 31 日，《2012 中国新型城市化报告》（中国科学院可持续发展战略研究组主持）在北京发布，数据显示，2011 年我国城镇人口比例首次超过农村人口，达到了 51.3%。另外，根据联合国经济与社会事务部 2011 年版《世界城市展望》的预测，未来 40 年，我国城市人口将增加 3.41 亿人。随着中国城市化的快速推进，农业土地资源日益短缺，社会文化多元需求不断增长，生态环境和景观建设要求日益强化。城市地区将面临更为严峻的农地和农业保护、农业经济收益提升、城市生态环境改善、市民质量型副食品需求和田园精神文化需求以及农产品价格“天花板”封顶、生产成本“地板”抬升、资源环境“硬约束”加剧等方面的新挑战，这就需要通过农业创新和产学研合作来推动现代农业健康持续发展。但从目前现代农业发展情况来看，我国农业大国、农业弱国的地位还没有改变，特别是在农业科技创新和成果转化方面与发达国家相比还远远不够，当前面临强大的农业科技创新源和弱小的农业企业创新能力的矛盾，能够运用于农业生产、实现农业产业化、产生经济效益的科技成果十分有限，转化率仅为 41%，真正形成产业的还不到 20%，世界发达国家的转化率已达 65% ~85%（莫小香，孔令孜等，2014），因此，在全面贯彻落实创新、协调、绿色、开放、共享五大发展理念过程中，系统分析农业创新网络中不同主体的作用、网络特征、演化轨迹以及网络中知识生产、转化、流动等科学问题，将有利于进一步推动推进农业产学研协同发展，从而补上科技创新和成果转化不畅这个“短板”。

**表 1－1　　21 世纪以来中共中央国务院关于农业的一号文件**

| 年度 | 主　题 |
|---|---|
| 2004 | 关于促进农民增加收入若干政策的意见 |
| 2005 | 关于进一步加强农村工作提高农业综合生产能力若干政策的意见 |
| 2006 | 关于推进社会主义新农村建设的若干意见 |
| 2007 | 关于积极发展现代农业扎实推进社会主义新农村建设的若干意见 |
| 2008 | 关于切实加强农业基础建设进一步促进农业发展农民增收的若干意见 |
| 2009 | 关于促进农业稳定发展农民持续增收的若干意见 |

续表

| 年度 | 主　题 |
|---|---|
| 2010 | 关于加大统筹城乡发展力度进一步夯实农业农村发展基础的若干意见 |
| 2011 | 关于加快水利改革发展的决定 |
| 2012 | 关于加快推进农业科技创新持续增强农产品供给保障能力的若干意见 |
| 2013 | 关于加快发展现代农业进一步增强农村发展活力的若干意见。 |
| 2014 | 关于全面深化农村改革加快推进农业现代化的若干意见 |
| 2015 | 关于加大改革创新力度加快农业现代化建设的若干意见 |
| 2016 | 关于落实发展新理念加快农业现代化实现全面小康目标的若干意见 |
| 2017 | 关于深入推进农业供给侧结构性改革加快培育农业农村发展新动能的若干意见 |
| 2018 | 关于实施乡村振兴战略的意见 |
| 2019 | 关于坚持农业农村优先发展做好“三农”工作的若干意见 |
| 2020 | 关于抓好“三农”领域重点工作确保如期实现全面小康的意见 |

资料来源：作者依相关资料整理

上海作为中国经济发展水平较高的大城市之一，也是中国最具建成全球城市潜力的城市区域之一，已经具备发展都市型现代农业得天独厚的条件，并形成了一批适合都市农业发展的特色产业。

虽然在农业总产值和耕地资源方面，上海占全国比重较低（根据《中国统计年鉴（2018）》数据，2017 年上海农业总产值占全国比重为 0.42%；根据第二次全国土地调查数据，上海耕地面积占全国比重为 0.21%），但是在农业产出效率方面，上海却称得上中国的农业强市，一直以来，上海粮食作物单位面积产量、农民人均纯收入、农业商品率等均位居全国前列（2017 年，上海粮食作物单位面积产量为 7514 千克/公顷，排名全国第二，仅次于吉林；农业商品率达 83.9%，在全国排名前列；2018 年全年上海农村常住居民人均可支配收入 30375 元，增长 9.2%，扣除价格因素，实际增长 7.5%）。上海农业的许多发展理念、生产经营方式、组织管理手段等对长三角乃至我国其他城市化地区的都市型现代农业发展具有重要的示范带动作用。

依据世界农业发展经验，都市型现代农业是现代化大都市地区农业发展的必然趋势，是实现城乡经济、社会和环境融合发展的最有效模式和手段，许多发达国家都采取积极措施大力推进都市型现代农业进程，打造具有本国家、本地区鲜明特征的都市农业发展模式。如日本东京在20世纪60年代提出了都市型农业发展构想，经过20多年的发展，通过融合独特的产业体系和自身的高新技术产业，构建了以“绿色农业”为主要特色的都市型现代农业；新加坡结合自身的发展情况和区域优势，积极塑造“花园城市”，打造集生态、休闲、观光、贸易等于一体的综合性的都市型现代农业。

目前发达国家都市农业取得了一定成效，但是我国都市农业仍处于起步阶段，无论理论研究还是实践进展都处于发展初期的探索阶段，而上海在都市型现代农业的发展走在全国前列。在理论研究方面，上海学者率先将都市型现代农业翻译和介绍到我国，相关理论研究起步较早；在实践进展方面，上海已经完成了从传统农业到城郊农业的全面转变，并且具备了都市型现代农业的发展雏形、发展条件和发展需求。

近年来，上海大力推进农业科技创新，积极构建“一主多元”农业科技推广工作格局，切实加强基础性、前沿性、应用性农业科技研究，稳步推进公益性农技推广机构改革与建设，积极引导、大力扶持农业社会化服务组织发展，农业产学研合作不断深化。但从目前对农业现代化发展的要求看，上海农业创新的紧密度有待进一步加强，表现在集聚不足、创新成果集成不够、产业集约化程度不高，农业科技创新表现为“单项攻关多、系统集成少，点上研究多、面上协同少”，基础研究、应用研究和产业化之间缺乏足够连续性（张贵龙，2013）。上海科技兴农核心内容是《上海市人民政府关于加强科技兴农工作的通知》《上海市科技兴农重点攻关项目管理办法》《关于推进科技兴农项目的实施意见》《上海市农业科技进步若干规定》等文件，其中，《上海市农业科技进步若干规定》是全国第一个促进农业科技进步的地方性法规。因为这些文件，上海形成了科技兴农运行机制，包括投入机制、立项机制、分工协作和联合攻关机制等。2015年，上海提出了要加快建设具有国际影响力的科技创新中心和整建制创建国家现代农业示范区的总体构想，在这一过程中离不开农业科技创新和成果转化，而研究农业创新网络是推动农业转型升级的有效途径，无论从理论探索还是从指导现实发展来看，不仅对上海农业发展具有重要的指向性价值，而且对于长三角乃至国内其他城市或地区的农业发展也具有重要的借鉴意义。

## 第二节

## 实施乡村振兴战略的现实需求

2017 年 10 月 18 日，习近平总书记在党的十九大报告中指出，实施乡村振兴战略，是党的十九大作出重大决策部署，是决胜全面建成小康社会、全面建设社会主义现代化国家的重大历史任务，是新时代“三农”工作的总抓手。乡村振兴战略的总目标是实现我国农业农村的现代化，具体的建设目标为党的十九大报告中提出的实施乡村振兴战略的“二十字”方针，即“产业兴旺、生态宜居、乡风文明、治理有效、生活富裕”。产业兴旺是乡村振兴的内源性动力支撑，是促进农民增收的关键所在，也是我国经济建设的核心。当今世界全球性的技术竞争不断加剧，产业实体在技术创新活动中面对的技术问题越来越复杂，技术的综合性越来越强，单个实体依靠自身能力取得技术进展越来越难，合作创新有利于缩短创新时间，增强实体的竞争地位，因此，研究农业创新网络对于推动农业协同创新，带动农业产业发展具有重要现实意义。

农业协同创新，指的就是为了实现各组织机构自身的利益目标，以企业为代表的产业界和以大学、科研院所为代表的学术界共同参与合作，以实现技术创新、科技成果转化的一种合作方式。产学研协同创新是始于企业的一方，经过大学、科研院所的开发和创新，通过企业的营销手段和市场实践，最终实现高科学技术层次上的创新目标。从产学研的整体流程可知，产学研涉及包括企业、高校和科研院所等三个不同性质的机构或组织，但他们分属于产业界和学术界两大领域。因此，农业协同创新主体包括了以企业为代表的产业界和以大学、科研院所为代表的学术界。

上海是全国最大的消费城市，也是我国最大的农产品进出口港口城市和最重要的国际化大都市，其都市现代农业科技创新所体现的区域示范性和全球影响力备受关注。为实现党的十九大提出乡村振兴战略和产业兴旺目标急需上海农业科技产业领域加快建设功能先进的农业科技创新载体，加快培育农业新经济、塑造绿色发展新动能、提升农业产业科技创新集中度和显示度已经势在必行。对标纽约农业科技创新中心，上海同样具有农业领域颠覆性技术识别能力和市场敏感度，具有引领性创新和系统布局为特点的大科学研究组织模式和经验，有利于抢占农业产业科技发展制高点，培育参与全球竞争的新优势。

近年来，上海不断转变农业发展方式、增强农产品供应保障能力、提升农业产业化水平，坚持以应用为导向的自主创新，以落实中长期科技发展规划为抓手，开展农业科技自主创新，提高农业科技水平，加强农业科技成果转化应用，农业科技创新呈现良好态势。农业科技支撑作用逐步显现，农业装备水平明显改善，乡镇农业公共服务体系实现全覆盖，农业物联网区域试验工程和农业农村信息化工作走在全国前列，形成了与上海国际化大都市相适应的多功能都市现代农业创新体系，为实现农业现代化奠定了扎实基础。但是，与新时代肩负的重大历史使命相比，与上海科技创新中心建设和全面推进乡村振兴战略的总要求相比，上海农业科技创新发展还存在诸多不平衡问题：

一是，农业产业科技竞争力与上海整体创新发展水平不平衡。党的十八大以来，以习近平同志为核心的党中央，高度重视科技创新工作，为加快建设世界科技强国指明了方向。上海提出要加快推进国际经济、金融、贸易、航运、科技创新“五个中心”建设，努力把上海建设成为卓越的全球城市和社会主义现代化国际大都市。目前，上海正大力推进张江综合性国家科学中心建设，积极推进各个科创承载区建设，推动形成分类布局、错位发展的新格局，提高创新要素集聚浓度，努力拿出标志性的科技成果。但是，与其他产业的科技创新相比，农业科研周期长、见效慢，农业技术开发具有外部性和时滞效应，成果应用具有地域局限性，技术推广体系复杂，“短平快”式的农业科技创新方式不符合农业产业的发展特点和规律，这就需要根据农业产业特点，结合上海科创中心建设的综合竞争优势，科学谋划，合理布局，开展农业引领性、颠覆性技术创新，抢占世界农业科技发展制高点。

二是，农业企业创新能力与产学研协同创新发展不平衡。上海作为中国经济发展水平较高的大城市之一，也是中国最具创新潜力的城市区域之一，是以不受陈规拘束、勇于探索创新、兼收并蓄、强劲的辐射力和影响力为特征的“海派文化”，为农业产业科技创新提供了得天独厚的条件，形成了一批具有创新活力的农业企业组团和涉农高校、科研院所。但是，尽管农业科技的支撑引领能力不断加强，农业科技进步贡献率稳步提升，科技经济“两张皮”的问题依然存在，企业技术创新主体作用没有充分显现。对标国际先进水平，上海缺少具有世界核心竞争力的农业龙头企业，以产业问题为导向，产学研一体化的协同创新机制尚未真正建立，基础研究、应用研究和产业化之间缺乏足够连续性，“研学产”的科研组织方式尚未根本扭转，企业与其他创新主体之间缺乏实质性的利益联结机制，大多数农业科企合作仍属于松散、短期的项目形式，难以形成深度融合。

三是，农业科技创新活力与体制机制激励不平衡。党的十八大以来，中央出台了一系列激发创新创业活力的政策，上海也相继出台了《上海推进科创中心建设 22 条意见》《上海市人才政策 30 条细则全文》等一系列贯彻落实的具体措施。但很多制约因素和问题还未能很好解决，有利于科研单位自主创新、促进人才充分涌流的局面还未全面形成。大部分科研院所缺乏人员进出、科研选题、科研经费等创新自主权，围绕项目要求而不是产业需求开展科技创新，一些激励政策难以落地。

实施乡村振兴战略将迎来农业强、农村美、农民富的历史性飞跃，为农业科技发展提供了新的历史舞台、赋予了新的历史使命。这是科技创新推动全面建成小康社会的新时代；是依靠科技创新推动农业现代化的新时代；是依靠原始创新推动农业科技日益走近世界舞台中央的新时代。上海农业科技正处在跨越发展的新的历史阶段。紧紧围绕农业现代化发展需要，大力推进农业科技产业创新，充分发挥企业在创新决策、研发投入、科研组织、成果转化等方面的主体作用，促进产学研一体化发展，加快把农业科技创新成果转化为现实生产力，将上海打造成为具有综合示范性、区域主导性、全球影响性的现代农业创新集群。

## 第三节

## 丰富发展农业地理学理论的新趋向

农业发展的历史实质上就是农业科技革新的历史，每一次农业科技的重大创新，都带来了农业发展新的飞跃，尤其当前中国农业正处于由传统农业向现代农业转变的关键时期，依靠自然资源、资本和劳动力为主导的传统发展模式正在向依靠科技、知识和人才为主导的创新发展模式转变（陆大道，2003）。而建立在与外部主体结构网络基础上的合作创新，作为促进知识交流、技术扩散，有效提升创新水平与影响力的重要行为，已经是当今技术创新的必然趋势（韩增林等，2016）。农业地理学是研究农业生产结构与不同地域发展变化规律的科学，是从区域发展角度研究农业经济活动的形成过程、条件、特征、结构及其时空发展变化规律情况，是经济地理学的一个重要分支学科（郭焕成、王云才，1999）。

中华人民共和国成立以来，我国农业地理学获得了较快发展，为推动农业建设和发展做了大量工作。改革开放以来，农业地理学研究取得了丰硕成果，体现了“地理学为农业发展服务”的鲜明特色，特别是地理学在农业研究方面所具有的区域性、综合性优势得到较好发挥；主要关注农业资源调查与评价、农业地理丛书的编写、农业土地利用研究等（刘彦随、王大伟等，2004）。20 世纪 90 年代开始关注农业资源可持续利用、可持续农业战略与模式、农业结构调整与农业产业化研究等。20 世纪，西方农业地理学着重研究农业区位及其环境的影响，以及不同区域农业创新活动差异。与经济地理学其他领域研究一样，农业地理学的发展也受到实证研究、规范研究、行为主义和政治经济学等不同方式的影响。随着行为主义和政治经济学研究的深化，催生了行动者网络理论和西方马克思主义农业地理学思想等（李小建、李二玲，2007）。

进入 21 世纪，虽然我国工业化、城市化进程取得了长足发展，但是我们农业大国、农业弱国的地位并没有从根本上改变。吴传钧（2002）先生强调：“我国农业必须坚持现代化、产业化发展的思路，地理界过去重视农业研究，今后还应该更认真地为农业发展服务”。一些学者开始关注农业发展的宏观战略、农业科技创新与高新技术园区示范、农业产业集群、农业技术扩散等方面的研究（李同昇，2010；李小建、李二玲，2012）。但就目前来看，以往农业地理学者涉及创新网络的研究较少，研究过程中方法较为单一，研究对象多是基于农户和农业合作社等微观主体或者农业领域内某一细分产业展开的，缺少从系统的角度对以农业企业为主体的创新网络的深入研究，基于此，本书将运用定性与定量相结合的方法，结合上海农业龙头企业实地调研数据，对农业创新网络中网络要素、网络特征、网络演化、知识流动等方面问题进行系统分析，进一步丰富和发展农业地理学相关理论。

关于农业创新体系仍有许多方面亟待国内外的学者开展深入研究，从目前来看，农业创新相关研究多以国家/区域创新系统理论为支撑，重点剖析农业创新的主体及要素、农业技术扩散和创新模式等方面，就网络机理及演化特征关注较少。与此同时，作为“最有前途的实证分析工具”之名（Ter wal and Boschma，2009），社会网络分析方法在经济地理学中已被广泛运用，但是，以此为工具所进行的实证研究却寥寥无几。

①国外文献方面：在“Web of Science”输入“agriculture industry & innovation network”，共检索得到文献 26 篇。具有代表性的文献分别为：Chairatana（2000）指出泰国的农业创新体系是以农业为基础的农业产业网络和农业生产链；Spielman et al.（2008）认为农业创新系统的基本组成要素包括大学－研究机构、企业－贸易联系、中介机构和制度环境等四个方面，并将国家在农业研发的投入、专利数量作为创新指标，对农业创新系统的绩效进行了判定；Hall et al.（2005）、Agwu et al.（2008）则聚焦于农业创新的政策需求，通过实证进而肯定政府在农业创新体系中的重要作用；Läpple et al.（2016）则通过以爱尔兰农业创新系统为案例的实证研究，认为：研发、教育及咨询服务机构是驱动农业创新的主要因素，通过影响区域知识溢出而对农业创新的空间分布格局产生影响，进而带来了二者在地理空间上的相似性。

②国内文献方面：在中国知网中以“农业 & 创新网络”作为研究主题关键词，共检索到 28 条文献。按照索引概率进行统计上述文献，可以得到表 1－2。涂俊和吴贵生（2006）认为农业创新系统为一定区域范围内（多

为省域），由企业、政府、科研机构、推广部门及农户等多个行为主体组成的技术研发与扩散网络，并采用 DEA－Tobit 的分析方法对中国农业创新系统的效率进行了评价；钱丽和肖仁桥（2012）将生态环境效应纳入评价体系，运用 DEA 模型定量刻画了安徽省各地级市的农业创新效率；李二玲和史焱文（2012，2014）经过一系列研究认为，农业创新体系由农业创新的行为主体、创新网络以及在网络中流动的创新内容三个部分组成，以寿光蔬菜产业集群、鄢陵花木产业集群为例，并尝试剖析了农业知识网络和合作网络的结构特征（见表 1－2）。

**表 1－2　　国内农业创新网络研究索引前 10 名的文献**

| 题　名 | 作者 | 年/期 | 被引次数 |
|---|---|---|---|
| 基于生命周期阶段的农业产业集群形成和演化机理分析 | 周新德 | 2009/07 | 60 |
| 基于农业产业集群的农业创新体系结构分析 | 李二玲，史焱文，李小建 | 2012/11 | 21 |
| 基于物联网与云计算服务的农业温室智能化平台研究与应用 | 刘洋，张钢，韩璐 | 2005/08 | 18 |
| 企业生态与涉农企业竞争力 | 文育芬，赵桂慎 | 2013/06 | 10 |
| 农业产业集群发展中的地方政府行为——以砀山水果产业集群为例 | 袁平红，武云亮 | 2009/09 | 9 |
| 现代农业育种创新管理模式研究 | 许奕华，吴洁，李云伏 | 2005/08 | 6 |
| 我国农业生物产业国家自主创新体系构建研究 | 马春艳，冯中朝 | 2009/03 | 6 |
| 地市级农业科研院所农业科技创新现状分析 | 王俊岭，葛昌斌 | 2010/09 | 4 |
| 基于 SNA 的农业产业集群创新网络与知识流动分析——以寿光蔬菜产业集群、鄢陵花木产业集群为例 | 史焱文，李二玲，李小建，娄帆，陈晓燕 | 2015/08 | 2 |
| 农业科技发展方式的九大转变 | 周志太 | 2013/05 | 2 |

注：在“中国知网”数据库输入“农业创新网络”按“主题”进行检索所得结果

以往学者研究农业创新发展更多是基于对农户和农业合作社等微观主体的调研基础上，或者就农业某一领域的创新展开的研究，但是就发达国家现代农业发展经验来看，要更多关注以企业为主体的农业创新网络发展，关注农业企业、科研院所、高校如何开展合作创新，从而进一步提升农业企业的核心竞争力，推动农业供给侧结构性改革。2013 年，《财富》世界 500 强排行榜中，以能源、银行、钢铁和保险等为主营业务的企业占据大部分，以农业或食品生产为主营业务的涉农企业仅有 5 家，3 家在美国（ADM 公司、邦吉公司、泰森食品），1 家在新加坡（丰益国际），1 家在巴西（JBS 公司），中国农业企业没有 1 家入围。据 Ranker 网站全球前 50 强农业企业排名，中国仅 1 家。搜狐网 2015 全球 100 强食品公司榜单中，中国企业仅 3 家（伊利 53 位，蒙牛 61 位以及青岛 89 位），而整个榜单有 28 家为美国的企业，榜单内 25 家亚洲的公司大部分来自日本。

从上海农业发展来看，传统的杜能农业区位论已经不适应都市型农业创新发展的新动态。杜能提出的农业区位论的思想是与当时西方国家的农业发展情况和社会背景密切相关的。随着世界各地社会、经济、技术的重大变革，杜能圈的应用条件发生了彻底改变，传统的杜能区位理论模型与现代农业区位发展已经不相匹配，辛克莱尔的逆杜能圈对于现代城市扩张中的近郊区农业发展引发了学者的思考，因此重新认识和总结农业区位变化对农业创新发展具有重要意义。20 世纪 80 年代，我国上海、北京郊区农业区位类似杜能圈结构。经过 30 余年的改革开放发展，上海农业发展实践已经积累了大量农业布局的实践经验，初步形成符合当前农业生产实践的都市农业布局模型和理论，亟待我们加以总结和提炼，从而进一步推动现代农业产业结构调整。

基于此，笔者综合运用行动者网络理论、区域创新系统理论、三螺旋理论，以上海市软科学重点项目等课题为支撑，对上海市级以上农业龙头企业、上海涉农高校、科研院所、政府相关部门以及相关专家进行了多次实地调研和系列访谈，获取了丰富的一手资料，辅以文献查询和综合分析，对上海农业创新网络开展了系统研究。旨在剖析以上海为代表的都市型农业创新网络的基本形态是什么？上海农业创新网络的构成和空间结构，并剖析随着时间的演变，有哪些变化？创新源主要集中于哪个空间尺度，本市还是本国？整体空间结构有哪些变动？产业伙伴/知识伙伴孰轻孰重？创新网络结构、空间结构以及区域创新环境如何影响企业的创新能力等科学问题，进一步明晰上海农业创新网络的作用机制，进而谋求充实创新经济地理学研究的实证案例，并为上海农业创新系统良性运转和培育创新节点、促进农业供给侧结构性改革提供借鉴。

# 第二章

# 农业创新网络研究综述

## 第一节 创新网络结构

总体来说，创新网络的相关研究有两种研究视野的分异：管理和情报学界对创新网络结构的关注以理论探讨和模型建构为主，并运用复杂网络、结构方程模型进行定量分析，着重于网络的组织结构与创新绩效关系之间的讨论；而区域经济以及经济地理学者则主要关注创新合作空间结构，运用空间构图软件，注重于探讨多空间尺度创新网络，特别是本地与全球孰轻孰重的问题。

### 一、创新网络拓扑结构

网络一词最早出现在图论当中，它主要代表的是一个由多条线段和多个点进行交织的连通图。主要用于对网络中空间主体间的相互联系、变化趋势与规律的分析（曾菊新，2001；文嫣，2005）。在此之后，它又被运用到了多种学科领域内，尤其是电学对其应用的最为广泛。我国出版的《现代汉语词典》1993 年版，对网络一词进行了解释。网络主要指的是，在电系统里，多个原件所构成，让电信号根据相关要求进行传输的电路。在电子计算机中，网络主要是通过对工作站以及主机的有效连接，从而组成的一种数据链条。其作用在于能够实现有效的资源共享和通信传输。

再到后来，社会学、经济学等相关学者，都纷纷投入到了网络的应用研究领域。其中经济学对这一概念的解释为，能够连接各种经济行为人的节点，并由此形成了关系网络。著名经济学家戴尼斯·迈拉特从多种角度，对网络这一概念做出了详细的解释。他指出，从经济要素来说，网络扮演着中间组织者的角色。而从历史维度来说，网络的作用在于能够保障各个行为主体之间拥有长期的关系，并且在这个过程中，它会随着关系的程度而进行不断的完善和改进。从认知角度来说，网络是行为主体的储存介质，它有效地实现了对行为人各种思想和行为的概括和总结。从制度规范维度来说，网络的作用在于，为各个行为主体进行责任和义务的划分（赵建吉，2011；文婷，2005）。

随着产业革命的不断深入，经济地理学家都开始注意到创新网络在经济建设中的重要性，并以此进行了深入的研究。尤其 20 世纪 80 年代以后，关于创新网络的研究更是达到了一个从未有过的高度。也就是在这个时期，新区域主义、全球生产网络、关系经济地理等研究分支相继出现。Hakansson（1987）在其开创的研究中强调，网络主要是由相关的资源、活动以及行为主体所组成的。行为主体主要包括企业、个人等多个层次，同时还包括地区政府、社会组织、高等院校、培训机构等。网络中所包含的活动主要包括行为主体所进行的信息、知识传递活动、组织内部交易活动以及外部活动。同时，还涵盖了行为主体之间的技术交流、资源共享等多种活动。其中的资源分为多种类型，主要包括自然资源、人力资源、物质资源等。物质资源主要指的是机器设备、材料等内容；而人力资源则主要指的是普通劳动力、优秀管理者以及领域专家等。网络的形成主要是依赖于具有活动能力的行为主体，在参与活动的前提下，通过资源的整合和利用所形成的各种形式的关系（盖文启，2002）。

通过对部分研究文献和相关资料数据的分析和整理，本书发现，关于网络和创新两者关系的研究最早开始于 20 世纪 70 年代。该项研究来自美国芝加哥大学著名教授 Ronalds Burt。他在研究中指出，在未来的社会环境中，信息传播对于技术创新的发展将会造成严重的影响。在此基础上，Czepiel. J（1975）、美国著名教授 Teece. D（1986）、丹麦学者伦德瓦尔（B. Lundvall，1988）以及日本著名学者今井一洋和马场靖宪（1989）等人，相继提出了社会组织之间的相互关系对于技术创新有着积极的促进作用。不过，这些学者虽然都表达出了这一类似观点，但并没有对创新网络进行充分的说明。

直到20世纪90年代以后，弗里德曼首次提出了创新网络的概念，并于1991年发表在 *Research Policy* 的文章中，他提出，创新网络是基于系统创新所实现的一种网络形态。网络的架构组成，来自于组织间的创新思想和关系。在此以后，又有多个领域的学者围绕着这一概念进行了大量的研究。到了90年代中后期，社会网络的研究学者们，逐渐地关注起了组织之间的关系结构，并在此基础上，探讨了基于网络层面的交流、学习和沟通，同时还包括创新行为对于工作效率、组织收益等方面的影响。在早期的研究阶段，Ahuja（2000）主要是对直接与间接联系、结构组成等方面对于创新质量的影响，随后，Baum（2000）等人从计算联盟人员、专利的数量，论证了联盟网络的构成和组织绩效之间的关系。

我国关于该方面的研究一直到1997年才开始进行。1997年，中关村创新能力课题组首次围绕着创新网络进行了深入的研究。冯治军、王树林（2006）等人在研究中，通过数据分析，对正式和非正式网络给创新绩效所造成的影响做出了解释。魏江（2007）以创新速度为出发点，对创新网络的程度给创新绩效造成的影响进行了研究，并在此基础上，提出了包括创新能力在内的多种影响因素。郝生宾、于渤（2009）通过对比分析提出，组织网络能力的大小，对于创新绩效能够产生直接的影响。同时也会给技术能力造成一定的影响，当影响力度到达一个层次的时候，后者也会对创新绩效造成严重的影响。

关于创新网络的构成要素，Engel等学者指出，创新网络主要指的是个体、组织以及其他主体之间的关系。这种关系主要是在正式以及非正式的网络支持下所构成的。社会组织是该项网络中的一个重要内容，并且在其组织结构中广泛的存在。这些组织网络常常出现在一些领域权威人士的非正式集会当中，并由此发展为一个有着多种联系关系的联盟组织。有些组织网络在得到国家以及民众的认可后，会将其中的内容向外进行推广和扩展。比如在东南亚、欧洲等一些人员所构成的组织网络等，都实现了在全球范围内的拓展（Engel & Del - Palacio，2009）。文嫣（2005）、赵建吉（2011）等人在研究时提出，创新网络主要是通过行为主体之间的资源共享、信息传播等活动中形成的，并且是含有多种复杂关系的系统形态。

关于创新网络的多种不同表现形式，主要包括组织网络、产业网络、研发网络、市场网络、地区网络等。同时其中还包括多种不同的关系类型，比如网络关系、家庭关系、非正式关系、亲属关系等。由于相关研究人员的研究侧重点、研究角度等有着较大的差别，所得出的研究成果也存在着较大的不同，但这些人员都证实了行为主体具有相互依赖、协作等特征。赵建吉在研究阶段指出，全球技术网络主要指的是组织领域之间以及组织成员和相关机构，在相互学习、技术交流中所建立起来的一种动态关系、正式和非正式关系等多种关系的集合（赵建吉，2011），如图 2 - 1 所示。

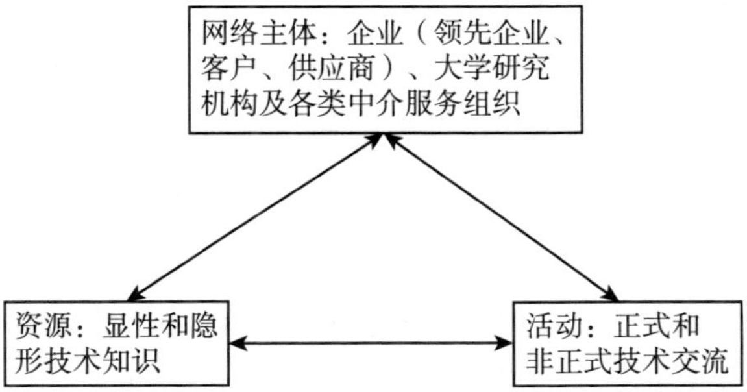


**图 2 - 1　全球技术网络的基本构成**

资料来源：赵建吉（2011）

最近几年，随着相关研究的不断深入，网络组织理论得到了有效的丰富，并以此延伸到了企业集聚理论的范围以内。这种现象使得对于区域竞争优势的解读有了新的依据。自 20 世纪 90 年代以后，西方国家在加强经济建设的过程中，根据对产业发展模式的分析，构建了产业集聚理论。创新网络理论也正式在这一基础上实现了有效的扩散。90 年代以后，相关学者就开始尝试使用该项理论对企业家的行为特质进行研究，同时还会将其作用到市场以及组织理论的分析当中，从而研究企业和市场之间的相互作用以及企业在发展过程中的各种层面的关系。

关于企业创新网络的研究，在开始之初主要是用于对传统企业理论的批判。在目前的经济形势下，企业以网络的形势进行集聚化的发展，集聚化所引起的规模效应也在督促着企业创新网络优势的提升。再后来，随着各学科学者的广泛参与，它开始被作用到了社会学、经济学等多个领域，并实现了和这些学科要素的有效结合。相关学者的研究，多数是以模型构建的方式来对产业集聚的效果和作用进行深入分析。另外，还有些学者主要是从经济、社会、制度、资源等方面来对企业网络的成因进行分析和研究。总体来说，不同领域内的学者，对于创新网络的理解还存在着一定的争议。

在如今的经济环境下，企业网络的发展又增加了新的特征。那些有着较强技术优势的跨国公司，在其核心技术的作用下，使其能够对价值链中的各个环节进行合理的调配和调解，从而使企业的合作关系从局部向世界范围进行蔓延。总体来说，地方企业网络已经实现了向任何一个地区和国家的蔓延与伸展。发达国家中的地方网络，一般都处于价值链的顶端位置，同时他们都有着设计、创新、研发等多项重要的功能。而那些发展中国家的地方企业网络，则处于价值链的底层位置，所含有的功能主要为一般的生产和组装。这一现象的出现，直观地体现出了技术要素对于网络结构以及其功能的影响。

由于企业之间的创新交流与合作，对于经济活动的开展有着巨大的帮助和影响。因此不同领域的学者们，也从多个角度对其影响意义做出了深入的研究和分析。其中包括像以 Thorelli 为代表的交易治理学派、以 Granovetter 为代表的嵌入性学派、以 Hakansson 为代表的北欧学派等，都是该项领域有着巨大影响力的研究学派。虽然各学派在研究重点、思想观念、研究结论中存在着较大的差距，但是他们对于创新网络属于组织制度的界定，都表示了认同。

我国学者们从网络权利、技术权力等多个视角对企业网络的发展规律和趋势做出了深入的研究。（景秀艳，2007；曾刚，2008；张云逸，2009；张云逸、曾刚，2010；林兰，2010）。王缉慈等（2001）在研究阶段，相继提出了新产业区这一概念。同时他们提出，从地方企业的集聚性特点来看，创新合作网络的作用主要是能够有效地维持这种聚居的状态，并从多个方面为他们的发展进行环境优化。然而在这个过程中，企业网络是存在多种变化的。其自产生开始，慢慢发展直到成熟，需要一个漫长的过程。总的来说，我国学者对于企业网络演化特点的研究，还限于对其某一时刻的静态分析，对于它动态变化的研究相对较少（李二玲，李小建，2009）。

此外，关于集群网络的结构和它的演变过程，是近年来的最新研究热点。各领域学者们对此从经济学、管理学、产业发展学、技术经济学等多个角度进行了大量的分析。总体来说，这些研究多数都是围绕着以下几个方面所进行的：集群网络的构成要素、集群网络结构和绩效之间的关系以及一些实证分析。集群结构直观地体现出了集群网络中的各个节点，以及它们之间相互连接的方式，并决定着各个位置之间的关系，以及各项资源的分布状况和相互融合的程度，进而对整体的行为取向造成一定的影响。总体来说，它的存在让集群主体更具竞争优势，从而有了良好的动态能力。

波特（Porter，1998）在研究中，对集群网络结构中的各个要素进行了分析。其中包括零部件、设备、服务等供应商，同时还包括从事教育、培训、信息研究和技术研发的其他机构。网络结构中的要素类型有很多种，其中包括规则、动态、资源和结构。结构要素主要指的是行为人联系的方式和程度，在不同的网络形式中，其所表现出来的结果也是不同的。Bathelt（2005）在研究中对于网络结构在产业集群中的意义进行了研究，并从制度、外部因素、权力结构等多个方面，对于集群的出现、发展和成熟等各个时期的规律做出了研究。他提出，要想形成长期性发展的集群形态，必须要加强和外部供应商、市场、技术之间的联系，从而使各种要素得以融合，同时加上有效的控制手段，才能给集群发展的环境改善创造条件。

从对国外学者的研究成果中，我们不难发现，他们从多个角度对产业的创新网络结构进行了研究，这对于创新网络理论的发展有着非常重要的意义。但从实际情况来看，这些研究多数是从实证角度所进行的归纳和概括，并没有由此形成系统化的理论体系，目前关于创新网络理论的研究还并不完善。对于我国来说，由于开展此项研究的时间较短，相比国外研究进展还有着较多的不足之处。总体来说，我国研究学者的研究，多数为对创新网络产生的原因进行分析，而对于其演化规律、组织结构类型的研究还是比较少的。

## 二、产学研创新行为主体

Etzkowitz 和 Leydesdorff（1997）首次提出的官 - 产 - 学三螺旋创新模型，为产学研的研究提供了有力的理论支持。在此基础上，国内外学者相继从多个角度，对产学研合作创新网络做出了大量的研究。

从现状来看，国外学者在该方面所进行的探讨和研究包括多项内容。比如高校和研究机构以及企业合作模式的特点分析、节点以及空间属性的分析等。Liefner（2003）通过调查研究发现，受体制、政策等方面的影响，中国的高校以及科研机构在研究过程中，侧重于对基础问题的分析，而进行技术性开发的则并不多见。Doutriaux（2003）在加拿大地区选取了 10 余个较为活跃的产业集群作为研究对象，由产学研合作对于它们的发展影响进行了分析。最后得出结论，在实际的发展过程中，三个主体之间的合作和交流，促进了加拿大地区的经济建设。其中高校所起到的是促进发展的作用，政府则在其中起着指导和督促的作用。他的这一研究，充分说明了官产学研模式的可行性。Guan 和 Richard 等（2005）通过对北京地区多达 900 余家企业的调查分析指出，产学研的合作程度对于产业创新有着重大的影响。但如果使用经济指标，比如经济收益、销售量等来对产学研合作的效果进行分析，其作用是难以被有效识别的。此外，他还提出，中国的产学研合作对于产业创新的促进作用还处于较低的水平。

Motohashi Kazuyuki（2005）在其研究中，首先对高新企业在产学研活动中的实际状况进行了分析。随后提出，近年来，随着产学研活动的不断开展，企业的发现状况有了明显的好转，并且这种现象在小企业身上体现得更加直观。Motohashi（2008）将合作信息对中国科研部门和产业部门之间的关系进行了分析。分析结果显示，大学与企业之间始终保持着良好的合作关系。但与科研院所之间的联系关系正在不断的减弱。Graf 和 Henning（2009）选取了德国境内的四个区域开展了研究。研究认为，高校和科研机构在地区合作网络中有着重要的位置，并且这两个主体的数量，对于创新网络的活跃程度有着正相关作用。Petruzzelli（2010）通过对英国多所高校的研究分析发现，在产学研的合作模式中，高校有着突出性的作用。Liefner 和 Hennemann（2011）使用紧密度、中心度等指标，对中国光电子技术产业内的产学研合作状况进行了分析。

从对我国研究学者的研究文献梳理、分析来看，我国学者在开展研究时，多数强调于对产学研合作方式、创新网络特点以及其演化形态的分析。朱桂龙（2003）在研究中首先把产学研合作、创新以及网络组织的概念进行了整合，并在此基础上详细地分析了创新网络组织的特点和优势。周国红等（2005）则通过对我国超过 1500 余家企业的分析，对产学研合作下的企业竞争力的变化进行了研究。曾刚等（2006）通过对北京、上海两地的高新技术企业的调查和对比分析发现，本地企业通过和高校以及科研机构的合作，能够让其发展中各种难点问题得到有效解决。冯锋等（2008、2009）通过对相关理论的分析发现，产学研合作是一种较为复杂的网络形态。

此外，刘凤朝等（2011）通过对我国 900 余家高校的调查分析，对产学研创新网络的演化特点进行了研究；并提出，产学研合作模式在实践中的作用非常明显，其中高校的技术优势以及所在地的经济水平，在其中扮演着非常重要的角色。雷滔（2011）和马艳艳（2011）对我国专利申请合作网络的结构特点、变化形态等内容进行了分析和研究。陈伟等（2012）从微观视角，对东北地区的企业专利申请合作网络以及网络成员创新的能力进行了分析。孙志锋等（2013）在宁波市选取了 70 余家企业进行了调查和研究。研究提出，我国产学研合作普遍存在企业积极性不高以及政府支持力度不够的情况。他提出，要想提升合作的效果，必须要通过建设合作联盟的方式进行实现。

通过对相关文献的分析我们不难发现，国外学者对于产学研模式进行了大量的研究和探讨，其中包括对其组织结构、演化方式、影响意义的分析等多项内容。然而这些研究多数都集中在经济管理领域，来自于农业的创新网络特征的研究并不多见。

## 三、创新网络的空间分异

从区域创新网络、学习型区域到国家创新系统、全球生产网络，再到一些学者所提出的“本地蜂鸣 - 全球管道”、跨界产业集群创新网络、全球 - 地方创新网络，不难发现，创新网络空间结构的相关研究经历了从区域到全球，再到全球与地方相互融合的转变，相关研究已经逐渐由关注本地尺度转到全球的一系列空间尺度的研究，合作空间尺度越来越多元，多空间尺度创新网络的研究日益凸显。

自 20 世纪 80 年代以来，区域这一特定的空间单元作为创新和竞争的元素被社会学者、管理学者、地理学者以及各级政府部门重点关注（阳银娟和陈劲，2015）。例如，Scott 等（2002）注重强调内生性要素、地方根植性、制度厚度对创新的作用效应，这一理论的兴起源于中小型企业在“第三意大利”产业区组成的网络等研究。由于社会交往合作中存在地方化交互和黏性创新知识，区域尺度上的集群成为全球化时代的最优创新载体（Asheim and Coenen，2005）。关于协同创新网络的空间构成，创新人才、资源和政策等创新禀赋的不均衡性和异质性被认为是其主要原创新要素在地理空间范围内流动及其黏滞性为地方协同创新网络的形成和演进提供了重要的基础条件。

基于全球化的时代背景，Peter Dicken 等经济地理学者提出创新合作的过分区域化，会导致创新信息和知识新颖性大打折扣，从区域外部获得所需的知识和创新联系才能实现集群的可持续发展。因此，企业应该在充分利用地方资源的同时，积极寻找跨区域的外部合作伙伴来拓展市场和获得创新相关的知识。此外，伴随东亚的崛起及创新外包的风靡，Ernst 将跨国创新合作嫁接到已存在的生产网络的概念中，发现一种全球化的创新网络正在浮现并日益重要（Ernst，2002；Ernst，2005；Ernst，2008），并认为全球尺度下创新网络核心主体是旗舰企业，网络特征包括：①非对称性（Asymmetry），领先企业控制着网络资源和决策的制定；②治理结构的多样性（Goverance），网络中包含松散的联系以及高度正式的联系等两种；③知识共享（Knowledge Sharing）。此外，他还指出全球创新网络的主要类型有企业内部网络、区域网络、国际型公共研发联盟网络和非正式的社会网络等四种（见表2-1）。

表2-1 全球创新网络的主要类型

| 类型 | 主要特征 |
|---|---|
| 企业内部网络 | 离岸阶段：全球性企业在此阶段，与子公司形成内部创新网络 |
| | 外包阶段：全球企业在此阶段，与专业化供应商形成全球创新网络 |
| 区域性网络 | 区域内部企业构建 |
| 研发合作联盟 | 国际型企业的公共研发合作联盟 |
| 非正式网络 | 主要包括留学生、人才社区等非正式社会关系 |

资料来源：根据 Ernst（2009）略作修改

尔后，全球与地方之间的争论愈演愈烈，大量学者发现：全球化并不能忽视空间差异，也不能导致地理终结。由于区位条件和制度的差异，地方化的重要性无时无刻不在凸显着（如资源禀赋、文化和制度等）（王周杨，2013）。区域的崛起及繁荣与全球化相伴而生，扎根于地方的产业集群成为区域链接全球的主要载体，通过市场、技术和人员等要素的全球性流动，将不可捉摸的全球化与本地实实在在的联系到了一起（王缉慈，2010）。这一现象在跨国公司进行海外投资的过程中表现极其显著，在现实世界中，跨国公司往往首先选择在同类产业的集中区，这一举措不仅能够降低配套企业建设的成本，而且能够产生规模和集聚经济并激发创新（Bathelt and Li，2013）。Bathelt 等提出“本地蜂鸣-全球管道”模型，认为跨国公司的本地化和本地企业的国际化对于协同创新网络的形成和发展来说都至关重要。Sonderegger 等（2010）指出，在产业集群不同的发展阶段，主导创新的合作方式与模式也存在显著区别，全球管道始终发挥着重要的作用，但本地蜂鸣则在集群演化的后期发挥更为重要的作用，如图2-2所示。

此后，曾刚和司月芳（2016）将其命名为全球-地方创新网络，如图2-3所示。是指分布在世界各地的特定产业、技术领域内相互关联的创新主体，为追求创新而建立起来的地方和全球合作联系的总和，全球创新系

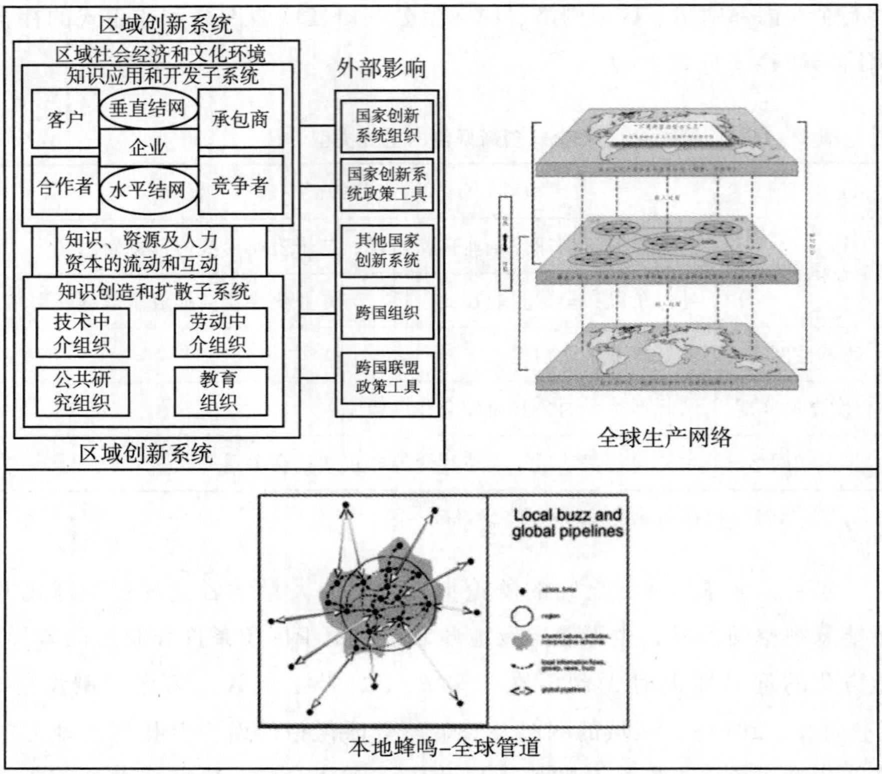


**图 2－2　创新网络空间结构相关理论的分析框架**

资料来源：马双（2017）

统不是地方创新网络的简单叠加，而是多个地方创新网络通过跨越不同地方文化而重新组织的新型全球创新网络。

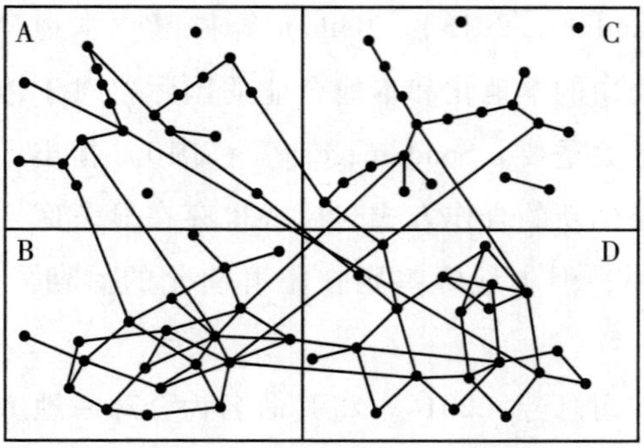


**图 2－3　全球－地方创新网络的主要结构**

资料来源：曾刚和司月芳（2016）

此外，全球－地方创新通道构建的方式根据构建主体的属于差异存在四种主要模式（Bathelet and Li，2013）：个体层面创新网络的构建是企业家及创新主体空间迁移的结果，特别是海外归国人员及其跨国社区之间的联系，使其具有母国和居住国之间的潜在商业和创新交流机会；企业层面，是企业从价值链/生产网络的角度切入，其关键驱动力为跨国企业，主要研究企业行为主体在垂直方向的互动及投入产出关系；从集群层面上看，跨国公司及其FDI投资看重的区域不是行业低成本要素集聚区，而是行业隐性知识集聚地（产业集群），跨国公司更愿意在具备类似母国集群环境的地区寻找合作伙伴进而建立全球创新网络；城市层面是通过全球范围内不同区域以及全球城市之间编码化知识的传播，基于垂直的纵向联系，进而提升地方企业的技术能力、创新水平和行业竞争力（见表2－2）。

表2－2　　　　全球创新网络联系的分析框架

| 尺度 | 框架 | 关键驱动力 | 主要论点 |
|---|---|---|---|
| 个人 | 跨国社区 | 移民工程师/企业家 | 外部知识转移/学习 |
| 企业 | 全球价值链/生产网络 | 跨国企业总部/全球买家/全球生产商 | 本地集群作为跨界合作的重要节点；外部学习取决于价值链管理 |
| 集群 | 全球管道 | 参与展会/商业出差 | 跨区域合作提供重要的竞争资源；临时集群对管道的维护和延伸作用 |
| 城市区域 | 全球城市 | 全球生产服务机构/跨国总部 | 城市的层次特征，聚焦于全球城市 |

资料来源：Bathelt and Li，2013

尔后，以Ashiem为代表的一批学者提出了分析型、综合型、象征型的知识分类方法，并提出创新网络本地化或全球化程度取决于其知识基础，以此拓展了本地—全球互动的争论。他们从创新来源、重要性倾向、合作方式、知识编码和创新程度五个维度提出了分析型、综合型、象征型的知识分类方法（见表2－3），他们提出创新网络本地化或全球化程度取决于其知识基础。

表 2-3　三种知识库类型及其内涵

| 维度 | 知识类型 | | |
|---|---|---|---|
| | 分析型 | 综合型 | 象征型 |
| 创新来源 | 新知识的创造 | 现有知识的应用或集成 | 现有知识的创造性重组 |
| 重要性倾向 | 强调科学知识的重要性，基于演绎过程和正式模型 | 强调应用的重要性，基于归纳过程和问题导向 | 强调对现有规则的挑战和重构 |
| 合作方式 | 企业（研发部门）和研究机构间的研究合作 | 客户和供应商间的交互学习 | 通过与专业团体的互动交流进行学习，从新兴/街头文化或良好文化中学习，与处于边缘的专业团体互动交流 |
| 知识编码 | 编码化知识占主导 | 隐性知识占主导 | 依赖于隐性知识、工艺实践能力和探索能力 |
| 创新程度 | 倾向于激进式创新 | 大多数是渐进式创新 | 偶尔有激进式的创新产品，大多数是现有产品的略微重组 |

资料来源：Asheim 等（2005）

分析型知识的创新活动中，科学知识是非常重要的，其知识创造往往是基于理性认知和正式模型（例如生物技术和信息技术）。产品和研发过程中的基础和应用研究以及系统开发都是相关的活动。企业通常有自己的研发部门，但大学和其他研究机构的研究成果也时常出现在创新过程和产品中。相比于其他知识库类型的产业，分析型知识库产业的产学研合作及其相关网络十分重要。

综合型知识库的创新过程往往是面向新方案的解决效率和可靠性，或从客户角度来看产品的实用性和用户友好性。总体而言，这种特征导致了一个相当渐进的创新方式，现有产品和工艺完善占主导地位。由于这类创新不太破坏现有的程序和组织，因此他们大多数发生在现有公司，而衍生现象则相对不太频繁。

象征型知识库的创新和生产过程经常是基于临时项目（Grabher, 2002）。实际上，文化产业（诸如电影制作）是意向型知识库产业的典型代表，其项目配置是临时性的（DeFillippi and Arthur，1998；Starkey et al.，2000；Sydow and Staber，2002）。一般来说，临时项目提供了一个临时的区域，它在短时间内集聚了世界各地从艺术世界到商业服务等各种不同的文化体和职业。当然，象征型知识库产业的临时项目并不一定都是消除或减少文化多样性，他们在生产关系紧张和创造性冲突的地方也会触发创新（Asheim et al.，2005）。

其中，分析型产业主要是基于正式的、编码的和抽象的知识（Asheim and Gertler 2005），现有实证多集中于生物技术和电子信息产业，这类企业通常拥有独立的研发部门，创新也依赖于大学及科研院所等研究机构的科研成果（Martin and Moodysson，2011），创新知识交互的空间尺度较大，往往具有全球化倾向。

与此相对，综合型知识的产业，其创新通常是将现有存量知识进行整合以解决具体的应用问题（Asheim and Gertler 2005），案例多选择工程、专有机械制造和造船等行业，创新依赖于渐进性的产品和过程改进，知识的正式化程度通常较低，主要形式包括车间中的实际经验、“干中学”“用中学”，具有较强的地方与空间偏好，创新主要依赖于本地网络（见表2－4）。

**表2－4　　分析型知识和综合型知识的比较**

| | 分析型知识 | 综合型知识 |
|---|---|---|
| 特点 | 通过创造新的知识进行创新；<br>基于演绎的过程和正式的模型引入科学知识；<br>注重企业研发部门与大学和科研院所之间的合作研究；<br>成熟完善的知识接触设施对于促进企业的根植性来说必不可少；<br>以编码化的显性知识为主，如专利和出版物；<br>更多的是激进式的创新；<br>区域政策应该注重知识基础设施的建设以及促进区域内大学、研究机构和产业间的系统的 相互作用。 | 通过应用现有的知识或者创造性的组合和应用现有的知识来创新；<br>通过归纳的过程来引入应用性的与具体问题相关的知识；<br>与客户和供应商开展交互式的学习；<br>区域内企业间的学习扮演着重要角色；<br>以隐性知识为主，如具体的技术诀窍、工艺和实际的技巧；<br>主要是渐进性的创新；<br>归于区域知识基础设施的支持应该与现存的产业专业特点一致。 |

续表

| | 分析型知识 | 综合型知识 |
|---|---|---|
| 案例 | 高技术产业的区域，如硅谷（电子信息产业）；波士顿（生物产业）；英国剑桥地区（生物产业）；上海张江（生物医药产业）等。 | 传统产业的区域，如丹麦 Salling 地区（家具产业）；挪威 Rogaland 地区（食品产业）；东莞虎门（服装产业）等。 |

资料来源：薛捷，张振刚（2011）

在吸收 Scott 创造场和 Storper“技术－组织－地域”三位一体模型的基础上，中国学者苗长虹构建了学习场的分析框架（苗长虹等，2009）。该理论认为：创新是个人、企业等异质化行为主体之间所产生的交互学习的过程，依赖于地理、关系和制度等三种邻近性在某一时空情境下的有机结合，强调各种尺度交互作用下的学习，特别是地方与跨区域多空间尺度网络的战略协同（如图 2－4 所示）。

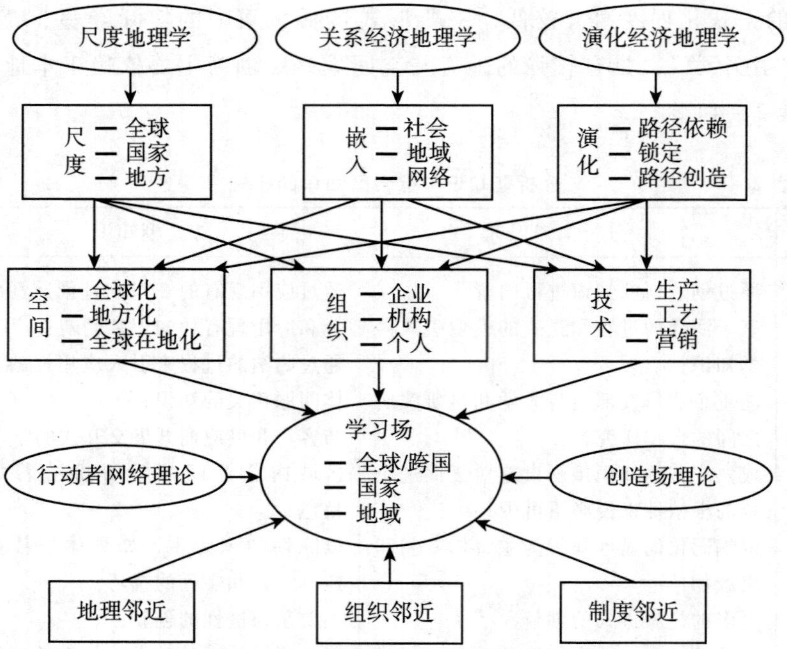


**图 2－4　学习场分析的理论框架**

资料来源：苗长虹等，2009

随后，其研究团队对学习场理论进行了跟进和深化，艾少伟（2009）以技术学习通道为划分基础和标识，将学习场划分为Ⅰ（地方化和内嵌力量主导）、Ⅱ（全球化和内嵌力量主导）、Ⅲ（全球化和外嵌力量主导）、Ⅳ（地方化和外嵌力量主导）等四种基本类型；吕可文（2013）将知识异质性纳入讨论，提出了科学型、根植型、创意型和混合型等四种类型的学习场（见表2-5），并总结了各自创新空间的组织模式与机理。

**表2-5　知识基础与学习场的类型**

| | 知识类型 | 邻近性分析 | 重要节点 |
|---|---|---|---|
| 科学型学习场 | 分析型知识 | 知识邻近 | 明星科学家、大学、科研院所等 |
| 根植型学习场 | 综合型知识 | 地理邻近<br>社会关系邻近 | 竞争对手、客户与供应商、相关咨询机构、行业协会等 |
| 创意型学习场 | 象征型知识 | 地理邻近<br>社会邻近<br>文化邻近 | 竞争对手、客户与供应商、相关咨询机构、行业协会等 |
| 混合型学习场 | 混合型知识 | 多维邻近交叉 | / |

资料来源：吕可文，2013

# 第二节

## 创新网络的动态演化

### 一、文献分析

由国内外引用次数前10位的文献①可以看出（见表2-6、表2-7）：自学术界的演化转向发生以来，针对创新合作网络的空间研究也从理论探

① 上述文献检索是在华东师范大学大学校园网图书馆web of science和中国知网数据库中，输入innovation network/创新网络和space character/空间结构两个关键词之后，得到的结果，检索时间为2019年10月24日。

讨转向实证探索，创新知识流动过程中的驱动要素和发展趋势，顺势成为一个重要的研究方向。一方面，部分学者以遗传、变异和选择作为理论基石，侧重于演化机制和驱动力的讨论。另一方面，则基于理论整合，通过案例访谈及合作发明专利、合著论文等网络数据的可视化分析，对不同阶段网络的组织形态和空间特征进行解析。

表 2－6　　国外创新网络空间结构被引文献概况

| 题名 | 作者 | 期刊 | 年份 | 被引频次 |
|---|---|---|---|---|
| From metaphor to measurement：Resilience of what towhat? | Carpenter，S；Walker，B；Anderies，JM；Abel，N | Ecosystems | 2001 | 1271 |
| 'Globalizing' regional development：a global production networks perspective | Coe，NM；Hess，M；Yeung，HWC；Dicken，P；Henderson，J | Transactions of the Institute of British Geographers | 2004 | 628 |
| Strategic niche management and sustainable innovation journeys：theory，findings，research agenda，and policy | Schot，Johan；Geels，Frank W. | Technology Analysis & Strategic Management | 2008 | 580 |
| Territorial innovation models：A critical survey | Moulaert，F；Sekia，F | Regional Studies | 2003 | 471 |
| Network structure and the diffusion of knowledge | Cowan，R；Jonard，N | Journal of Economic Dynamics and Control | 2004 | 418 |
| Toward a spatial perspective on sustainability transitions | Coenen，Lars；Benneworth，Paul；Truffer，Bernhard | Research Policy | 2012 | 366 |
| Networks and Innovation in a Modular System：Lessons from the Microcomputer and Stereo Component Industries | Langlois RN | Research Policy | 1992 | 360 |

续表

| 题名 | 作者 | 期刊 | 年份 | 被引频次 |
|---|---|---|---|---|
| Two – sided network effects: A theory of information product design | Parker, GG; Van Alstyne, MW | Management Science | 2005 | 354 |
| The project ecology of advertising: Tasks, talents and teams | Grabher, G | Regional Studies | 2002 | 319 |
| Networks – a new paradigm of rural development? | Murdoch, J | Journal of Rural Studies | 2000 | 310 |

**表 2 –7　　国内创新网络空间结构被引文献概况**

| 题名 | 作者 | 期刊 | 年份 | 被引频次 |
|---|---|---|---|---|
| 公众参与创新的社会网络：创客运动与创客空间 | 徐思彦、李正风 | 科学学研究 | 2014 | 267 |
| 信息时代空间结构研究新进展 | 甄峰、顾朝林 | 地理研究 | 2002 | 211 |
| 产业集群：一个文献综述 | 吴向鹏 | 当代财经 | 2003 | 186 |
| 协同创新效应运行机理研究：一个都市圈视角 | 解学梅 | 科学学研究 | 2013 | 115 |
| 基于地理邻近与社会邻近的创新网络动态演化分析——以我国装备制造业为例 | 吕国庆、曾刚、顾娜娜 | 中国软科学 | 2014 | 83 |
| 产业集聚、新产业区与城市经济空间整合 | 张明之 | 中国软科学 | 2003 | 79 |
| 中国城市尺度科学知识网络与技术知识网络结构的时空复杂性 | 李丹丹、汪涛、魏也华、袁丰 | 地理研究 | 2015 | 75 |
| 长三角装备制造业产学研创新网络体系的演化分析 | 吕国庆、曾刚、郭金龙 | 地理科学 | 2014 | 66 |

续表

| 题名 | 作者 | 期刊 | 年份 | 被引频次 |
| --- | --- | --- | --- | --- |
| 中国装备制造业产学研合作创新网络初探 | 王秋玉、曾刚、吕国庆 | 地理学报 | 2016 | 64 |
| 经济地理学视角下区域创新网络的研究综述 | 吕国庆、曾刚、顾娜娜 | 经济地理 | 2014 | 63 |

创新网络动态演化研究的主要方法和路径是（见图2－5）：通过整理网络行为主体在不同时间点的相关数据，结合定量模型或可视化分析，得到各阶段的网络构成、主要特征及驱动因子，包括演化过程中的现状分析及动态表现。

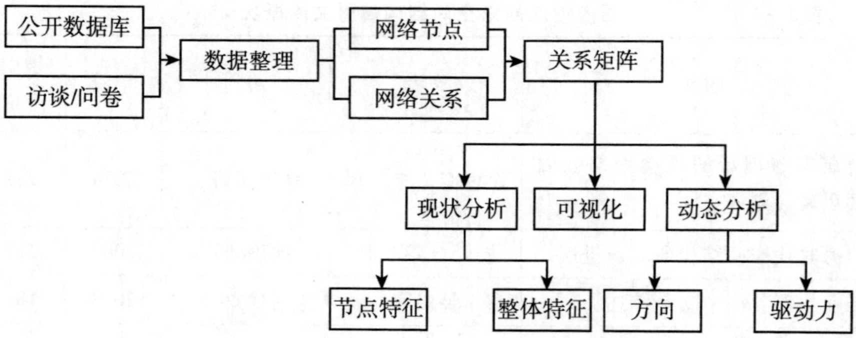


**图2－5　协同创新网络演化的主要路径**

资料来源：笔者自绘

第一，利用合作网络的关系数据，实现了创新网络的可视化表达。诸如：Hoekman等（2009）借助合著作者地址信息，对欧盟29个国家1316个地区的知识合作网络进行了系统分析；Scherngell and Hu等（2011）利用重力模型，分析了中国知识交流合作的网络特征和空间格局；Hennemann等（2012）通过引入网络及空间计量的分析方法，对六种不同科学领域进行分析显示国家内部合作发生的概率是国际合作的10～50倍，知识合作对于国家边界和空间距离具有很强的依赖性；汪涛等（2011，2013）利用维普期刊全文数据库中生物技术领域的合著论文作者信息统计数据，从省级层面分析了中国生物技术知识网络的空间结构特征；胡海鹏和袁永（2018）基于北京各行业的产学研创新网络的空间特征，结果表明科教文卫业、工业与制造业、交通和信息业、金融与房地产业形成多重交叉的空间联系网络，工业与建筑业、交通和信息业、科教文卫行业的协同创新网络呈明显的“中心－边缘”结构。

第二，利用复杂网络模型及指标对网络演化过程和机制进行了探讨。吕国庆（2014）对长三角装备制造业产学研创新网络的演化研究表明，城市间的创新等级差异在缩减，地理邻近性作用增强，跨区域创新网络的结构从多核向单核转变；而长三角内部创新网络的地理邻近性在下降，城市创新等级的能力在提升。李丹丹（2013）基于不同的时空尺度对我国生物技术的知识溢出网络进行分析，研究发现国际层面的知识溢出网络特征主要受到社会距离和组织距离的影响，而随着网络发育的日益成熟，国家层面地理距离的影响逐步减弱，社会距离和组织距离的影响得以加强；区域层面地理距离的始终存在且十分显著，知识溢出既遵循了等级扩散的规律，也体现了距离衰减的特点。曾刚（2007）认为主体能级和距离是影响技术扩散和主体联系的关键因子，而且在不同空间尺度上不同因素作用强度存在差异，只有注重多尺度的耦合与差别分析才能对区域发展有所指导。马双等（2016）利用专利合作数据对1986～2012年上海市装备制造业城市、区域和国家三个尺度的创新网络空间结构及其演变特征进行了分析。研究表明，在国家尺度上城市创新能级是主体结网行为的主要影响因素，且随着时间的推进其重要性越发明显，而地理距离在这之中并不起作用；在区域尺度上，主体创新能级的重要性贯穿整个网络发展阶段，而地理邻近的重要性在后期才开始显现；在本地尺度，合作主体间的平均距离急剧缩减，地理邻近的重要性极为突出。他反驳了“通过大企业带动整个产业链发展”的观点，认为大力推进高科技园区、大学科技园为主要载体的产业集群的建设才是创新网络建设的关键。

## 二、影响要素

邻近性是分析协同创新网络的重要手段，Boschma（2005）根据内涵和特征把邻近性归类为地理、制度、社会/关系、认知和组织等五种类型，大量学者将其作为创新网络演化的动力进行了探讨，并指出邻近性之间的交互作用也会对创新绩效造成影响。总的来说，可将影响创新网络演化的邻近性要素归类为地理邻近、社会邻近和认知邻近三类。

地理邻近的重要性体现在区域内根植性的增强和创新风险的降低，可以为知识（特别是隐性知识）的流动创造条件（Saxenian，1994）。正如马歇尔所提出的："空间集聚所产生的规模经济可以促进知识外溢，产业氛围有利于区内企业之间的互动与知识共享。"之后，1986 年，来自法国、意大利、瑞士等国家从事区域研究的学者组成的区域创新环境学派认为：空间集聚或地理邻近促进了行为主体之间的集体行动并加快创新知识的流动。除了强调制度环境和社会根植性外，该学派也极其关注，地理空间通过诱发集体学习，从而使创新成功的概率大大增加（Bathelt and Glückler，2011）。有关地理邻近的实证研究较多，如：Hoekman 等（2009）发现地理邻近不仅仅是欧洲知识网络形成的基础，也是网络演化的首要驱动因子。Balland 等（2015）以西班牙玩具产业集群为例，通过对比技术网络和商业网络，认为地理邻近性对技术网络更为重要。

以人际关系为代表的社会邻近性，有利于信任关系的建立，是影响知识流动的重要变量之一（Breschi and Lissoni，2009；Giuliani，2013）。新近关于社会邻近的研究多采用三元闭包对其表征（朋友的朋友也会和我成为朋友）后予以量化（Ter Wal，2013；王贝贝，2013；吕国庆等，2014）。Ter Wal（2013）通过对德国生物科技创新网络的研究表明社会邻近的重要性已超越地理邻近；而吕国庆等（2014）对中国装备工业专利合作网络的研究中，虽然肯定了社会邻近的重要性，但结果显示，现阶段对网络演化的影响仍不及地理邻近。

认知邻近的讨论集中于技术守门员和产学研创新合作网络。Owen - Smith 等（2004）强调本地企业有足够的认知能力才能在技术守门员的桥接过程中受益；王秋玉等（2015）以山东东营石油装备制造业集群的相关研究表明，认知能力相似的行为主体之间存在着相对更多的创新合作关系。产学研创新网络的方面，学术界普遍认为认知邻近是企业创新合作链接优先考虑的要素（Hong and Su，2013），并可以调节地理距离对创新的阻碍作用（Mansfield and Lee，1996），一般来说，企业宁愿与距离较远的顶级知识伙伴合作，也不愿意与距离较近的次级研究机构合作（Hoekman et al.，2009；Laursen et al.，2011）；只有当研究机构声望达到一定的门槛时，地理邻近的积极作用才会显现（D' Este and Iammarino，2010）。

近年来，部分学者也开始尝试考察多维邻近性对创新网络的影响，但仍处于探索阶段，尚未出现成熟且权威的研究范式（夏丽娟和谢富纪，2014）。Boschma（2005）在五种邻近性的基础上，总结分析了他们对创新的正反效应，以荷兰航空航天知识网络为例进行分析：认知邻近、社会邻近、组织邻近和地理邻近是解释荷兰航空航天工业的重要因素。李琳等（2011）采用人工神经网络对中国国家级软件产业园进行分析，探讨了地理和认知两种邻近性对产业集群技术创新的影响，实证研究发现：在高技术产业的发展和成熟阶段，地理邻近对创新会产生负影响，但这种作用呈现递减的趋势；认知邻近的作用则为明显的正效应。毛睿奕（2012）探讨了多维邻近性对张江生物医药创新网络的影响及作用发挥的相关要素。王贝贝（2013）则在以中国生物科技和纳米科技知识网络为案例展开定量分析，地理邻近在网络演化过程中的重要性最小且逐渐降低，社会邻近和组织邻近的作用逐渐增强。史烽等（2016）通过改进知识生产函数模型，选取2006～2014年我国省级层面企业与高校协同创新活动的数据，探讨技术距离、地理距离对创新活动的影响。实证发现：横向、纵向的技术距离对大学－企业协同创新活动均有显著的促进作用，尤其是横向的技术相似度是影响协同创新的最主要因素之一；以铁路时间测度的地理距离越近越有利于协同创新开展。夏丽娟等（2017）基于多维邻近的视角，利用国家知识产权局专利检索数据库提供的联合申请发明专利数据，研究了跨区域产学协同创新网络的演化特征；采用面板数据的固定效应负二项式回归，实证分析地理邻近性、社会邻近性和技术邻近性对跨区域产学协同创新绩效的影响。张洁瑶（2018）以小微企业合作数据为样本，通过构建关系演化的随机效用模型，以网络密度为控制变量，地理邻近性和认知邻近性对协同创新关系构建的影响。此外，新近的文献浮现了一个新的趋势：一些学者开始运用纵向网络数据进行网络动态演变的模拟，利用Stocnet软件执行马尔科夫链蒙特卡罗迭代，进而得到模型在各个阶段的收敛度及网络参数估计变化图，进而来寻求不同要素如何影响网络的演化。

## 三、演化机制

随着技术的进步和需求的多元化，产品的生命周期不断缩短，市场竞争也日益加剧，因此，技术创新外部环境的不确定性越来越高，企业的创新活动也呈现出网络化态势。宋晶、孙永磊提出，网络能力形成的主要因素包括知识资源、网络位置、网络权力和组织间信任。Koka（2006）对网络演化的内在规律进行探究时指出，在环境不确定性水平有所变化时，企业的行为模式有所差异，通过调整企业战略以适应环境变化，从而推动网络的演化，并据此将网络演化划分为扩张、动荡、加强和收缩四种模式。不确定的环境是协同创新网络演化的根本原因，通过影响企业战略的多样性间接产生作用。环境不确定性源于企业在信息获取能力、计算能力和认知能力三方面的不足，企业的战略多样性则是创新网络在不确定的环境下得以生存并持续发展的必要条件。总的来说，外部环境不断变化，加之以竞争机制的作用，企业制订新战略以适应环境的不确定性，而企业战略的涌现实现了创新网络的演化。

具体来说，石乘齐和党兴华（2013）认为，创新网络的演化受内生推动力、调控力、制约力和外生拉动力等四种动力的影响，其中，制约力是协同创新网络的稳定力量，来自网络内部组织的内生推动力和来自外部环境的外生拉动力是主要驱动力量。知识基础的深厚程度、外部需求的急切程度、权力关系和网络结构的稳定程度以及新的创新成果是否得到关注和支持是决定了稳定力量和变化力量的相对性。无论创新网络处于均衡阶段还是变革阶段，都是稳定力量和变化力量共同作用的结果，当稳定力量大于变化力量时，网络渐进式演化，处于均衡阶段，反之，网络激进式演化，处于变革阶段。

Watts（2003）将网络演化的两个重要影响因素，网络结构，即网络链接的变化，表现为网络权力结构、创新合作方式与数量等；网络组织，即网络节点的行为选择，体现为对合作伙伴的选择、进行信息搜索和知识学习的方式等，地理、社会、认知等邻近性会影响企业的决策。从网络结构的角度来看，创新网络不是企业自发形成的松散耦合系统，它拥有权利系统和层级结构，而权利系统正是协同创新网络中行为主体合作互动的协调机制，是网络演化的原始动力。从网络组织的角度来看，现有研究对创新网络的研究以知识这一最重要的资源为主要研究对象，关于演化机制的研究多聚焦在有关知识生产、传播和应用方面，忽视了真正的创新主体——创新组织。创新组织作为创新网络的构成主体和管理者，组织的特征以及组织间关系决定了创新合作和网络权力关系，对于网络演化具有较强的能动性。

与一般意义上的创新相比，协同创新网络具有较强的“自组织”和“自增益”性特征，并处于不断演化之中，网络已有的协同创新关系的可以有效地提升了协同创新网络运行的效率与水平。同时，网络内部的各主体还能与网络之外发生物质、信息等的交流，吸纳外部创新资源与要素，实现协同创新网络的进一步发展（洪伟，2010）。首先，协同创新网络中的企业通过与其他创新合作主体进行交流与合作，提高自身在网络中的地位，通过控制网络中资源和知识传递，进而对其他行为主体产生重要影响（原毅军等，2013）。然后，位于“结构洞”等网络关键位置的行为主体，将掌控协同创新的关系，对网络的构建起到至关重要的作用（戚湧和刘军，2017），特别是在科技快速变化的当前，丰富的网络制式、管理网络演进尤为重要。对于协同创新网络演进脉络，张晶（2016）运用生态群落的分析方法，将协同创新网络演进划分为 5 个阶段，即产学研基地阶段、协同创新中心阶段、协同创新网络阶段、亚顶级协同创新网络阶段、顶级协同创新网络阶段，进而形成原始创新能力强、环境适应能力强、稳定性高、结构复杂、网络层次多、创新效率高的协同创新网络。

# 第三节

## 农业地理与农业创新

### 一、农业地理学、农业集聚与技术扩散

农业生产力布局分析，是区位论产生的基础和前提。在 19 世纪的德

国，自由经营开始取代传统的庄园经营，经营者在农业生产过程中对农耕作业和畜牧业进行合理的调整，并以此为基础来进一步提升土地资源的整体利用效率。基于以上背景，杜能于 1826 年重新整理并出版了《孤立国同农业和国民经济的关系》一书，作为当时社会环境下最为经典的区位论著作，将微分学、观察等方式方法引入到经济问题的分析中来，并重点研究了农业产业经济发展过程中的相关问题，提出了一系列具有针对性和创新性的理论，因此被称之为近代农业地理学的奠基人。

农区地理学（Rural Geography），是一门以农业产业地区的人文社会现象为主要研究对象的学科，涵盖社会、经济、环境以及资源等多个方面的内容（孙志锋等，2013）。农区地理学强调对农业产业地区的地理因素的研究（李小建，2006）。农区地理学在 19 世纪 50 年代，首次成为经济地理学的独立分支学科（Woods，2005）。农区地理学的主要研究内容包括传统意义上的农业地理以及农村聚落地理的相关问题（张小林，2002）。19 世纪 70 年代之后，农区地理学的研究领域得到了进一步的拓展，将地球表面农业活动相关的描述和解释作为主要研究内容（Ilbery，1985）。进入 20 世纪后，环境研究以及地理区位研究开始成为农区地理学的核心内容，并将研究的重点转移到对农业活动区域差异的研究上来（李小建、李二玲，2007）。

随着全世界范围内农业工业化进程的不断加快以及农村城镇化进程的推进，全球农业发展过程中表现出明显的规模化、国际化、区域化发展趋势。农业产业化已经成为当前阶段包括我国在内的世界各国农业发展的主流趋势。在这种情况下，不同地理空间下的农业生产聚集、区域专业化分工也同样成为当前研究的主流趋势。传统农业在发展的过程中，自然地理条件对农业生产所具有的影响是非常巨大的，而以此为基础形成的农业集聚也同样具有极强的历史惯性。城市化、工业化过程中，农业生产用地的占用和置换，在客观上导致了农业地理分布过程中各种新要素的出现，尤其是农业产业集群的出现，更是在客观上成为当前阶段农业产业发展的核心影响要素，其影响作用和地位对于研究者而言是不容忽视的。

通过对国内外农业发展案例的分析和总结我们可以发现，专业化、集聚化发展是我国农业在当前市场经济新常态背景下所必须坚持的发展道路。我国现行的土地产权制度，在客观上导致了大量中小农户的存在，这对于龙头企业或集团的建立和发展显然是有些不利的，小农经营模式仍然是我国未来一段时间内农业发展的主流趋势。而农业地理聚集和农业产业化、专业化分工，不仅可以有效地提升农业产业的整体规模效应，同时也为农作物地理标志的建立提供了强有力的支持，为我国农业国际竞争力的稳步提升奠定了坚实的基础。

当前阶段，我国专家学者在对农业产业地理集聚问题的研究上，一般以某一具体地区为研究对象，其中较为具有代表性的研究成果包括：郑风田等（2006）发表的论文中，重点对山东金乡大蒜产业化发展相关问题进行了研究，并给出了提升产业化集中水平的具体解决方案。在梁书民（2006）的研究成果中，则重点论述了我国农业种植结构变化的具体影响要素。针对这一问题，在温晓霞等（2006）发表的论文中，将底部农业专业化发展作为研究的主要内容，并通过量化分析探索了主要农作物的优势所在。

此外，20 世纪 20 年代开始，农业产业区的技术扩散也同样引起了许多专家学者的浓厚兴趣。例如，Hagestrand（1967）发表的论文中创造性地提出了“MIF”模型、技术扩散的“四阶段”模型。而针对这一问题，在 Rogers（1983）的研究成果中，则重点对农业技术扩散的核心影响要素进行了分析和总结。20 世纪 70 年代，传统研究范式所具有的局限性开始为学者们所重视，认为传统研究中并没有对农户技术应用的行为进行足够的关注，因此当时的研究成果并不能具有较好的针对性和指导作用。这种情况下，农户研究开始成为当时的主流趋势，理性小农理论、农户风险回避理论、劳役回避理论、佃农理论等在内的相关理论研究取得了突破性进展；在该研究范式中，强调农户技术采用动机以及具体影响要素在研究中的作用。对“农民参与式技术开发（FPTD）”等研究思想给予了高度重视，为后来的研究奠定了坚实的思想基础。从 20 世纪 80 年代至今，该研究的重点开始向农业技术扩散所产生的社会影响方向转移。农业环境技术、可持续发展方面支撑技术等越来越成为研究的重点和热点。

## 二、农业创新研究

将农业与创新系统相结合开展研究，已经成为当前研究的重要方向，得到了一大批专家学者的广泛关注。其中较为具有代表意义的研究成果包括 Chairatana（2000）在研究泰国农业发展中充分运用了农业创新系统思想，他将农业创新系统概括为以农业为基础的产业网络和农业生产链，并在农业创新系统中分为生产者、支持者、受到影响的机构等不同主体。在 Roseboom（2004）的研究成果中，从创新视角对当时非洲 Asareca 研究所的农业政策推出后的具体影响做出了细致的分析和研究，他认为创新体系的发展具有较强的扩散性，新体系的构造不仅为新知识的诞生提供了必要的支持，同时对于学习活动的促进作用也同样值得我们给予应有的关注和重视。而在 Ponniah（2011）发表的论文中，系统而深入地研究了撒哈拉以南非洲地区在发展农业过程中的一系列具体做法，指出在农业创新体系中，农业科技研发有着至关重要的作用。他提出，过渡机构、教育系统、农业资讯服务以及农业科研都是农业产业创新中的重要力量。

同时，也有部分专家学者针对具体的农业创新体系进行了深入的探究。如 Hall（2007）就强调，构建不同创新主体智慧的创新体系，对于创新实践和政策学习具有重要积极意义。而在 Rajalahti 所领导的研究小组中（2008），系统分析了创新体系的实践问题，重新界定了农业创新体系的基本定义。在农业政策创新方面，Agwu 和 Madukwe（2008）重点分析了尼日利亚农业技术推广过程中相关政策所带来的影响，提出农业政策对于农业创新所具有的积极作用值得我们重视和肯定。

我国国内部分专家学者在研究农业产学研发展中，将网络与高新技术产业集群和制造业发展等新要素相结合，形成了一系列具有较强创新性的研究成果。如史焱文、李二玲、李小建等（2015）的研究成果中，就对创新影响要素、结构组织以及农业创新体系和社会产业化分工问题进行了对比分析。而在吴贵生等（2006）的研究成果中，提出政府、科研机构以及农业技术推广机构是推动农业技术在更大范围内应用的重要力量。针对这一问题，在李同昇（2016）的研究成果中，通过对国外相关研究成果系整合和总结，提出了我国农业产业化过程中技术推广的具体意见和建议，并重点论述我国农业科技园区技术推广的主要影响要素。

农业产业集群是现代农业发展的重要表现形式，其重要意义值得我们重视和肯定。尤晨等（2007）在发表的一系列论文中，将农业产业集群定义为：一定区域范围内，某一农业产业领域中由于具有共性或者互补性而集中在一起的企业和关联机构形成的集群。而在朱纪广等（2014）的研究中，系统分析了农业产业集群的空间历史变革，认为微观基础是保证变革和创新的基础，而包括制度、环境在内的宏观要素为集群的空间景观的改变提供了必要的支持。分工细致、技术强化、企业数量增加，将会在客观上导致集群产业经济景观模式的转变，而这对于集群空间功能的转化也同样是具有积极意义的。

总之，产业竞争力深受创新水平的影响，这是我国市场经济进入新常态阶段后的必然趋势。因此，深入分析和研究我国农业产业创新体系，将会为我国现代农业发展提供必要的支持，同时对于我国经济的全面发展也同样有着至关重要的现实意义。

## 第四节 本章小结

农业创新是由多个参与主体相互作用下所产生的。由于创新活动涵盖的内容较多且涉及广泛，因此，仅凭农业企业的技术能力、人力资源等，是难以实现的。这其中还需要和政府部门、科研机构、教育机构、供应单位、客户等之间的联系，通过对外部资源的有效利用和整合，才能符合农业创新性的要求。农业企业通过和这些组织之间的关系，所构建成为创新性的网络形态，对于企业的发展建设以及绩效提升，都有着非常重要的意义。

创新网络理论，把社会活动置于一个更加广阔的背景下进行了分析，明确了企业之间相互协作的网络布局和推进中的各个要素。它重点对企业内部或者是外部能够诱导各种网络关系的组成及其组成结构进行分析。企业创新网络是集聚效应的一种表现形式，从某种意义上来说，它也是集群领域的一种延伸和扩展，对于国家经济和产业的发展都提供了良好的帮助和支持。企业之间通过这种长期性的相互协作关系，从而进行技术研发等活动的开展，形成了良好的共赢发展新格局。

产学研的发展和建设，需要有良好的环境保障和措施。从目前的情况来看，一些有着竞争优势和创新能力的地区，都有了非常完备的中介服务机构以及科技成果的转化路径。在实践过程中，只有以市场为导向，将高校和科研机构的研究成果和企业的生产经营活动进行有效的联系，这样才能让科技成果发挥出最好的实践效果。

农业产业的创新集聚，主要是从经济地理学角度出发，而总结出来的由于劳动分工所形成的企业和其他主体之间的集聚，同时还包括对地区农业发展建设有着影响的组织和机构的集聚，以及农业产业行为个体之间的非正式关系。农业创新集聚中的合作网络，有着复杂性、相互依赖性以及跨地域性的特征。

本书讨论的农业创新系统，不仅仅指的是本地区内的各种创新网络，同时也包括其他地区的创新主体、创新能力和创新资源。这种创新系统是其在本地、本区域乃至全国范围内的一种组织形式，是在多个不同的地区中有着相互作用关系的农业产业集群所构建而成的组织体系。通过其不仅能够对各个地区的优势进行分析，同时对农业创新资源的整合也有着较大的帮助。

# 第三章

# 创新网络的理论基础

在创新网络中，创新主体之间的合作机制和权力关系一直是研究的主题，学者们也针对合作实现的影响因素以及网络的演化与发展进行了关注（贺灿飞等，2014）。从本质上讲，创新是一种经济和社会活动，由处于不同地理区位的创新主体所实现，与地理学紧密相关。创新地理学的发展是地理学学者对创新深入研究的结果。创新活动是不同创新主体在特定区域范围内进行的经济和社会活动，与地理学紧密相关。20 世纪 80 年代以来，地理学界出现了以 GREMI 为代表的创新环境学派，以 Michael Porter 为代表的产业集群学派，以及“第三意大利”，即新产业区学派等重要研究方式，为创新地理学的发展奠定了理论基础。Glückler（2013）认为，创新经济地理学以知识、网络、空间三个关键词为重心，现有研究已经取得广泛共识，即自主创新是企业实现创新的基本形式，但对于企业而言，保证竞争优势和创新能级的关键在于从外部获取创新资源，甚至包括从全球获取知识（Bathelt and Cohendet，2014；Boschma，2005；Dicken，2003）。

本章基于创新合作的实现机制和创新网络的作用机理，对行动者网络理论、区域创新系统理论和三螺旋理论等三方面理论进行梳理，旨在厘清创新网络的建构和演化机制，为下文有关农业创新网络分析框架提供理论支撑。

## 第一节 行动者网络理论

20 世纪 80 年代中期，著名的行动者网络理论（Actor－network theory：ANT）由三位著名的社会学家提出：来自法国的 Micheal Callon、Bruno Latour 及来自英国的 John Law。拉图尔在 1987 年出版的《科学在行动：怎样在社会中跟随科学家和工程师》一书中，对 ANT 进行了系统阐述，在 2005 年发表的《重塑社会——行动者网络理论导言》中，又进一步指出行动者网络是异质性要素的组合、联结和扩张。该理论原本旨在理解科学技术的实现机制，将科学、技术的实现视为同一个过程，但是随着研究的深入和应用的拓展，该理论逐渐演变为以科技为核心的一般性社会理论。

### 一、基本概念

在行动者网络理论中，科学技术的相关活动是通过构造更强大的网络、组建联盟最终实现共同利益。ANT 的行动者是异质的，在科学技术创新过程中所有起作用的、能够通过制造差别而改变事物状态的人类和非人类因素都可以成为行动者，其中，非人类行动者的意愿需要通过代言人来表达；行动者以同等的身份进入网络，每一个行动者都具有行动的能力与各自的利益，为了成功建立网络，行动者之间需要进行利益的协调；只有通过所有行动者的共同作用才能实现科学研究或技术创新，任一行动者的缺失或失控都可能导致整个网络的瘫痪，在人与非人组成的行动者世界中，没有上下层级、自然社会之间的差异，人类和非人类行动者同等重要。因此，行动者网络的组成者是异质行动者，他们在平等的关系下自由联结，形成相互依存的网络世界，最终实现特定问题的解决。

在拉图尔最初的表述中，行动者网络理论是为了解释科学知识的创建过程，而行动者是指在该过程中起作用的所有主体。从广义上来讲，行动者既可以指人，也可以指非人的存在和力量，不对他们可能是谁或可能有的特征做任何假定。拉图尔认为，预先进行判断是不明智的，我们要探究的是建立的网络是否强大，而非构成网络的各主体的特质，所以，行动者网络理论坚持人类与非人类主体之间的平等性和对称性，广义对称性原就成为该理论的方法论基础。拉图尔否认自然和社会之间的可替换性，卡龙也提出，在知识的形成过程中，人类和非人类都起积极作用，应被平等对待。也即是，在科技创新实现过程中，自然和社会同等重要并不断变换角色，与此同时，在行动者网络的构建和发展过程中，人类和非人类行动者都将产生作用。

知识基于一定的社会根源而存在，无法脱离社会现实，它经常形成一种社会历史过程，既能巩固现有社会秩序，也能推动社会进步。而知识的创新就是基于一定的社会现实而形成强大的行动者网络，各行动者的力量并非创新的决定性因素，相比于各主体的内在特征，他们所形成的稳定网络才是创新实现的基础，各主体则借助该网络实现各自的目标。因此，行动者网络作为技术创新的载体而存在，而行动者网络的实质就是异质元素围绕某个问题构造合作联盟的活动。

## 二、行动者网络的构建：转译链接

拉图尔曾提出，“网络意味着一系列变革、转译和换能”。当网络的诸成分合理达成一个稳定效果的时候，网络就类似于机器；当网络的诸成分指向共识的时候，它们就类似于事实，而技术科学的任务就是理解各个行动者的利益并在空间上和形式上加以转译，从而让行动者达成共识，选择合作。转译过程是指行动者将自身的利益与其他行动者的利益结合起来，将自己的问题转换成其他行动者的问题和利益，促进彼此之间的沟通与互动；通过交流、协商与博弈，各行动者的利益实现平衡，行动者网络构建的基石得以建立。因此，转译链接环节是行动者网络建立的基本途径，其关键就是要实现各主体满意各自在网络中的角色，主体各自的问题得以解决，利益实现平衡。转译链接环节包括四个过程，分别是问题呈现过程、利益平衡过程、主体摄入过程和动员过程，如图 3－1 所示。

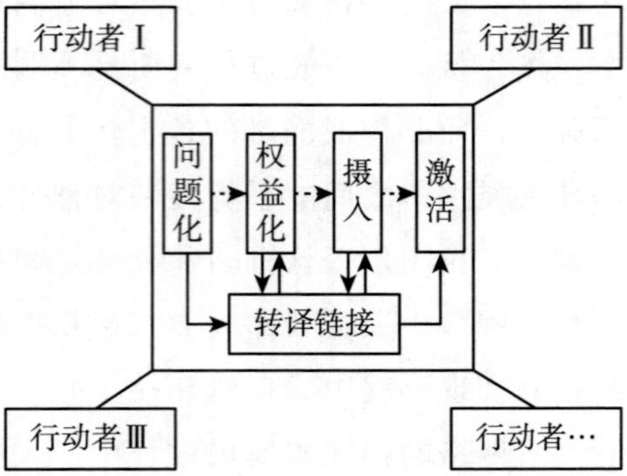


**图3－1　行动者网络构建：转译链接环节**

资料来源：作者自绘

在问题化过程（Problematization）中，发起者以自身所关心的利益或所要解决的问题为基准，从中寻找其他行动者同样面临的问题，使各行动者的利益趋同。不同的行动者在资源禀赋、行为方式以及利益需求等方面存在异质性，发起者通过将自身所面临的问题转化为各行动者实现利益过程中所必须解决的关键节点，提出的科研建议符合各参与者的共同利益，从而促使其他行动者主动或被动地响应并支持发起者的行为，最终实现结盟行为。

权益化（Interessement）是各主体在网络构建初期以及网络演进过程中持续进行的互动过程。首先，不同主体之间存在竞争或一定的利益分歧，发起者借助问题的同化影响其他行动者的竞争行为，通过界定各行动者的角色建立合作策略，从而引导相关团体的摄入过程，实现联盟系统即合作网络的建立。然后，在合作计划实施过程中，主体的异质性与网络的稳定性相互冲突，解决问题的需要与各主体之间的利益协调相互作用，这就需要各主体角色的不断协调，因此，权益化过程不断重现。

权益化过程的成功使得包括社会与自然、人与非人的各主体被摄入网络，从而使得行动者网络得以塑型。因此在摄入过程（Enrollment）中，各团体以网络主体的身份参与发起者的计划，各自的利益转移至发起者所采用的计划中来。与此同时，作为创新的主体，科技研发的发起者调动网络所拥有的资源禀赋，利用各网络主体的身份及优势，构建起稳定的合作网络联盟。

摄入过程一旦顺利实现，发起者就在联盟中上升为领头人的角色，激活过程（Mobilization）就意味着发起者开始对网络主体行使权力，而各行动者将积极支持发起者，发起者将代表所有群体的利益。网络核心在创新网络中至关重要，网络核心的形成是行动者网络成功建立的标志。网络的建构和发展过程中会遇到敌对或者偶然的力量，网络核心对其他主体的吸引力和控制力是保持网络稳定的关键要素。

由此可知，行动者网络中各主体之间是不断竞争、相互作用的关系，而行动者网络也不断进化和重构。该理论为科学活动的进行提供了一种新的解读模式：发起者借助“转译链接”这个链条建立起以合作为主题的同盟，并通过占据关键节点的枢纽位置实现同盟中的核心主体地位；各主体分工合作同时互相角力，最终实现创新。

## 三、行动者网络理论在创新网络中的运用

创新作为一种社会经济活动，合作已成为创新实现的基础途径，而网络这一描述更揭示了创新同时具有的技术和社会属性。经济地理学界关于创新网络的研究主要围绕以正式和非正式联系为主要内容的网络关系、以集聚或扩散为主要特征的网络结构以及创新结网的空间尺度和地理特征。现有研究仍存在一定不足，主要表现为对非人类创新主体的忽视，对网络结构中心化特征的探究，以及时间维度与空间维度的分割。行动者网络理论以关系理论为基础，强调人与非人主体的平等性、核心主体的领导性以及网络的进化。对创新网络进行研究时，用行动者网络理论这个社会理论具有明显优势，能够深入的对创新网络的运行机制和演化路径进行揭示。

首先，行动者网络将所有在科学知识建构过程中起作用的因素统称为“行动者”，突破性的将人与非人行动者视为同等重要，拓宽了对创新网络主体范围的认知。在全球化时代，任何一项科技出现都与其所处的社会环境密不可分，是能动的人类主体与多样化的非人类社会自然要素相互作用的结果。不同于以往将社会自然环境视为辅助因素，行动者网络将自然和社会同等对待，认为自然主体和社会主体具有异质性和对称性，都能够制造差别而改变事物的状态，都会对技术发展产生作用，因此都应被视为行

动者；非人类主体同样具有能动性，而不是被动地成为处于关键节点的发起者及其他人类行动者的工具或物化手段，与人类行动者一起相互作用，社会行动与自然行动随之不断作用和互动，最终实现科技的进步。因此，可以认为，创新是社会领域中的人类、科技领域中的技术、自然领域中的自然知识和各类物品等各类行动者通过结网的形式，互相作用共同促成的结果。因此，行动者网络理论与行动者"人"与"非人"的对称性原则拓宽了对创新网络主体的认知，非人类行动者在结网过程中的作用重新得以审视。

其次，对创新网络扁平化特征的认定不利于对不同创新能级主体合作行为的分析，而行动者网络强调科学技术的发起者在网络中的领导作用，以及其中心特征对网络稳定性的影响，能够克服创新网络的"非中心化"问题。行动者网络理论强调众多异质者的对称性，旨在强调在网络构建与发展过程中，各行动者均能够通过制造差别对创新过程产生作用，但是行动者因创新能级的差异以及在网络构建过程中的作用不同，又可以分为核心行动者和追随行动者。最典型的核心行动者就是科研活动的发起者，但是随着合作行为的推进以及行动者网络的动态发展，行动者的数量以及网络范围会发生改变，创新过程中的关键节点会有所调整，新的网络不断生成，而核心行动者的角色也会随之变动，该过程也是科学知识的实现过程。强大的异质性网络是创新实现的基础，行动者网络提供的"中心化"视角不仅能够为企业的创新行为提供理论指导，还能够通过分析追随行动者的行动路径对创新网络的结网过程进行分析，更清晰的揭示处于不同位置的行动者创新合作的演化机理，为各类行动者提供决策参考。

最后，行动者网络是一个动态的发展过程，随着行动者数量的变化和创新过程的演进，在不同时期，网络的地理空间特征和网络特征也有所差异，因此，对创新网络进行研究时，行动者网络提供了一种新的视角，能够系统地将时间和空间有效链接来解读创新网络的发展，这起源于行动者网络理论所赋予网络的两层含义：空间和时间。行动者网络理论把网络视为空间的构建，同时认为时间是网络结构形成的产物。从空间上看，网络是以各种关系为媒介的异质行动者聚合体，行动者因私人关系、社会联系、技术合作等关系联系起来，在形成一定网络结构的同时，也产生了杂合性的地理空间；从时间上看，网络的建构不是一朝一夕可以实现的，随着磋商的推进和合作的进行，网络不断演进，来自自然或社会的行动者就得以将时间和历史赋予创新网络。因此，用行动者网络对创新网络进行解释时，以具体行动者作为网络主角，聚焦处于不同地理区位的行动者之间的合作关系及其发展路径，以及在时间脉络里逐渐产生的科学与技术，创新网络就兼具弹性的空间特征和历史的演进过程，在对创新网络的探究中，实现了空间与时间的无缝衔接。

总的来说，行动者网络理论的提出，为创新合作关系的建立以及创新网络的演进提供了新的指导框架。作为构建合作联盟的微观机制，转译链接通过将个别问题稳固地与更庞大、更共性的问题相结合，使得异质行动者最终形成合作联盟，并相互作用实现技术创新。同时，创新成功的关键在于创新网络的强度和稳定性，因此，转译链接环节将在创新实现过程中不断再现，以实现网络规模的扩大和网络影响力的提高，通过调动更多的资源最终实现创新的实现。

## 第二节 三螺旋理论

### 一、基本概念

1953 年，James Watson 和 Francis Crick 提出 DNA 是双螺旋结构，并因此赢得诺贝尔奖。之后，来自美国的遗传学家 Richard Lowontin 提出三螺旋理论，来解释基因、生物体和环境三者之间的辩证作用关系，即生物体的生长过程会受到自身基因的控制和所处环境以及分子之间随机反应的影响，三种因素互为因果，任一因素的变化都会受到其他两种因素的影响，就像缠绕在一起的三条螺旋一样。受此启发，1995 年，Etzkowitz 和 Leydesdorff 提出了三螺旋理论，强调在创新需求不断提高、国际竞争日益激烈的情况下，大学、产业和政府在保持自身独立身份的同时，密切合作进行创新的重要性。在三螺旋体系中，创新资源不仅在横向上保持流动和扩散，在纵向上也得到不断的整合与提升，三类主体不断互动，合力实现创新资源的优化，创新系统也得以不断螺旋上升。

三螺旋理论中，政府、大学和产业并列为三大创新主体，并将创新系统的发展解释为三要素螺旋式互动上升的过程，弥补了国家创新理论对于社会系统中各部门功能、角色定位以及互动关系解释的缺失。作为一种螺旋状的创新模式，三螺旋理论主要探讨三螺旋主体在知识资本化过程中相互依存的关系。在知识经济时代，大学的重要性不亚于政府和产业，作为区域内人才和知识的重要源泉，大学不仅要承担人才培养和基础研究的任务，还需要在知识的应用实践中提供助力，协助企业完成理论研究的市场应用，其所被赋予的更高的社会价值就是知识经济社会的主要特征。企业承担着技术市场化的责任，从而带动整个区域的经济和科技发展。政府政策并非由政府单方决定，而是三者合作互动的结果，目的是为了维持契约关系的实现和市场活动的正常进行。在三螺旋模型中，尽管各主体的能力有所重叠，但三者分别拥有各自的核心职能。政府、产业和大学形成的政策链、产业链和知识链的核心职能相互联系和作用，为创新的产生和社会的进步提供有力的支撑。首先，大学作为人才和知识的发源地，最基本的职能是培养大量具有创新能力的人才并提供科研成果；其次，企业作为市场经济的主体，在整合大学知识资源的基础上，在大学的帮助下进行创新成果的转化和推广；最后，大学和企业同为创新活动的主要实施者，但运行机制和价值取向相差甚大，政府通过制定政策法规来规范和保障创新行为的正常进行，并引导和协调创新合作向政府的宏观发展目标进行。

在创新过程中，政府、大学和产业的互动关系不断强化，两两之间的双螺旋关系逐渐被政府－产业－大学的三螺旋关系所替代。三螺旋模型中，大学、企业、政府在创新活动中都有可能承担组织者或参与者的角色，都是重要的创新主体，缺一不可。Leydesdorff 指出，三螺旋描绘了政府－产业－大学三者间的网络连接关系，解释了各螺旋要素的内部转变。各主体相互渗透，当某主体偏离自身传统角色越多时，就越有可能在将具有不同能力的各主体联合起来，通过增强彼此间有效互动，促进创新系统不断优化和升级。因此，三螺旋创新体系既强调三螺旋主体保持相对独立的身份、完成自身传统功能，更重视多主体之间相互作用，实现各主体职能的延伸以及角色的拓展，而主体间渗透能力和承接水平的提高会促进三螺旋的协同创新。对于大学而言，从教育、学术研究到商业化目标的转变刺激了产业的发展；对于企业而言，通过关注市场需求，与大学进行密切科学技术合作，最终实现资源的整合和共享；政府加入的目的主要是为了提供知识传递需求的经济支持和发展环境，并协调知识传递和共享过程中产生的冲突。为了实现知识的生产和转化，Henry Etzkowit（2000）认为，在知识的创造、扩散和利用方面，三螺旋模型会随着互动的深入有所改变，经过四个环节的循环才能形成有效的三螺旋关系，两两之间的合作互动不断促进三类主体在功能和角色上的渗透和交迭，主体角色的转变促进了混合组织的诞生，而互动的深化以及与自反的协同发展最终保证三螺旋关系良性的循环升级，如图 3－2 所示。

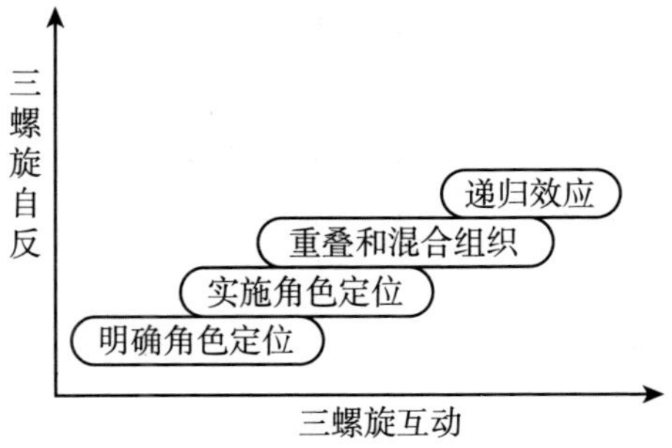


**图 3－2 三螺旋模式形成机制**

三螺旋的互动和自反首先要以各螺旋线明确自身定位为基础，进而推进自反。最初，产业以生产为第一要务，政府关注的是经济环境的建设和契约关系的维护，大学作为新知识和人力资源的来源，是知识经济的产生动因；但随着创新互动的深入，大学、产业、政府三方开始对自身角色进行新的功能定位，例如，研究型大学不仅从事教育和科研工作，在知识应用化过程中的参与度也不断提高，学术研究与产业发展的关系逐渐紧密，企业进而建立起研发联盟，而政府也在风险投资中有所参与，每条螺旋线的社会角色不断丰富。每条螺旋线在实施角色定位后，螺旋线之间相互影响，由自反推进互动。大学、产业、政府三方明确定位方向后，跨越机构的界线进行合作，并履行新的职能，彼此之间不断互动、互相影响。例如，政府以修订并完善专利法规的形式鼓励科技创新，促进技术扩散，也会超越公共管理的职能，通过建立科技园区、直接投资等方式支持产业发展；与此同时，企业也会采取人才培训或者高科技项目研究来对大学造成冲击或为其进行补充。

三条螺旋线以及各自自反生成的组织会通过进一步合作实现三边关系的再生，不仅可以提高区域的内聚性，还对会组织的创造和进化造成刺激。随着三条螺旋线的交叉和互动，已有的制度组织无法满足当前创新活动的需求，这就催生了新的组织产生，组织机构将会出现重叠情形，网络结构的进化将会以新的形态出现，从而促进三边关系的进化。其中，科技园、孵化器以及高校技术转移办公室等是典型代表，以硅谷为例，主体间的互动不断催生新的思想以及新的合作关系。与此同时，知识的商品化进程对各螺旋线的认知和螺旋体之间的关系也产生作用，以大学为例，不仅专注教育、科研，也为政府的政策制定和产业的知识转化提供帮助，推进了三者之间乃至整个社会的广泛联系。而这些关系不仅实现了知识的产业化，还会改变大学科研团体对创新成果的认识，以及大学与企业、政府之间的关系。

## 二、三螺旋理论的内涵

根据政府、大学、企业三者之间的相互关系，三螺旋创新系统存在三种不同的创新模式。集权式模型中，政府起绝对主导作用，企业和大学在创新过程中受政府管制，激励机制的匮乏使其创新空间受限，主体间的思想碰撞和沟通交流受到抑制，计划经济体制下的苏联和中国是此类模型的典型代表。自由放任式模型中，政府对企业和大学的创新活动采取放任自由的政策，创新主体自行发展、界限明晰，缺乏有效的资源、信息共享与融合，在各自领域孤立的开展创新活动。三螺旋模型中，大学、企业、政府之间不仅两两互动，而且存在三方合作重叠的部分，各主体在行使各自传统功能之外，还兼有其他主体的一些职能，因此在其交界处会出现三边网络结构和混合组织。例如，大学可以借助自己的科研成果创办大学衍生企业、协助政府提供公共服务，政府可以对企业和科研机构进行投资，企业可以利用所掌握的市场信息协助政府进行区域规划，还可以进行高水平的科技研发和人才培训（见图3－3）。

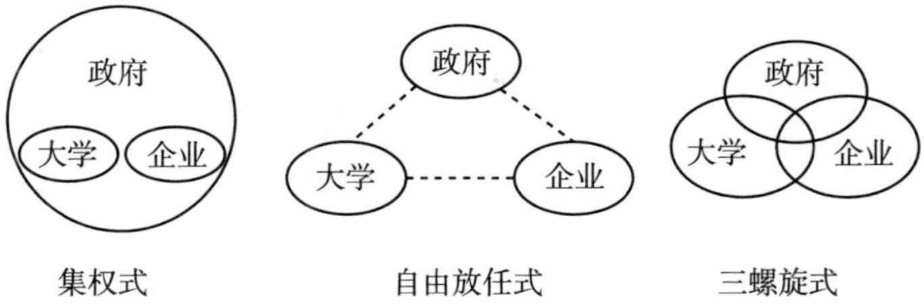


**图3－3　三种创新模式**

资料来源：亨利·埃茨科威兹．三螺旋．2005

三螺旋模型中，大学、企业和政府通过资源互补和角色渗透，合作进行创新活动，而由于创新活动的正外部性，资源和信息的流动与融合会促进创新活动的再产生和创新效率的提高，各创新主体实现自身发展的同时也会带动创新系统的整体提升。因此，三螺旋模型一直被视为各类创新机构所能达到的最佳状态。三螺旋理论解决了传统创新理论中对创新主体身份界定模糊的问题，强调任何一类创新主体都可以通过职能延伸扮演其他主体的角色，并在创新交界面上相互融合产生如创新园区、大学科技园、企业研究院所等混合性组织，创新主体本身拥有独立的身份和特定的责任，而混合性组织则凭借其“多面手”功能成为创新系统中的关键节点。周春彦等（2008）借助物理学中的力场原理，提出了内核外场的概念，来分析三股螺旋彼此独立又相互作用的机理。从静态角度来看，每个创新主体都拥有内核外场：内核区保证自身的本质特征，保持与其他机构的相对独立；外场域的存在保证了其能够与其他机构充分互动。如果某个主体无法维持内核的正常运转，将会失去自身的独立性和本质特征，无法正常参与外场域中的对外联系（见图3－4）。

内核外场模型显示的是三螺旋的静态特征，其动态特征则表现为横向循环和纵向进化两个方面。每个主体都存在外场，都会带动外场周边能量进行流动；三类主体的互动导致三个外场的相互作用，最终形成合成场，而主体间的互动使得合成场的强度和方向持续变化，即为三螺旋的运动轨迹。在螺旋体内，每个螺旋内部都存在微观的循环过程和成果输出，例

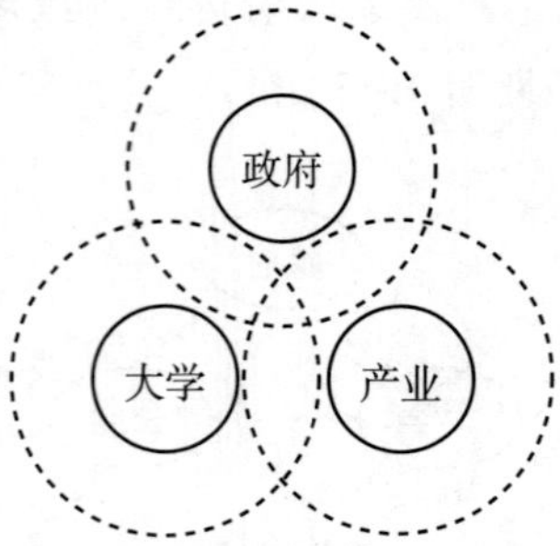


**图 3－4　三螺旋场相互作用模型**

资料来源：作者自绘

如，产业输出商品和税收等，大学输出人才资源和科研成果等，政府输出资金和政策法规等；螺旋线之间又存在人员、信息和产品的宏观循环，产生合作平台、合作项目和合作政策等，而人员、信息、产品要素的流动共同带动了横向的循环流。三螺旋的进化正是是横向循环和纵向进化共同作用的结果（见图 3－5）。

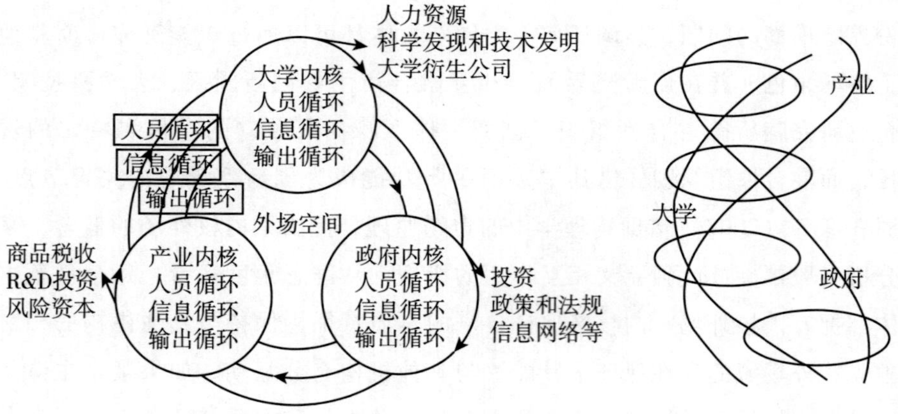


**图 3－5　三螺旋模型的动态特征**

资料来源：作者自绘

三螺旋理论强调的重点之一就是创新过程的非线性特征，而与其相对应的正是线性创新模型。最初对于创新的认识受 1945 年美国学者 V. Bush《科学：无尽的前沿》的影响，创新被视为从基础研究到产品生成再到销售的线性模式，将科学的商业化过程视为简单的递推关系，并不符合创新的复杂性特征，如图 3-6 所示。Kline 和 Rosenberg（1986）对该理论进行了拓展，认为创新主体不是盲目和被动的，大学对知识的研发以及企业对知识的应用互相作用，对研发和市场的需求也不分先后，创新过程的起点和方向并不单一，线性创新模型无法反映创新的复杂特征，因此提出更具有互动特征的链式创新模型，如图 3-7 所示。虽然链式创新模型考虑到了相互作用和反馈，但该过程仍然保留了线性模式的顺序。

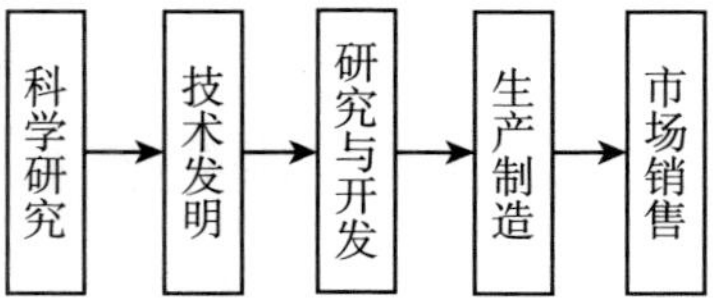


**图 3-6　线性创新模型**

资料来源：作者自绘

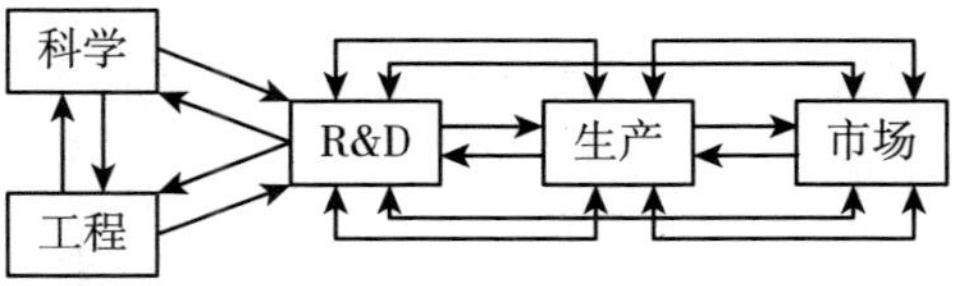


**图 3-7　链式创新模型**

资料来源：Kline 和 Rosenberg，1986

在创新日益复杂的当代，创新的起点和途径更加多样化，创新逐渐从相对简单的一系列市场和研究之间的双向线性程序转变为复杂的非线性过程，创造了大学、产业、政府之间的新结构。Etzkowiz 认为创新活动是参与者内部以及参与者之间相互作用的结果，具有复杂性和非线性，提出了网状创新模式，如图 3-8 所示。网状创新模式认为创新的起始点和实现路径是多样化的，科研、生产和市场等任何一种活动都可以成为创新的起点，而创新顺序由多条途径交织并行实现，多样且复杂。随着中介组织技术转移、孵化等媒介作用的介入，超越线性的网状合作成为常态。

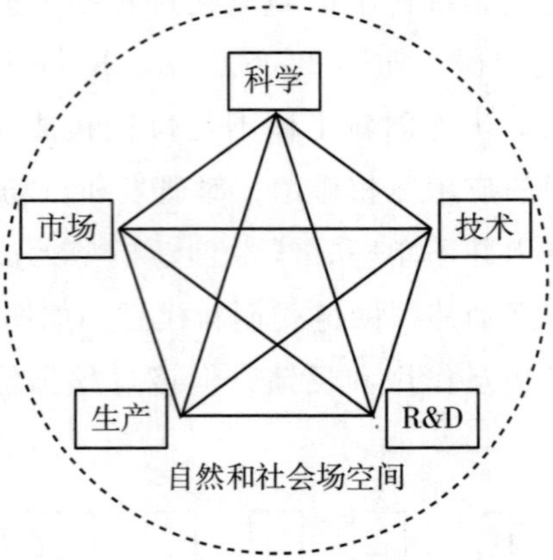


图 3-8　非线性网状创新模型

与传统的线性、链状以及网状创新模型不同，三螺旋理论创造了一个螺旋形的动态的创新模型，来描述大学、产业和政府在合作创新过程中的多重互反关系。在知识商品化的不同阶段，创新系统的演化是创新主体之间的协同和互动关系所决定的，三螺旋结构则是通过主体间螺旋形的关联互相作用所形成的。从线性模型到链状模型再到网状创新模式的演变，体现了三螺旋模型的生成和运行机理。

## 三、三螺旋创新效用分析

三螺旋创新的优势在于开放创新和协同创新两个方面。一方面，“封闭式创新”的传统模式无法适应知识经济时代的需要，三螺旋模式下的混合组织为大学、产业和政府提供了开放的交流平台，创造了有效的沟通机制。相比于利用内部资源进行高成本研发，在开放式创新模式下，企业可以获取合作伙伴所拥有的补充资源（Chesbrough，2003），利用外部智力输入和商业化渠道实现开放式创新。另一方面，创新的经济意义在于知识的资本化，技术、生产制造和市场缺一不可，先进的技术在商业化后才能实现其潜在价值，单纯的技术本身并无价值，例如很多仅依靠先进技术的企业不一定拥有市场优势，而其追随者却能后来居上，这就是创新资源互补的体现（Teece，1986）。技术创新的本质特点要求研发链、产业链和市场链的有机结合，只擅长其中一种并不能保证创新的实现，因此，寻求内外资源的合作是创新成功的关键。

不同于简单的线性创新模式，三螺旋模式拥有复杂的反馈机制，为各主体提供充分的沟通与合作机会，为典型的开放式创新模式。首先，三螺旋体系中能实现资源共享。由于部门之间相互渗透，不再以彼此分割、自我封闭的状态进行活动，各类创新要素能够实现自由流动、充分共享。其次，三螺旋体系中能进行开放合作。三螺旋体系会产生可以起“多面手”功能的混合组织，他们可以将市场供需信息以及科技发展与研发情况进行共享，避免了因信息不对称造成的大学研发和企业生产的盲目性，在高度开放的环境中，科技和商业可以在降低成本的同时得以有效融合，促进创新的实现和收益的增长。最后，在三螺旋体系中，技术转移和知识扩散更为高效。技术转移机构（TTO）的出现，使技术的许可和转让等更为方便，转移机制的建立激活了知识的产业化以及技术的商业化。因此，无论是从企业的角度还是社会的角度来看，三螺旋开放式创新模式的效益远胜于封闭式环境，具体如图 3－9 所示。

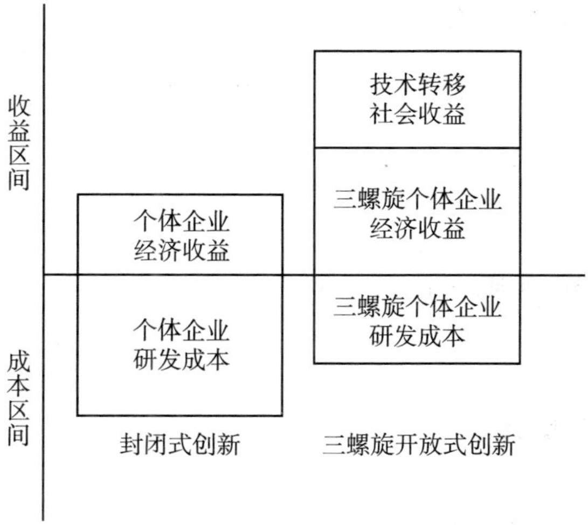


**图 3－9　三螺旋开放式创新效应示意图**

资料来源：作者自绘

在三螺旋模式中，创新主体之间的协同创新按照“互动－自反－互动－递归”的过程进行。在三螺旋模式下，内部机制使得相对独立的各子系统能够相互配合，通过协同工作使得系统有序进行，不断升级。在三螺旋模式下，政府借助税收、基金等方式扶持科技转化机构等中间机构的发展，在大学和企业协助的情况下，政府成为制度创新的主体；大学主要进行人才教育和科研活动，为企业提供人才资源，在政府指导下为社会进行技术研发，成为科技研发的主体；企业借助政府的制度支持和大学的人才支持，作为知识的应用载体而存在，成为技术创新的主角。在三螺旋模型演化过程中，混合组织的出现起到重要的桥接作用。以科技转移机构为例，TTO 通过建立高效的管理和合作机制，将三螺旋内部的人才、技术、制度等要素进行整合，使每条螺旋线的创新能力得以提升，并借助研发合作、知识转移等活动促进协同创新，为制度、知识和技术创新的实现消除障碍，最终使得三螺旋体系的总体效应大于单线之和，如图 3－10 所示。

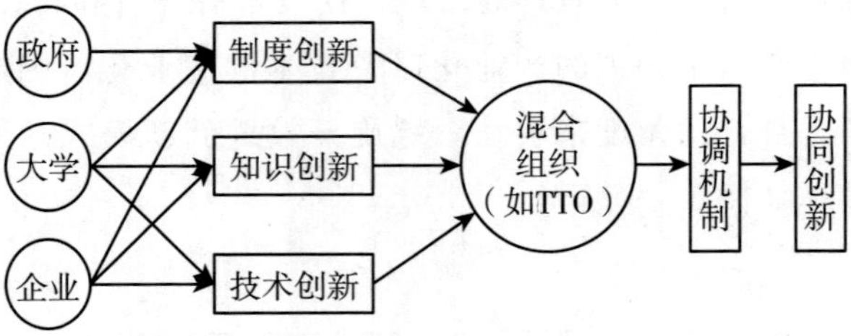


**图 3－10　三螺旋协同效应示意图**

# 第三节

## 区域创新系统理论

### 一、基本概念

作为维持经济持续增长的关键要素，创新被理论界与政界高度关注（Asheim and Isaksen，2002），由此也带来了区域创新系统（RIS）的研究热潮（Cooke，1996；Boschma，2005；汪涛等，2010；Sala et al.，2011）。总体来说，RIS 的产生和发展是一个逐渐演化和不断积累的过程，主要用于揭示创新能力较强或经济发展较好区域的发展路径（Asheim and Coenen，

2005；Corrocher and Cusmano，2014），以作为其他区域学习和参照的样本。根据 Belussi et al.（2010）的相关研究，RIS 的概念缘起于演化的相关理论和思想对创新和产业集群理论的重新诠释和解读，本质上说，RIS 从属于新区域主义，可以被看作国家创新系统空间尺度的缩小，是其区域化和在地化的重新定义，是创新体系运行的重要单元和基础要素（苗长虹等，2011）。

由图 3－11 可知，区域创新系统最早由英国卡迪里大学教授库克（Cooke）提出，基于国家创新系统这一概念，以演化经济学（Nelson，Winter，1982）、新经济地理理论（Krugman，1991；Porter，1998）和学习经济理论（Lundvall，1992）为基础，不同于以往将微观企业和宏观国家作为中心的研究，他偏重于中观的区域，并第一次将创新、学习、空间植入区域发展路径和战略的研究之中，提出区域创新系统是基于制度环境的根植性，微观的行为主体如企业、大学、研究院所、政府、中介机构等创新相关要素之间互相学习、互相作用所形成的复杂性系统。

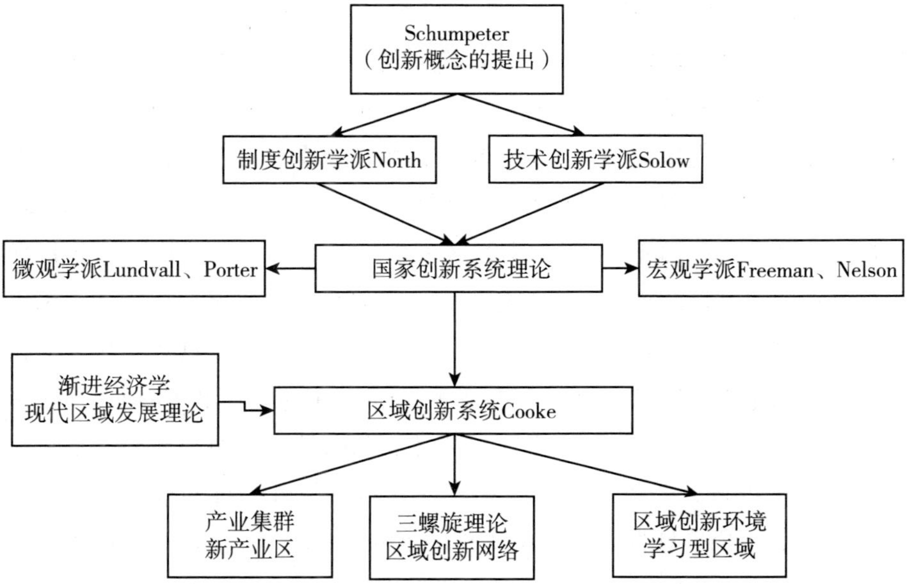


**图 3－11 区域创新系统概念的发展脉络**

资料来源：作者自绘

在《区域创新系统：在全球化世界中的治理作用》一书中，Cooke（1996）提出区域创新系统的关键组成要素包括地理区位邻近和关联的各创新主体，包括大学、研究机构、企业、政府等不同主体共同建立起一定的区域性组织体系，遵循一定的治理规则并产生创新。1997年，OECD在《国家创新体系》报告中指出，技术创新是创新系统中各要素相互作用的结果，但并非通过简单的线性方式来实现。在创新系统的关键要素中，企业占据绝对的核心位置，直接参与并组织创新活动；科研部门作为人才培养和科技研发的重要基地，以研究机构、教育系统为典型代表，是推动创新、创造创新潜力的基础；政府等公共部门发挥其公共职能，通过发布政策、调控基金等手段创造区域创新环境。

经济地理学界对区域创新系统组织结构的研究成果丰富。Cooke和Morgan（1994）认为，区域创新系统应该具备三个关键要素：企业间动态的水平和垂直的创新合作网络、丰富的科研机构以及充足的政府及私人研发投入。继Cooke之后，学者们进行了大量的探究和解释，但并未达成共识。Freeman（1987）认为，区域创新系统是将不同部门直接联系起来的制度网络，其通过决定创新参与部门之间的相互作用，实现对新技术的发生、引入、改进和扩散。Lundvall也认为，创新是一个复杂的微观与宏观相互作用的过程，作为一个社会系统，区域创新系统是由不同要素及其在生产、使用和扩散新知识过程中相互联系而构成的复合体和网络系统。Asheim和Isaksen（2002）则强调，区域创新系统的两个关键要素为区域内主导产业集群以及包含各类教育机构和科研机构的基本制度结构，两者密切协作共同推动创新的产生和区域的发展，因此，区域创新系统就是由核心组织机构围绕区域集群进行的变革。David Doloreux和Charles Edquist（2003）则提出区域创新系统由区域政体和创新源动力组成，前者通过制度治理来增进彼此关系，后者包括企业、高校、研究机构等，区域作为“学习室”，组成区域性互动网络来推动创新。Lambody（2004）认为区域经济中各要素充分发挥各自功能，组成动态的、流动的多要素系统，引导致力于提高科研技术能力和构建企业创新网络的政企合作机构。Buesa等（2006）和Stefan Kuhimann（2004）对区域创新系统组织结构的研究也得出不同的结论。各学者的分析视角各有不同，对区域创新系统的解读也存在差异，具体见表3-1。

表3-1　　基于不同分析视角的区域创新系统内涵综述

| 分析视角 | 代表学者 | 核心内涵 |
|---|---|---|
| 内部构成 | Cooke（1992，1994，1996） | 区域创新系统是由特定地理区域范围内通过密切频繁的创新主体交流，基于创新投入，借助创新主体之间的互相作用形成的组织网络或者运行机制 |
| | Oinas & Malecki（2002），Todtling & Trippl（2005） | 区域创新系统由区域边界、创新生产系统、区域创新资源及本地环境等关键要素构成 |
| | Leydesdorff & Fritsh（2006），Strand & Leydesdorff（2013） | 高校-企业-政府创新三螺旋结构 |
| | Sternberg（2000），Fritsch（2002，2004） | 合作和区域创新网络是区域创新系统的关键要素 |
| 知识流动 | Doloreux（2004，2008） | 区域创新系统由区域政体和创新源动力组成，二者通过互动形成一套流程体系，进行知识的生产、使用和传播 |
| | Autio（1998） | 区域创新系统划由知识应用与开发子系统和知识创造与生产子系统共同组成 |
| | Asheim & Isaksen（2002） | 区域创新系统就是由核心组织机构围绕区域集群进行的变革 |
| 系统论 | Freeman（1987） | 区域创新系统是将不同部门直接联系起来的制度网络，其通过决定创新参与部门之间的相互作用，实现对新技术的发生、引入、改进和扩散 |
| | Lambody（2004） | 区域创新系统是区域经济中各要素充分发挥各自功能，组成动态的、流动的多要素系统，引导致力于提高科研技术能力和构建企业创新网络的政企合作机构 |

续表

| 分析视角 | 代表学者 | 核心内涵 |
|---|---|---|
| 系统论 | Stefan Kuhimann（2004） | 区域创新系统由区域创新环境、区域教育和研究系统、区域政治系统、区域产业系统相互作用实现的系统 |
| | Lundvall（2007），Johnson（2008），Cantner，Meder & Ter Wal（2010） | 区域创新系统是由各类创新要素在创造、应用和扩散新知识过程中互动形成的复杂网络系统 |

资料来源：作者整理

在我国，经济地理学界学者对区域创新系统的研究始于1996年。王缉慈（1999）将区域创新系统视为各节点（包括企业、高校、科研院所等）在协同合作中通过结网实现创新，最终融入到区域创新环境中而形成的系统。黄鲁成（2000）则从区域创新系统的内容和功能出发，提出区域创新系统是涵盖有主体要素、非主体要素和各种政策网络的综合体，具有协调功能、催化功能、解惑功能和化险功能。Autio（1998）提出，区域创新系统是由两个系统构成，一个是知识应用和利用子系统，另一个是知识产生和扩散子系统，据此，我们对区域创新系统的组织框架进行了分析，如图3－12所示。

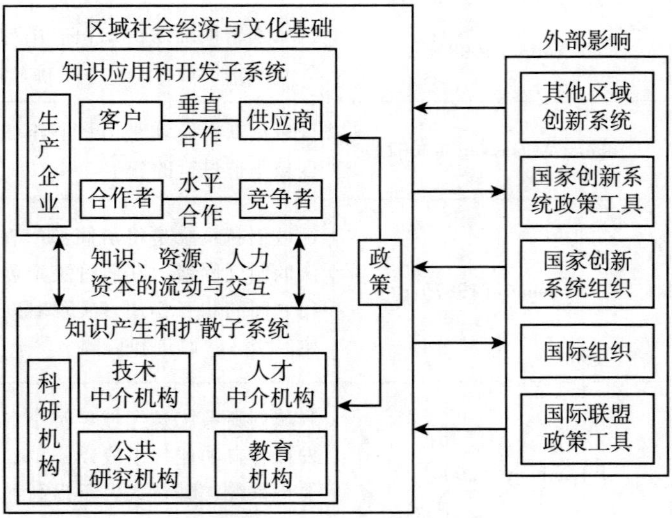


**图3－12　区域创新系统的组织框架**

资料来源：基于已有研究成果（Cooke，2002；Todtling，Trippl，2005）整理

由该框架可以发现，Autio（1998）认为，区域创新系统由嵌入到区域社会、经济和文化环境中的两个子系统构成。其中，知识应用和开发子系统的主体是进行生产实践的企业，通过与供应商、客户的产业链垂直合作以及与竞争者、同行的横向合作，来实现知识到商品的转化；而企业的垂直和水平网络一旦实现有效连接，企业之间就可以通过交互学习实现创新实践，这也是该子系统的理想模式。另外，知识产生和扩散子系统由参与知识的生产、扩散活动的各类机构组成，主要包括培养科技人才的教育机构（如大学、技术学院、职业培训机构等），进行基础共性技术研发的公共研究机构（如国家所有的研究所），提供创新咨询等服务的技术中介机构（如创业服务中心、工程技术研究中心）以及服务人才流动的人才中介机构（如劳动力中介组织）。区域创新系统处于不断的演进过程中，进化的动力就来源于各个子系统内部及子系统之间的互动联系。

区域创新系统认为，系统中各类创新主体的频繁交流与密切合作是区域创新能力提高的关键，创新就是一个非线性的、不断演化的过程。区域创新系统又可以分为狭义和广义两种类型（Lundvall，2007）。前者主要关注重大研究项目以及激进式创新，包含企业研发过程中所涉及的大学、研究机构等行为主体，一般在国家层面运行（Isaksen，2009）；后者强调区域内大学、研究机构、地方企业等主体间的知识交换和渐进性创新，研究尺度多聚焦在区域层面。无论狭义或者广义，两种区域创新系统都包含区域、创新、网络、学习过程和相互作用五个共同的基本要素（Cooke，2001），涉及生产组织、知识组织和支撑系统三类创新主体，产业集群和主要企业是区域最重要的生产组织，大学、研究机构、培训机构等是主要的区域知识组织，政府部门以及各类促进创新的组织机构则构成了支撑系统（Nilsson and Moodysson，2013）。从基本内涵来看，一般都包含以下四个方面：发生在一定地域空间范围内，空间表现为行为主体地理位置上的邻近；行为主体主要包括企业、教育机构、科研机构、金融机构和政府等各类要素；行为主体之间通过互动来构成创新的组织和空间结构，进而形成一个有机、动态的社会系统；具有开放的边界，不断吸收对创新有利的外界因素。

## 二、主要模式

Cooke (1996) 认为区域创新系统具有本地根植性和系统性，本地根植性是指创新主体在一个特定的区域内相互作用、相互影响，会受距离间隔的影响；系统性是指创新是由各类创新主体及创新资源之间相互关联、相互影响的复杂的非线性互动过程。通过研究各类区域创新系统的演变趋势，Cooke (2010) 进而又发现区域创新系统呈收敛性演进，初始状态的公平交易关系会逐渐被具有根植性的商业关系所取代。鉴于区域创新系统的复杂性，学者们继 Cooke 之后，根据对不同案例的研究从各个角度对区域创新系统进行探讨，大致可以从六个维度进行归类，分别是治理结构、商业活动模式、社会根植性、主体和驱动力、区域创新潜力、区域创新壁垒，如图 3 – 13 所示。

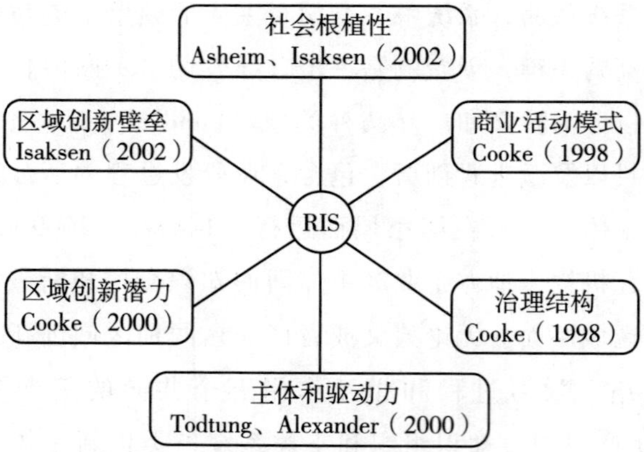


**图 3 – 13 区域创新系统分类维度示意图**

资料来源：作者自绘

Cooke (1998) 从治理结构的角度，将区域创新系统分为三类，分别是基层型创新系统、网络型创新系统和统治型创新系统。在基层型创新系统中，本地是技术转移发生的主要空间尺度，系统协调性较差，技术专业化水平偏低；在网络型创新系统中，技术转移发生在多个层面，系统协调程度比较高，技术专业化水平有高有低；在统治型创新系统中，技术转移受制于政府，政策系统协调水平以及专业化水平均较高。

Cooke（1998）根据商业活动模式又将区域创新系统分为三类，分别是当地型、交互型和全球型创新系统。在当地型创新系统中，大厂商或外资分支机构、公共创新或研发资源很少，企业间即企业与政策制定者之间联系很多；在交互型创新系统中，寡头垄断情况较少，大、中、小企业基本平衡，企业之间互动频繁，企业与政策制定者之间联系较为紧密；在全球性创新系统中，跨国公司起绝对的主导作用，私有的研究机构数量较多，企业之间互动较少，企业与政策制定者交流匮乏。

Asheim 和 Isaksen（2002）从社会根植性的角度出发，将区域创新系统划分为本地根植区域创新系统、区域网络式创新系统、区域性国家创新系统三类。在本地根植区域创新系统中，地理区位的邻近以及社会、文化的相似激活了本地学习过程和创新行为；在区域网络式创新系统中，互动学习仍以本地尺度为主，但是科研机构更加强大；区域性国家创新系统与前两者差异很大，创新合作多属于基金创新合作，合作模式以线性模式为主，合作对象多为外部创新主体。

Todtung 和 Alexander（2000）从主体和驱动力的角度出发，将区域创新系统分为三类：第一类是企业基础型创新系统，企业是最重要的创新主体，发生于生产链上的合作最为重要，企业与知识生产机构，即企业与大学、研究机构等的关系重要性较低；第二类是科学基础型创新系统，企业除与客户、供应商保持紧密联系外，与大学、科研机构的合作同样重要；第三类是政策基础型创新系统，对于企业来说，与供应商和消费者等产业链合作伙伴相比，有权力对创新进行支持的政府机构是更加重要的合作伙伴。

Cooke 等（2000）根据区域创新潜力对区域创新系统进行划分时，将区域创新系统的创新潜力划分为三类。拥有最大创新潜力的创新系统有强大的创新机构，包括教育机构、大学、科研机构等，同时区域具有较高的自治权利；在中等创新潜力创新系统中，从治理、基础设施、政策制定等各个维度来看，对创新的支持力度有所差异；在低级创新潜力创新系统中，区域对创新的支持明显不足，不仅面临高科技活动稀少的问题，科技研发与生产环节的脱钩也对区域创新造成了威胁。

Isaksen 等（2001）从区域创新壁垒的角度出发，将区域创新系统分为低组织性、分散型、封闭型区域创新系统。在拥有低组织性区域创新系统的区域中，起协调组织作用的机构缺乏，例如技术促进中心或者起支持作用的创新机构或组织创新主体之间的交互式学习较少；在分散型区域创新系统中，创新主体处于保护知识的目的，不敢轻易相信彼此，合作创新未得到重视；封闭型区域创新系统存在技术锁定的危险，因为合作多发生在本地主体之间，区域外合作较少发生。

国内外学者从治理结构、商业活动模式、社会根植性、主体和驱动力、区域创新潜力、区域创新壁垒等六个方面出发，对不同类型的RIS进行了论述（见表3－2）。

表3－2　　区域创新系统的类型

| 分类依据 | 主要学者 | 类型 | 主要特点 |
| --- | --- | --- | --- |
| 治理结构 | Cooke（1998） | Ⅰ基层型创新系统<br>Ⅱ网络型创新系统<br>Ⅲ统治型创新系统 | Ⅰ技术转移主要在当地，系统协调度及专业技术化水平低。Ⅱ技术转移在多个层面进行，系统协调程度高低并存。Ⅲ技术转移受制于政府政策系统协调水平及专业化水平也较高 |
| 商业活动模式 | Cooke（1998） | Ⅰ当地型创新系统<br>Ⅱ交互型创新系统<br>Ⅲ全球型创新系统 | Ⅰ大厂商或外资分支机构、公共创新或研发资源少，企业间及企业与政策制定者联系多。Ⅱ大企业与中小企业基本平衡，厂商间及厂商与政策制定者联系较多。Ⅲ跨国公司占支配地位，私有研究机构较多，厂商间及厂商与政策制定者间联系少 |
| 社会根植性 | Asheim、Isaksen（2002） | Ⅰ本地根植区域创新系统<br>Ⅱ区域网络创新性系统<br>Ⅲ区域性国家创新系统 | Ⅰ当地企业创新行为主要基于地理邻近、社会和文化相似激活的本地学习过程。Ⅱ是更本地化的互相学习过程，更强大的研发、职业培训等机构。Ⅲ与前两者不同，创新行为多与外部主题合作；合作多建立在线性模型基础上的激进创新合作 |

续表

| 分类依据 | 主要学者 | 类型 | 主要特点 |
| --- | --- | --- | --- |
| 主体和驱动力 | Todtung、Alexander（2000） | Ⅰ企业基础型创新系统<br>Ⅱ科学基础型创新系统<br>Ⅲ政策基础型创新系统 | Ⅰ企业与顾客和供应商的合作最重要，而与大学、科研机构等的关系次之。Ⅱ企业除与顾客、供应商等保持重要联系，与大学、研究机构的合作也很重要。Ⅲ企业除与顾客、供应商等合作外，更多的与技术转移、创新支持等机构保持重要合作 |
| 区域创新潜力 | Cooke 等（2000） | Ⅰ最大创新潜力创新系统<br>Ⅱ中等创新潜力创新系统<br>Ⅲ低级创新潜力创新系统 | Ⅰ有强大的创新机构，如教育系统、大学研究结构等，同时区域具有较高的自治权。Ⅱ在各个维度（治理、基础设施和政策等）上对创新支持力度不同。Ⅲ高科技活动较少，研究与生产脱节，区域对创新的支持度也较低 |
| 区域创新壁垒 | Isaksen（2002） | Ⅰ低组织性区域创新系统<br>Ⅱ分散型区域创新系统<br>Ⅲ封闭型区域创新系统 | Ⅰ缺乏实现交互式学习的主体，如促进中心或支持创新机构组织。Ⅱ没意识到合作的重要性或害怕只是泄露，各主体间缺少合作和相互信任。Ⅲ各主体间虽存在合作，但与区域外合作很少 |

资料来源：赵建吉，2011

## 三、区域创新环境

创新是一个交互的社会学习过程，创新活动的进行需要来自社会、文化、科技环境等各方面的支持。创新环境是一个相对稳定的系统，是地方行为主体在长期的合作过程中通过正式或非正式的交流与互动所形成的。欧洲创新研究小组（GREMI，创新环境学派）最早提出区域创新环境的概念。GREMI 代表人物 Camagni（1991）和 Storper（1997）等学者将区域创新环境视为一种复杂的网络关系，主体就是地方生产系统、社会与产业文化以及各行为主体等，他们通过市场竞争与合作等网络关系相互作用，形成能够促进创新产生的系统。Maillat（1998）提出，区域创新环境是企业之外但又与企业相关的文化、技术、劳动力市场等非物质性社会文化因素的总和。Suez 和 Berger（2005）则将促进区域内部企业或机构之间相互信任、共同合作的社会资源以及各种正式、非正式关系制度的总和视为区域创新环境。

GREMI 从广义上将区域创新环境界定为一定区域范围内各个行为主体通过相互合作交流与集体性学习的方式所构建起来的社会关系的总和。GREMI 小组基于对新古典主义经济学的批判，以创新能级较高的地区为研究对象，通过分析其区域特征和运行机制后提出，创建优质区域创新环境的关键在于组织、技术和区域这三类因素的有效互动，具体如图 3-14 所示。

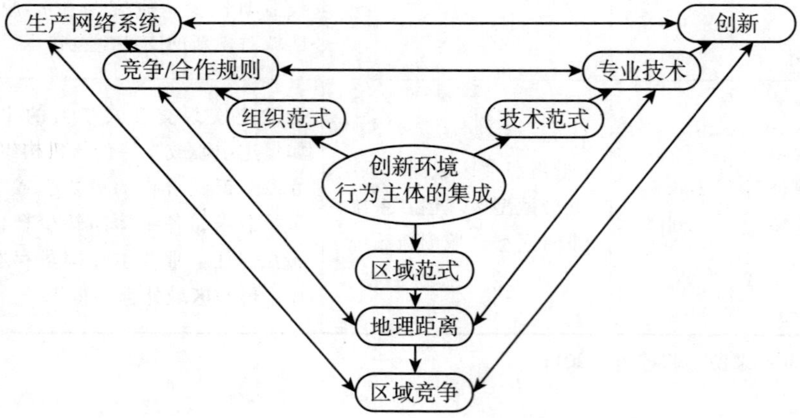


**图 3-14　区域创新环境及其发展范式示意图**

资料来源：Crevoisier，2004

在国内方面，王缉慈（2001）提出，区域创新环境是区域内各个行为主体间通过长期正式或非正式合作所形成的相对稳定的环境系统，它是高技术产业发展、创新产生所必备的环境，是一种社会文化环境。通过对比研究，王缉慈（2001）根据各主体的能动性，将区域创新环境的培育分为两种，分别是自上而下的政府行为和自下而上的企业行为，如图 3-15 所示。

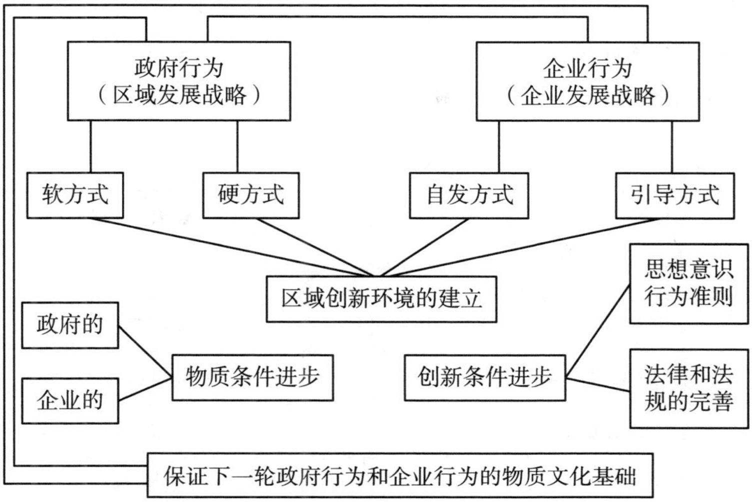


**图 3－15　区域创新环境构成方式及其相互作用**

资料来源：王缉慈（2001）

GREMI 与 GPN 研究的共同点在于都基于空间来解释经济行为，但二者常被视为两种极端，这是因为有关 GPN 的研究强调跨区域或国际生产组织、组织模式的优势，而 GREMI 聚焦地方或区域企业间社会关系的内部结构来解释创新的产生，将环境视为集聚发展所需要的各类物质、人才、技术、信息等要素的生产系统（Maillat，1998）。地理邻近和社会邻近不仅有助于企业了解生产链合作伙伴和竞争者的相关信息，还能以较低成本实现合作。各主体间的关系网络作为区域环境的重要组成部分，不仅可以刺激各主体的合作需求，进而还能促进行业共识的形成以及主体间信任关系的建立，不断促进互动的拓展和深入（Boschma，2005）。

国内外学者对区域创新环境进行了不同角度、不同层次的分析，虽未达成普遍共识，但都存在一个共同点，即区域创新环境是静态和动态相结合的社会环境，是区域内部行为主体与参与创新进程的各要素之间相互联系、共同合作的必要基础。

一个 RIS 的最佳配置可以从两个视角加以评估（见表 3－3）：（a）基础设施层面（Infrastructure），关系到区域的管辖能力，评价它制定政策和管理组成区域系统要素的自主程度，以及关于对创新的发展非常有必要的基础设施的战略投资的财政能力；（b）上层结构层面（Superstructure），关系到区域的制度、企业组织和政策组织（Cooke，1998）。

表 3－3　　创新系统的评价

| 创新潜力较高 | 创新潜力较低 |
|---|---|
| 基础设施层面 | |
| 公共支出和税收的自主能力 | 分散的支出 |
| 区域独立的财政 | 国家财政组织 |
| 对基础设施的政策影响 | 对基础设施的影响有限 |
| 区域的高校—产业策略 | 零碎的创新项目 |
| 上层结构层面 | |
| 制度维度 | |
| 合作的文化 | 竞争的文化 |
| 交互学习 | 独立的 |
| 共识 | 制度纠纷 |
| 组织层面（企业） | |
| 和谐的劳动力关系 | 敌对的劳动力关系 |
| 工作指导 | 独立获取技术 |
| 外部化 | 内部化 |
| 交互创新 | 依靠自身研发 |
| 组织层面（政策） | |
| 包容的 | 排他的 |
| 监督 | 反馈 |
| 协商 | 权威 |
| 网络 | 层级 |

资料来源：Cooke，2001

# 第四节

## 协同创新理论

### 一、基本概念

协同一词有 Collaboration、Synergy 等多种英文表述，在《辞海》中是互相配合、齐心协力的意思。1965 年，美国战略管理学家 Ansoff 在《Corporarte Strategy》一书中首次提出了协同的概念："在资源共享的基础上，协同就是企业通过识别自身能力与机遇的匹配关系来成功拓展新的事业，强调企业之间共生互长"。而协同理论是由德国物理学家 Haken 于 1971 年系统提出的，以系统论、耗散结构论、信息论、控制论、突变论等为基础，将研究对象看作是由子系统构成的系统，指各子系统的协同行为所形成的联合作用，将产生 1 + 1 > 2 的协同效应。随后，这一思想被应用到企业新产品的开发领域（何郁冰，2012），协同制造作为一种先进的制造模式应运而生，它以产品设计制造的低成本、高效率为目标，强调组织间的协调和全社会内的资源共享（陈劲，2012）。

随着知识经济的到来，基于协同的思想和创新的理论，结合协同制造的先期基础（陈劲，2012），协同创新的定义最早由 Peter Gloor 提出，"由自我激励的人员所组成的网络小组形成集体愿景，借助网络交流思路、信息及工作状况，合作实现共同的目标"。尔后，协同创新理论得到重视和深化，并被认为是较之企业资源基础观和能力观而言，能够更好地解释企业竞争力优势的全新视角。总体上看，协同创新的理论与实践研究尚处在探索期，国内外学者对协同创新的定义尚未清晰，概念的界定基本围绕技术创新，主要包括微观的组织、中观的集群以及宏观的区域三个方面（见表 3 - 4）。

表 3 – 4　　国内外学者对协同创新概念的界定

| 学者 | 主要观点 | 研究层面 | | |
|---|---|---|---|---|
| | | 企业 | 集群 | 区域 |
| Kim，1993 | 协同创新是一种系统，强调了市场营销手段对于实现协同创新的重要性 | √ | | |
| 彭纪生，2000 | 所谓技术协同创新，应从宏观和微观两个层面进行定义。宏观层面，在国家创新体系中，应实现知识、技术、知识传播、知识应用等 4 个创新子系统集成；微观层面的技术协同创新，即各种创新资源以及各行为主体在技术创新过程的各个环节协同整合 | √ | | √ |
| Huber，1998 | 将创新能力作为协同对象纳入创新要素中进行考虑，认为组织学习通过感知、实践及替代性学习三种模式增强创新能力 | √ | | |
| Persaud，2005 | 协同创新是为了提升创新能力，多个参与者基于研发合作而进行的协同过程 | √ | | |
| 胡恩华，刘洪，2007 | 协同创新是集群创新企业与群外环境之间通过复杂的非线性作用产生企业自身无法实现的整体协同效应的过程 | √ | √ | |
| Davis，Eisenhardt，2011 | 协同创新与动态的组织流程、创新合作伙伴的领导作用、跨边界创新、创新机制以及所形成的共生关系等因素密切相关 | √ | | |
| 陈劲，阳银娟，2012 | 协同创新是各个创新要素的整合以及创新资源在系统内的无障碍流动。协同创新是以知识增值为核心，以企业，高校科研院所，政府，教育部门为创新主体的价值创造过程 | √ | | |

资料来源：相关文献整理

## 二、创新合作伙伴的搜寻

协同创新在本质上是一种创新组织模式，是通过国家意志的引导和机制安排，促进企业、大学、研究机构发挥各自的优势，实现资源互补（陈劲，2012）。协同创新系统中，企业在微观层面上表现为内部设计、研发、制造、销售等部门的无缝连接（阳银娟，2014）；宏观层面，则表现为企业与供应商、用户、同行、高校及研究机构之间的竞合互动）。而企业外部创新合作伙伴的搜寻是本文关注的焦点，涉及的研究包括以下三个方面：

### 1. 外部合作伙伴的构成

总体来说，创新的外部知识源可以分为外部市场信息、公共研究机构以及综合信息源等三种（见表 3－5）。一般来说，高校、科研院所等公共研发机构主要承担并推动基础性研究及共性技术的研发，产业的应用及市场化拓展则由企业承担，部分行业及中介机构、政府机关在一定程度上具有辅助作用（Storper and Venables，2004；Scott，2002；盖文启，王缉慈，1999；刘炜等，2010）。

**表 3－5　　企业外部知识源**

| | |
|---|---|
| 外部市场 | 1. 用户或经销商 |
| | 2. 设备或原材料供应商 |
| | 3. 竞争对手 |
| | 4. 行业内其他企业 |
| | 5. 咨询顾问公司 |
| | 6. 商业实验室 |
| 公共机构 | 7. 大学及其他高等院校 |
| | 8. 政府、公共研究院 |
| | 9. 私人非营利性研究所 |
| | 10. 专业的公共创新服务机构 |

续表

| | |
|---|---|
| 综合信息 | 11. 专利 |
| | 12. 专业论坛、学术会议、著作以及刊物等 |
| | 13. 交易会、博览会等 |
| | 14. 行业协会、工会 |
| | 15. 其他协会或组织 |
| | 16. 标准或标准化组织 |
| | 17. 非正式关系网络 |
| | 18. 公共规章条例 |

资料来源：阳银娟，2014

在此基础上，学术界关于"哪种类型的创新合作及其合作伙伴作用更加突出"的讨论从未停息（见表3－6）。一方面，倡导"产品及其创新需要市场及用户肯定"的学者毋庸置疑的认为产业链或是生产网络过程中形成的垂直型合作对于创新及其产品的推广更为重要（Tomlinson，2010），如Tether（2002）运用英国企业的数据对比了企业与客户、供应商、大学、研究院所等不同类型行为主体间创新合作，认为企业与其他企业合作伙伴的创新更为频繁，创新绩效水平更好；Doloreux（2004）的研究发现：企业规模越小，则创新合作越依赖于他们与客户和供应商所形成的垂直型创新网络；Liefner等（2006）和Gassmann（2008）的相关研究也得到了同样的结论。另一方面，也有研究认为大学、研究院所才是企业构建协同创新网络的关键所在，亦是创新最为重要的行为主体，特别是化学、生物医药等技术或知识密集型行业（阳银娟，2014），如Mansfield（1991）指出创新在很大程度上建立在高校等行为主体的学术研究以及与其合作的基础之上。Howells等（2012）的研究认为：与高校、研究院所合作越多、效果越好的企业，其创新能力也相对较高。

表 3-6　　协同创新网络联系分类及主要代表文献

| 类型 | 涉及主体 | 代表文献 | 过程 | 主要观点 |
|---|---|---|---|---|
| 垂直 | 用户；供应链企业；同行 | Tether，2002；Gnyawali，2011；Li，2012 | 协作学习、合作联盟、在项目开发过程合作解决问题 | 提供补充性的市场知识；强化对需求方行为的理解；提高市场效率；最小化交易成本 |
| 水平 | 大学；研究机构；学院/技校 | Cohen，1990；Laursen，2004；Liefner，2010 | 雇佣毕业生、与研究人员的正式研发合作及非正式联系 | 提供互补性知识及隐形资产；分担研发风险与成本；差异化分工的创新模式 |

资料来源：作者整理

新近一些研究依据行为主体内外联系的广度、深度，剥离出了技术守门员的概念，Graf（2011）通过构建产业集群内外联系的分析框架来定义技术守门员（如图 3-16 所示）：集群内拥有较强的技术水平和资金实力，有能力与技术领先企业（机构）建立创新联系，将先进技术引入本地并在集群内进行技术传播和扩散的行为主体（Giuliani，2005；赵建吉，曾刚，2013）。一般由跨国公司或其分支机构、网络内成长并向全球扩张的本土企业以及具有影响力的大学或科研机构承担，他们一般具有较为扎实和雄厚的技术基础，能够消化和吸收网络外部引进的先进技术，并通过非正式的技术学习活动把其获取的创新资源向网络内其他行为主体扩散，从而促

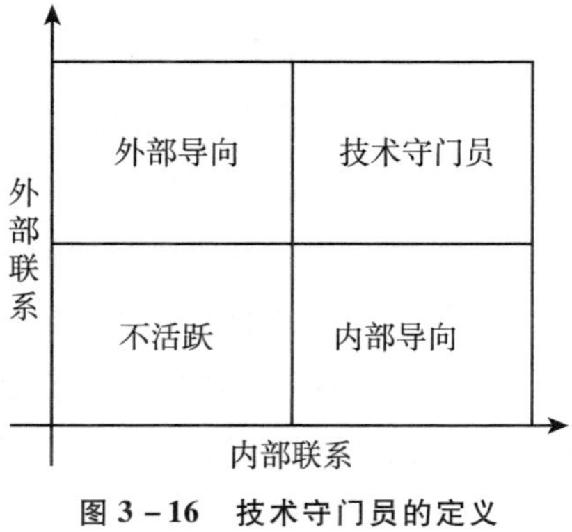


图 3-16　技术守门员的定义

资料来源：Graf（2011）

进集群整体创新水平的提升（赵建吉，2011；张云伟，2013）。但是，需要指出的是，具有强大知识基础和紧密外部链接的技术领先者或旗舰企业可能没有和本地企业进行互动的动力而不存在知识溢出，在这种情况下，他们仅仅是明星企业而非技术守门员（Morrison，2008；Morrison and Rabellotti，2009）。

**2. 合作联系的建立方式**

以创新发生的边界为划分依据，可将协同创新网络分为组织内部和组织外部两种（见表 3 -7）。其中，内部网络包括基于内部封闭创新和组织邻近的母子公司间的创新合作；外部网络包括企业外部创新源的搜寻和技术购买。

**表 3 -7　　协同创新网络的类型及特点**

| 组织边界 | 组织形式 | 专有性 | 地理边界 | 创新相关性 | 是否可转移 |
|---|---|---|---|---|---|
| 内部 | 内部研发 | 完全 | 企业范围内 | 相关 | 是 |
| | 集团内部协同 | 完全 | 国际或国内 | 不一定 | 是 |
| 外部 | 创新合作 | 存在专有性分歧 | 国际或国内 | 相关 | 面对面的情况下可以转移 |
| | 技术购买 | 完全 | 国际或国内 | 相关 | 存在一定问题 |

资料来源：Frenz and Ietto - Gillies，2009

企业与外部主体发生联系的方式主要有正式及非正式两种（Storper and Venables，2004），其中，正式化合作是指企业通过正式化的贸易关系，涉及货币或其他形式的补偿，以协议或合同的形式与外部组织进行的合作。Anderson（1995）将正式化的合作分为研究导向型、技术导向型和市场导向型三种形式，总结了企业间正式化合作网络建立的方式和途径。非正式化合作是在正式化合作之外的组织间的人员交流以及互动，如技术、管理人员的流动、沟通而带来的组织间知识流动（Lundvall and Jonson，1994；Capello，1999）。

Trippl 等（2006）以此识别了市场关系、正式网络、知识溢出和非正式网络等四种合作伙伴联系（见表3-8）。市场关系指技术和知识的购买，如机器、信息和信息通信设备、软件、许可证等，贸易式的技术、知识以现有形式存在；原则上，合作伙伴的创新能级和高质信息是首要考虑因素，合作的空间尺度不受地理邻近的限制（Malmberg and Power 2005）；知识溢出，不同于市场关系，通常具有强烈的本地化特征（Jaffe et al.，1993；Bottazi and Peri，2003），注重通过劳动力流动、面对面接触或简单地“监控”竞争对手来实现知识交流（Malmberg and Maskell，2002；Malmberg and Power，2005）。相比于市场关系，动态的共同学习被冠以网络之名，是创新过程中形成的各种交互关系（Lundvall and Johnson，1994），主要形式有：一是基于正式协议或合同（R&D合作、联盟和研究公会），包括关于任务、成本、福利和收益分配方面的正式声明（Trippl et al.，2006）；二是基于信任、共同目标及行为规范的基础上所形成的非正式合作（王秋玉等，2015）。

**表3-8　　外部知识源及合作伙伴的联系类型**

| | 静态（知识转移） | 动态（共同学习） |
|---|---|---|
| 正式/贸易关系 | 市场关系 | 正式网络 |
| | 合同研发 | 研发联盟 |
| | 咨询 | 研发设施共享 |
| | 授权 | |
| | 购买中间产品 | |
| 非正式/非贸易关系 | 知识溢出 | 非正式网络 |
| | 招聘专业人才 | 购买中间产品 |
| | 监视竞争者 | |
| | 参加展会和会议 | |
| | 阅读科学文献和专利说明 | |

资料来源：Trippl et al.（2006）

Maskell（2014）用来源意识和问题意识作为标准，将合作伙伴的寻找方式划分为管道、众包、监听站和展览会等四种类型（见表3-9）。

表 3－9　　外部知识源的类型

| | | 来源意识<br>对于可提供期望知识的来源，公司识别意识的高低 | |
|---|---|---|---|
| | | 高 | 低 |
| 问题意识<br>对于所需的特定知识，<br>公司识别意识的高低 | 高 | 1. 合同、协议（管道） | 3. 在线分配（众包） |
| | 低 | 2. 技术监测单位（监听站） | 4. 展览会 |

资料来源：Maskell（2014）

### 3. 网络构建的影响因素

伴随着新经济地理学的“关系及演化转向”的发生，创新领域的相关学者开始重申“企业作为研究核心”的重要意义。简单来说，鉴于创新是企业“投入产出”的结果（Giuliani，2007；Lin et al.，2011；Wang et al.，2012），网络伴随企业创新知识的搜寻而生，故协同创新的影响因素归结为企业与不同行为主体间交互效应产生的原因，如情境性（产业特性、国家制度和所处阶段的差异等）、知识的特性及其来源、创新及其行为的类型等（Frenz and Ietto－Gillies，2009）。

总体来看，协同创新网络的构建与演化因素分为内生型和外生型两种。内生驱动因子则表现为从企业自身出发，是一种为获得更大的市场（Baum et al.，2000）、降低交易费用（Kogut，1988）、共享知识以提高创新效率（Berg and Friedman，1981；Kogut，1988）等而形成的自发性力量；外生驱动因子则表现为创新行为变化相关的制度和政策环境，多与区域创新环境的讨论交叉，包括政府在产权制度、激励约束机制、市场状况、调控手段和创新政策制定等方面的作用（Cooke and Morgan，1998；Tether，2002；Matt and wolff，2004；Drejer and Jorgensen，2005；叶琴，2014），通过软、硬基础设施的建设，影响企业合作创新伙伴选择。

内生因素的研究多聚焦于企业属性特征（如规模、研发能力、所有权、企业家精神、内部创新氛围）的差异所带来的创新链接建立方式的不同（Malerba and Orsenigo，1996；Huggins，2000；Zeng et al. 2011；He and

Wang，2012；He and Xiao，2011；曾刚等，2006）。

第一，企业属性：集中于企业规模与产学研创新合作关系的讨论，如 Fontana 等（2006）、Torkkeli 等（2009）认为，相比小企业，规模较大的企业更容易和高校、研究机构开展创新合作；Eom and Lee（2010）则发现，中小型企业因创新资源的相对匮乏而开展产学研合作的意愿更为强烈。

第二，链接倾向的研究则主要集中于合作目的及伙伴选择间关系的讨论（Nej，2003；Hansen，2014），协作关系通常是基于多个目的，不同成长阶段的企业其创新网络的构建行为和主要动机差异较大，不同企业参与到相同的伙伴关系中的动因也会随之发生变化（Klijn et al.，2010）。如 Filson（2002）认为，科技型企业对创新资源的渴求并非持续不变，初创阶段的需求最为旺盛，进入成熟期后则会降低；Wright（2008）认为在技术发展的不同阶段，高校、科研机构与企业依次采用联合开发、委托开发、技术咨询等产学研合作模式；吕一博等（2013）则融合入社会网络的权力分布思想，探索性地提出资源导向下企业网络行为及演化的分析框架。

Roy 等（2004）通过构建供应链买家和供应商之间创新合作的分析框架（如图 3－17 所示），将影响创新产生的因素划分为两类：（a）企业间关系的影响因素，包括通信技术的采用、承诺和信任；（b）不由双方控制的外部因素，如技术的隐性程度、需求的稳定性和网络连接。

作为网络构建的外部因素，研究将多邻近性分析的一个重要维度（Bunnell and Coe，2001；Balland et al.，2015），其概念由法国邻近学派于 20 世纪 90 年代提出。Boschma（2005）通过梳理、辨析多维邻近性的内涵和特征，将其归并为地理、制度、社会/关系、认知和组织等五种邻近性。此后，以 Boshma 为代表的乌得勒支学派，将多维邻近作为创新网络演化动力展开了大量讨论，并辅以不同国家及产业的案例进行佐证（Ter Wal and Boshma，2011；Ter wal，2013；Balland et al.，2013）。已有研究表明：不同邻近性之间的交互作用会影响企业创新绩效（Broekel and Boschma，2012）和知识转移（Balland et al.，2013）；地理邻近是创新网络演变的动力之一，但不一定是最重要的（Balland et al.，2015）；尽管大量创新发生

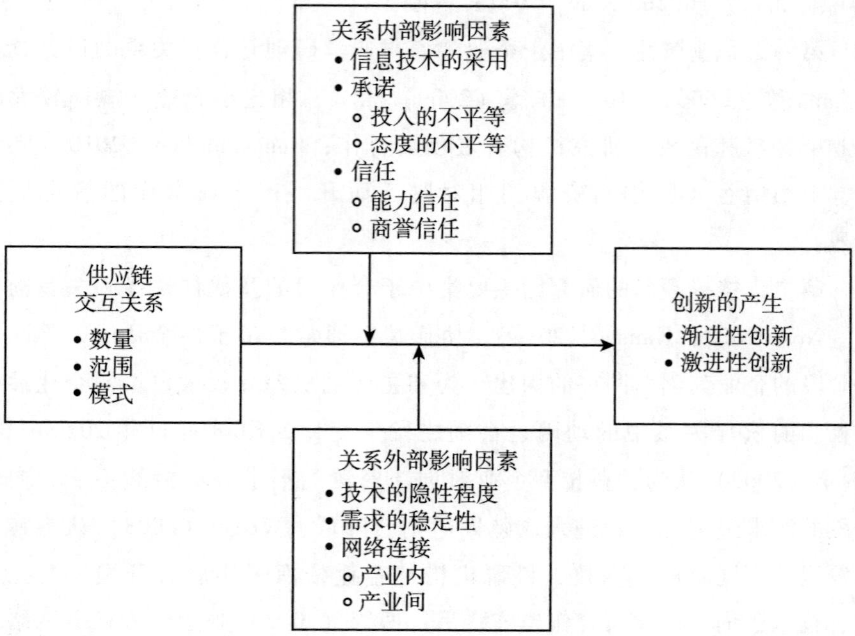


**图 3-17　供应链上企业创新产生的分析框架**

资料来源：Roy et al.，2004

在地理邻近的行为主体间，但其主要动力可能源于与地理邻近强烈相关的社会邻近和组织邻近（Breschi and Lissoni，2001；Breschi et al.，2010）。本节基于毛睿奕（2012）对多维邻近的归纳和整理，重点梳理地理邻近、社会邻近和认知邻近等三个方面。

首先，由于创新知识的可靠性、传播的有效性会随着地理距离的增加而递减，而地理邻近有助于降低创新风险、提高创新联系频率，尤其是对于缄默知识的流动非常有利。在同一地区，创新主体具有相似的社会环境、教育背景和行业经验，方便进行频繁的面对面交流，跨越组织边界建立基于信任的社会关系和技术社区，有助于共同学习、知识交流和信息传播。同时，地理邻近还有助于促进合作、提高创新概率。空间上集聚所带来的规模经济可以促进创新知识的溢出，有利于行为主体之间的知识共享，通过诱发集体学习大大提高了创新成功的效率（Bathelt and Glückler，2011）。

其次，社会邻近则包括行为主体之间的关系邻近，可以通过信任感的建立降低知识转移的难度，特别是促进隐性知识在本地和跨区域的传递（Hoekman et al. 2009）。社会关系的建立使社会邻近得以发挥作用，成为企业获取网络内外知识的重要渠道。社会网络中的人际关系是知识流动的重要影响因素，不仅能够提供潜在合作信息，提高合作的发生概率、持续性和稳定性，还会影响创新网络的绩效，三角闭合网络是社会邻近作用的重要载体（Giuliani，2007；Ter Wal，2013）。

再其次，认知邻近主要是指知识基础相似、创新能力相当，被视为建立创新合作关系的首要影响因素，认知能力相似的行为主体之间更容易产生创新合作（王秋玉等，2015），当企业无法在近距离范围内寻找符合需求的高能级创新伙伴时，认知邻近有助于企业克服地理距离对创新的阻碍作用，寻找远距离的创新伙伴（Laursen，2011）。这类主体通常扮演技术守门员的角色，在寻找和吸收外部知识的同时，通过编码转译将知识在区域内部得以扩散，有一定吸收能力的主体也会提高创新能力。

最后，不同邻近性之间的交互作用也会对创新绩效产生影响（Broekel and Boschma，2012）。邻近性对创新网络形成和演化的作用是一个循序渐进的过程。一般来说，在企业发展初期阶段，创新主体受益于地理邻近，基于亲缘、地缘、业缘等关系进行创新合作；随着合作的深入，合作主体之间的信任感得以建立，社会邻近将正式、非正式联系在网络内不断延伸，创新网络得以进化；随着创新的活跃性不断提高，不同技术能级的企业为满足创新需求，基于认知邻近不断拓展合作距离和合作对象范围，外部通道得以打开，认知邻近在创新网络演化中起主导作用（吕国庆等，2014）。

## 三、协同创新合作模式

### 1. 技术体制与创新模式

创新网络是一个以技术创新模式演变为主线的理论。创新概念的提出源于美籍奥地利经济学家熊彼特（Schumpeter）于1912年出版的《经济发展理论》：创新是企业家通过对生产要素和生产条件的创造性利用并引入生产体系，进而改变了旧的生产函数，特别强调信息、知识、资本、人才与企业家精神等要素的组合（党建兵，2013）。纳尔逊（Nelson）和温特（Winter）于1982年对其进行延伸，将创新定义为将技术变化用于商业化产品的全过程（Chesbrough，2003）。随后，国内外其他学者从不同角度对创新的概念进行了界定（见表3-10），基本形成制度创新学派、新熊彼特学派、国家创新系统学派和新古典学派等四大理论流派。

表3-10　国内外有关创新概念的界定

| | 具体表述 |
|---|---|
| Enos（1962） | 创新是一系列行为综合的结果，这些行为包括发明的选择、资本投入保证、组织建立、制定计划、员工招聘和开辟市场等 |
| Freeman（1973，1982） | 创新是指新产业、新工艺、新系统或新服务首次转化为商品的过程 |
| Urabe（1988） | 创新包括从新思想产生到变成适合市场的新产品、新工艺或服务的过程，能够给企业带来利润 |
| Lundvall（1992） | 创新是指在经济系统中所产生的重大技术变革或逐步的技术改进 |
| OECD奥斯陆手册（1997） | 一项技术或过程，对于企业而言是新的或者是重要的技术改进 |
| Hobday（2005） | 相对于企业而言，新颖的产品、过程或服务，而不是相对市场或者市场而言的 |
| 官方 | 企业应用创新的知识和新技术、新工艺，采用新的生产方式和经营管理模式，提高产品质量，开发生产新的产品，提供新的服务，占据市场并实现市场价值 |
| 傅家骥（1998） | 企业家抓住市场潜在盈利机会，以获取商业利益为目标，重新组织生产条件和要素，建立起效能更强、效率更高和费用更低的生产经营方法，从而推出新的产品、新的生产工艺方法、开辟新的市场，获得新的原材料或半成品供给来源或建立企业新的组织 |

资料来源：根据相关文献归纳整理

基于对技术创新研究视角的差异，国内外学者将创新分为以下几种类型（见表3－11）。

**表3－11　　国内外有关创新的分类**

| 分类依据 | 代表人物或机构 | 类　　型 |
| --- | --- | --- |
| 组织方式 | Kim，1980；Lee et al.，1988；陈劲 1994 | 自主创新、合作创新和模仿创新 |
| 强度和重要性 | Susse 大学科学政策研究所 | 渐进的创新（incremental innovation）、根本性的创新（radical innovation）、技术系统的变革（change of technology innovation）和技术——经济范式的变革（change of techeconomic paradigm） |
| 创新程度 | Christensen，1997 | 持续性创新（sustaining innovation）、破坏式创新（disruptive innovation） |
| 创新方式 | Lundvall 等（2004）；Jensen 等（2004；2007） | STI（科学、技术、创新）和 DUI（实干，使用，交互） |
| 个体创新的分析和分类 | Ernst（2008） | 渐进的创新（incremental innovation）、模块式创新（modular innovation）、结构创新（architectural innovation）和根本性的创新（radical innovation） |

资料来源：根据相关文献归纳整理

## 2. STI 和 DUI 模式

一直以来，学术界对创新源的研究都存在明显的分歧。究其原因，可以归结为将科学和技术作为创新产生、扩散和吸收的关键因素时，赋予价值的差异（Fitjar and Rodríguez－Pose，2013）。一方面，部分学者关注创新的线性进程（Maclaurin，1953）及知识溢出（Audretsch and Feldman，1996；Cantwell and Iammarino，1998；Sonn and Storper，2008），倚重从科学和技术的视角来研究创新；另一方面，从组织、交互、网络等视角出发，用知识的产生和交换（Lundvall，1992）来表征创新，研究成果颇丰，涌现了很多新的名词和研究领域，如新马歇尔工业区、创新环境、学习型区域、区域创新系统，他们认为创新取决于特定地域的社会和组织情景，将其视为具有本地根植性的网络现象（Iammarino，2005）。

Lundvall 等（2004）区分了科学学习（Science，Technology，Innovation，STI）和经验学习（Doing，Using，Interacting，DUI）两种学习模式，并指出前者要求事实知识（Know－what）和原理知识（Know－why）的互动，后者的创新则依赖于技能知识（Know－how）和人力知识（Know－who）。随即，学术界针对企业创新知识来源的讨论便分为两大阵营：大部分学者认为企业创新是 R&D 投资和人力资本驱动科技（S&T）不断进步的结果（STI 模式）；小部分学者认为技术进步主要来源于干中学（DUI 模式），但持此观点的学者数量在日渐增加（Jensen et al.，2007），不同技术学习来源的分类见表 3－12。

**表 3－12　　不同技术学习来源的简单概括**

| 学习过程 | 主要观点 | 代表学者 | 模式 |
|---|---|---|---|
| 干中学<br>（by doing） | 从行动中学习积累经验，推进产品工艺的部分调整 | Arrow（1962）；<br>Rosenberg（1976）；<br>Antonelli（2004） | DUI |
| 用中学<br>（by using） | 通过使用提高生产效率，并使企业的产品和工艺发生一定变化 | Rosenberg（1982）；<br>GrbÜler（1998）；<br>Antonelli（2004） | DUI |
| 生产中学<br>（from production） | 生产系统就是一个学习系统，学习是产品、服务的生产与发送过程中的一项任务 | Nevis et al.（1995） | DUI |
| 从科技进步中学<br>（from advances in S&T） | 监测和预测科技发展来获得科学技术知识 | Keline and Rosenberg（1986） | STI |
| 产业间竞争的溢出中学<br>（from inerindustry spillover） | 学习竞争者溢出的知识或信息来提高效率 | Nonaka and Takeuchi（1988） | DUI |
| 通过培训学习<br>（through training） | 企业内外部的培训来提高企业的知识存量 | Enos and Park<br>（1988） | STI<br>DUI |

续表

| 学习过程 | 主要观点 | 代表学者 | 模式 |
| --- | --- | --- | --- |
| 通过交互作用来学习<br>(by interacting) | 与不同社会参与者的交互中学 | Von Hippel (1987);<br>Lundvall (198);<br>Antonelli (2004) | DUI |
| 通过雇佣来学习<br>(by hiring) | 聘用员工增加新知识 | Bell (1984) | STI<br>DUI |
| 基于联盟的学习<br>(by strategic alliance) | 与其他企业建立战略联盟来学习 | Haedoorn and Schak-enraad (1994);<br>Rothaemermel (2001) | STI<br>DUI |
| 通过创新和研发来学习<br>(by innovation and R&D) | 组织的研发和创新活动能创造新的技术知识、提高组织的技术学习能力 | Sahal (1981);<br>Dosi (1988);<br>GrbÜler (1998);<br>Cohen and Levinthal (1989);<br>Kim (1997);<br>Hoday (1995);<br>陈劲 (1994) 等 | STI |
| 从失败中学习<br>(from failure) | 从失败中学习，总结经验 | Saban and Lanasa (2000) | DUI |
| 通过模仿来学习<br>(by imitating) | 通过模仿企业外部的知识或工艺 | Duton and Thomas (1984) | DUI |

资料来源：郭爱芳（2010）

由于与 STI 有关的合作更加正式化、编码化，其创新模式所对应的知识一般为通用的基础或共性知识，企业往往更注重研究机构、高校以及技术咨询公司的知识存量、质量，地理邻近并非创新的充要条件（Tracey and Clark，2003），认知邻近、组织邻近（Boschma，2005）对于创新合作的意义更为重要（Torre and Rallet，2005）。因此，STI 创新模式很可能依赖于跨区域合作，只在那些创新资源与企业共存的区域或城市，如牛津、硅谷等，才会出现 STI 的本地化效应。相反，DUI 的知识具有缄默性，基于经验的学习被认为是主要的创新源，与创新合作伙伴的“面对面”及非正式交流、互动对本地创新氛围、文化及制度环境（Moodysson et al.，2008）的要求很高，主要产出是本地化的知识。此外，Fitjar and Rodríguez - Pose（2013）关注了 DUI 创新模式在供应链内外之间的区别，认为供应链外的合作伙伴受地理邻近的影响较大（Asheim et al.，2007；Fitjar and Rodríguez - Pose，2011；Torre and Rallet，2005）。

## 第五节 本章小结

20 世纪 80 年代以来，经济地理学领域对创新的重视与日俱增，关注的问题主要在于：不同的区域创新能力有所差异，原因是什么？不同主体在创新网络中的表现受哪些因素影响？哪种空间尺度对创新最为重要？创新网络的演进机制是什么？这些问题越来越受到经济地理学者的关注。

本章梳理了有关创新网络主体、结构与演化机制的相关理论，旨在洞悉创新网络的形成和演进机理。企业、大学和政府作为三螺旋系统和区域创新系统的关键元素，也是创新活动的主体。创新合作是一种经济行为，更是一种社会行为，创新主体之间的合作行为决定了创新网络的结构特征和演进路径，进而对区域创新系统的运行产生作用。经济地理学关于创新网络的研究主要聚焦在全球—地方二元空间尺度的讨论，创新合作的实现机制，创新网络的网络空间结构以及演进机制。行动者网络理论借助社会学的视角分析合作的实现机制，区域创新系统理论和三螺旋理论则从合作深化的视角对创新网络的结构和演进进行探究。

发展中国家已经成为经济全球化中的重要行为主体，他们凭借庞大的消费市场以及人口、资源等优势吸引来自全球的 FDI，并与发达国家在市场等方面建立了紧密联系，以中国、印度、巴西等发展中国家为例，他们均已建设起具有全球影响力的地方产业集群。与此同时，来自发达国家的地方产业集群，基于拓展市场或寻求资源等需求，在全球尺度与发展中国家地方产业集群建立了紧密联系，美国、德国、日本等是典型代表。但是，就农业产业而言，发达国家和发展中国家的创新水平和创新机制都有显著差异，农业创新网络的结网过程、结构特征和演化机理也迥然不同。本章从创新合作实现的微观机制、创新网络建构和演化的宏观机制两个角度入手，尝试刻画和剖析农业创新网络的演化过程和实现机理，从而为拓展创新经济地理学相关理论做出贡献。

# 第四章

# 农业创新发展环境与条件

随着经济、社会的快速发展，新知识和新技术在经济发展中的地位越来越显著，因此，新知识和新技术能否结合转化显得非常重要（林秀梅等，2015）。其中，由企业、科研机构、大学等构成的创新网络是书本知识和实践能力为主的生产、实际经验以及科研实践相结合的一种新型形式（王玉秋，2016）。对于农业创新网络的构建，还存在着诸多问题，作为“产”环节的企业往往缺少科研能力只好依赖于科学院所提供的科研成果组织生产，所以常会出现互为各自利益着想的矛盾，也存在接受与被接受之间的技术性制约；作为“学”环节的学院往往教学脱离实际，学而非用，与提高科学技能、推进科研成果转化存在着自然的屏障；作为“研”环节的科研院所，往往苦于科研经费不足，受生产、经营方面的制约，成果转化成生产力往往难以实现（郑辽吉、马廷玉，2015）。

作为以服务业经济为主导的上海市而言，上海农业创新网络该如何构建，明晰上海农业创新的发展条件显得尤为必要。本章从全球尺度、国家尺度和地方尺度进一步评价上海农业创新的发展条件。

## 第一节

## 全球尺度下农业创新发展的形势分析

农业产学研创新活动极大地推动了发达国家农业科技进步和农业经济发展，美国、法国、日本等在农业创新与农业经济取得领先，得益于其发达的产学研创新活动，并成为当今世界农业创新发展的代表性国家，上述国家在农业产学研一体化发展过程中积累了许多重要的经验，对于我国农业创新发展具有重要的借鉴意义。由于不同国家农业创新投入水平、创新投入侧重点、创新体制与创新体系的差异，各国农业产学研创新也形成了不同的发展模式，其中以高科技园区模式、政府引导模式、合作教育模式为三种典型的农业创新模式，高科技园区模式和政府引导模式以美国为代表，而合作教育模式则以加拿大为代表。

## 一、发达国家农业产学研发展动态

### 1. 美国农业创新现状

美国具有较为发达的市场经济体系，并形成了完善的信用体系，农业产学研也成为市场自发形成的一种活动，美国也成为最早开展农业产学研创新的国家，并获得了巨大的利益。早在 20 世纪 80 年代，美国就开始制定引导性政策，鼓励高校、科研院所和企业开展农业产学研创新。美国对农业科技创新的金融支持模式多元，主要包括政策性金融机构、商业性金融机构以及其他方式等。美国商业性融资占农村融资量的 65%，目前全美排名前 20 位的全国性大银行中有 15 家涉足农业信贷领域，有 5890 家中小商业银行、20 家保险公司开办农业、土地、农场按揭等贷款业务。农村合作金融占美国农村金融融资总量的 32%。首先，企业债券、风险投资和股权投资系统等直接融资占比达 87.2%（王一鸣，2017）。同时，还就大学、科研院所、NGOs、企业对技术成果专利和国家实验室建设的义务做了规定，规定农业创新企业的创新活动投入占销售收入 5%~15% 可获得研究开发免税，国家实验室农业技术创新者可享受农业专利使用费的不低于 15% 的收益，并设立激励机制，成功调整了科研与产业之间的关系，科研已成为农业企业技术创新的重要来源。其次，美国还具有完整的技术营销市场、流通体系，大规模生产能力和水平，高质量的技术创新与消化吸收能力，高素质的技术生产者，使得美国科技创新领域和创新实践应用领域形成了一个合理分工的合作关系。据统计显示，美国高校有 50% 的科研人员从事农业研究与推广，农业企业建立了技术转移部门，与科研院所建立学术联盟，共同开发和推广新技术，农业类高校和科研院所与企业展开积极合作，企业购买科研机构的专利，校企联合开发新产品、解决技术创新研发、产品开发、促进农业科技成果转换中有效解决了市场混乱的问题。各种中介组织、金融机构为农业技术创新成果转换提供服务，以提高农业创新成果转化程度，美国农业创新成果转化率已达到85%以上。最后，美国具有发达的信息基础设施，这有效促进了农业产学研创新，目前美国联邦农业部和地方州政府设立了超过100个信息采集处，研发了世界上第一个农业遥感和地理信息系统，用于评估农作物产量情况，此外，美国社会中的鼓励团队合作、冒险、创新的文化也促进了农业创新。

美国农业科技创新体系主要由公立研发机构、私立研究机构两大创新主体作支撑，其中公立科研机构包含政府科研机构和州立大学等，美国农业部的农业研究局（Agricultural Research Service，ARS）是从事农业基础科学、解决农业生产问题的核心部门，研究内容主要包括营养和食品安全、动物生产和保护、农作物生产和保护以及农业可持续发展等，由国会确定每年的财政预算。百余所赠地学院在农业科技的基础研究方面占有极其重要的地位，造就了大量农业技术人才和高质量科研成果（杨光富、张宏菊，2008）。私立研究机构包括美国生物技术公司和农化企业、非营利的私立研究机构。

**2. 日本农业创新现状**

日本的农业创新活动中，政府力量占据着主导或半主导地位，大学、研究机构和企业，通过系统的联合开展研究、奖学金捐赠系统、联合研究中心等多种方式有机结合。20世纪90年代以后，日本通过多样化的途径推动农业科技创新，并注重创新资金来源的多样化，注重人才培养，注重土地资源节约利用，推动农业现代化。日本农业技术推广部门与农业科研机构保持着密切的合作关系，在空间距离、运行体制上存在着紧密联系。同时，日本农民协会与技术推广人员也联系紧密，依托完善的农业信息系统，实现大学、农业推广部门、农业行业协会、农业企业的结合。为了有效地开展企业与学校的合作，农业企业也需具备一定的农业创新能力。在农业产学研创新中，日本政府高度重视提升农业科技力量，国家科研部门主要从事基础性、长期性、重大性研究，地方科研部门主要从事应用性、推广性、操作性研究，并建立高效的科研促进机制，废除不合理的行政审批制度，缩短科技创新向产品转化的周期。同时，日本严格审定农业生产者资格，对资格审定后的生产经营者提供融资优惠，鼓励其从事农业生产与创新活动。

在农科创新发展过程中，日本各级政府的主导作用明显，主要体现在：一是行政指导突出，机制精简。日本的农业生产、加工和技术创新等各方面均由政府进行督导，集中进行管理，重大的产业政策决定权主要掌握在科学技术厅、农林水产省以及文部省。为了使决策科学，日本还建立健全了相应的咨询机制。二是积极利用创新政策推动技术进步。政府在制定和实施相关的产业政策和规划时，有较长时间的研究和实践过程，确保农业科技成果的应用和推广；采取投融资优惠政策，税收倾向性优惠和政府补贴等方式，促进农业科技的创新（李平等，2018）。

日本对农业科技支持模式的主导是银行。日本的农业科技创新主体以民间企业为主，而民间企业的融资渠道主要以银行支持为主。在农业科技型企业融资中，银行占主体地位，还拥有企业的部分股份，处于公司治理的核心地位，银行和企业联系非常紧密。另外，日本也高度重视对生态农业的引导。首先，通过增加农业结构调整贷款，日本政策性金融机构为农产品深加工、特色农业发展等提供了信贷支持。其次，发展融资租赁业，为日本农业机械化、栽培科学化提供了农机融资服务。最后，官民合作成立农业投资基金，引进农业绿色发展技术，有力推动农业生态化发展。

### 3. 法国农业创新现状

法国农业产值占欧盟农业总产值的22%，是欧洲第一农业生产大国。长期以来，法国农产品出口位居欧洲第一。法国农业的迅速发展，其中一个最重要的因素就是重视科技研发在农业生产中的作用，重视创新体制对农业生产的引导和支撑（翟琳等，2015）。法国农业为欧洲最发达、全球第二，小麦、玉米、家禽出口量位居世界前三，法国政府在全国范围建立了各种类型的企业孵化器和科技园区，同时，还在涉农大学设立“成果转化服务中心”“技术转移扩散中心”等，形成了法国农业科技创新与产学研合作体系，有效地促进了农业科学技术的研发与合作水平。进而，由大学、科研机构、农业协会、农业企业组成的农业创新转化体系，形成密切的产学研合作系统。法国还设立了农业创新基金、年度创新资助项目、中小企业风险资金等多种创新性融资渠道，强化政府研究与农业期间的合作。在处于国际前沿的农业创新领域，政府给予大学或科研机构全额资金资助，而为企业提供的资金资助比例也在20%~50%。各国家政府建立农业技术研究中心，由国家政府提供资金拨付资助农业创新成果转化。

农业产学研创新是世界科技创新快速发展的产物，美国等发达国家均建立了相关农业创新体系，总体上表现为企业占据主导，政府提供政策、资金等支持保障，中介服务机构负责成果转换服务等的农业创新体系，各行为主体目标、职责、功能明确，为全球农业创新发展提供了重要的引导作用。

## 二、发达国家农业产学研发展模式

由于各国科技发展环境、创新投入水平、经济发展基础等的不同，各国农业产学研也形成了不同的发展模式，主要包括高科技园区产学研一体化模式、政府引导产学研一体化模式、合作教育产学研一体化模式等。

### 1. 高科技园区模式

科技园区的建设主要兴起于20世纪50年代的欧美国家，英文名一般称为Science park、High－Tech park等，著名的科技园区有美国硅谷、英国的剑桥科技园区、日本的筑波科学城等，均为世界级的卓越创新中心。科技园区最主要的特征是具有较强的科技创新能力，是R&D人才集聚和创新产出的高地。科技园区作为一个强大的驱动力量，有效地推动当今世界经济发展、科技进步与社会发展，同时还促进了高校等科研机构与企业间的创新合作，在这种合作下，他们的界限变得更加模糊，进而形成了以高科技园区为代表的农业产学研创新模式。一般来说，高科技园区模式的推动力量为中央或地方政府，地方政府负责实施与协调，在人才密集、科研资源丰富的地区划定一定区域，形成以农业科技开发、中试、生产为主要内容，并推动农业创新成果快速转化，实现农业创新成果的商品化、国际化，还兼具向生产经营者、学生、游客展示新的农业设备、生产技术的功能。科技园区主导的区域科技合作模式主要有以下特征：第一，以产业集群提高科技园区整体产业竞争能力。产业集群的最重要特点之一就是它的地理集中性。由于地理位置接近，产业集群内部的竞争自强化机制将在集群企业之间形成“优胜劣汰”的自然选择机制，从而刺激企业创新和企业衍生。产业集群内的竞争合作机制使中小企业可以在各种经营活动中实现高效的网络化的互动和合作，以克服其内部规模经济的劣势，从而能够与比自己强大的竞争对手相抗衡。第二，以产业集群加强科技园区内企业间有效合作。科技园区转型升级的根本标志之一是园区企业创新能力的增强，而企业之间的技术合作和其他的非正式互动关系又是促进知识转移、增强企业创新能力最直接、最重要的途径。第三，以产业集群为科技园区带来强劲持续的发展优势。产业集群中的各企业由于有同一产业这根“红线”相连，有利于园区企业核心能力的“模仿”“复制”和“应用”。美国是高科技园区模式的代表，美国依托研究型大学，利用大学的科学研究和人才基础建设高科技园区，推动农业科技创新与辐射，尤其以硅谷科技园区、金三角科技园区、波士顿128公路最为典型，发挥大学科技成果孵化的功能，并积极支持建立各种大学开展技术研究，创办企业促进技术创新与成果转化，对于有较大应用前景的技术给予重点支持。由于大学直接参与这些项目，使得科研人员直接进入实践领域，科技园区成为农业技术创新的重要实践基地，这将有效地推动农业科技创新研发、技术推广与应用。而在技术研发与应用过程中，莅临和实践的时间周期得到大幅度缩短，大学教育也可以在企业实践中得到反馈和修正，以更好地适应企业实践的需求。

依托美国斯坦福大学形成的硅谷是世界典型的科技园区，并形成了从斯坦福大学到硅谷的产学研一体化模式。总体上，硅谷科技园区模式有以下特点：（1）斯坦福大学十分重视基础性研究，并致力于知识和技术创新，为此邀请了世界著名的科学家，并为其提供一流的实验室和最先进的设备，吸引企业和政府支持的研究资金，进而在基础性研究和应用成果转化中取得了具有国际水平的成果；（2）坚持科研与教学相结合，通过科研与教学结合来培养学生，使学生在研究中得到极大的锻炼；（3）积极促进大学与产业的合作，美国斯坦福大学与硅谷科技园区企业通过“学位合作计划”，为硅谷园区企业开展针对性的教育培训服务，同时，斯坦福大学还鼓励大学科研人员的研究成果转化，大学成为硅谷园区发展的推动者和支持者，并积极为企业提供大量创新型人才，在大学与产业的合作中，大学获得办学资金并提高科研水平，企业获得最新研究思想与成果，进而在大学与硅谷园区企业的良性互动中实现共同发展（见图4－1）。

| | |
|---|---|
| 推动力量 | ●政府 |
| 参与力量 | ●农业企业、科研院所、高校等 |
| 发展内容 | ●农业科技开发、中试、生产；农业创新成果转化、商品化、国际化；农业创新成果展示 |
| 典型代表 | ●美国硅谷科技园区、金三角科技园区、波士顿128公路 |
| 典型案例 | ●斯坦福大学产学研一体化模式：（1）坚持以大学在教学和科学研究中追求一流为神圣使命；（2）始终把教学和科学研究的结合看作是主要任务；（3）积极发展大学与产业的合作关系 |

**图4－1　高科技园区模式内涵示意**

**2. 政府引导型创新模式**

政府引导型创新模式是指中央或地方政府以主要领导者和实施者的身份，推动农业创新合作与推广。由于各国家的特点不同，不同国家在政府引导型创新模式中也有着不同的具体实施形式。其中，比利时、荷兰等较小的国家，其信息传递便捷及时，农业工作管理系统更加有效，主要采取国家政府引导的农业创新模式。而美国、加拿大等由于幅员辽阔，政府层级较多，使得国家政府无力引导全国范围内的农业创新，而地方州政府在其中发挥着主导作用。此外，也有部分国家实行国家政府和地方政府共同主导的农业创新模式。政府引导创新模式能够较好地协调政府与农户的利益，并有利于发挥各级政府、企业的积极性。此外，在政府引导创新模式下，还出现了以政府建立政府系统负责农业科技推广的模式，例如，韩国创建了“农业发展组织”，以负责农业经济发展，并搭建首尔国立大学、农业试验站的沟通平台和机制，有效促进了农业科技创新与管理，为农村居民提供培训服务，为农业科技创新提供了有力支撑。

美国是政府引导型创新模式的代表，美国十分重视农业科技创新应用，在长期实践发展中形成了集科研、教育、推广于一体的“三位一体”农业推广体系，该体系对于科技人才培养、农民素质提升、科技成果转化、社会经济发展发挥了重大作用，美国农业的科技贡献率也达到75%以上。美国“三位一体”农业科技创新推广体系包括三个组织机构层次见图4－2，其中美国食品与农业研究院（NIFA）为第一层次，是农业科技推广管理机构，向各州、县政府提供农业科技相关信息和支持资金。第二层次主要是州农业推广站，隶属于赠地大学，是农业推广体系的核心以及各州农业推广计划的组织者和制定者，并推动计划的实施，同时，在州农业推广站下分别下设农业生产组等若干办公室，这些工作办公室使得各州农业科研、教育、推广联合形成一个体系。第三层次是县农业推广站，县农业

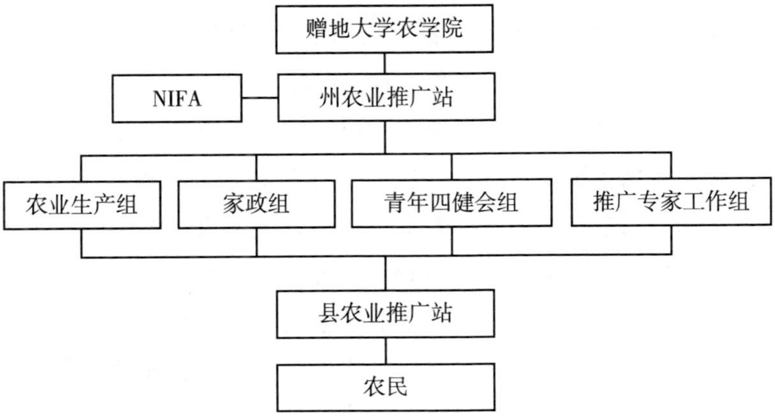


**图4－2　高科技园区模式内涵示意**

资料来源：作者自绘

推广站是美国农业科技创新推广体系的基础，是美国联邦和各州农业推广部门在各县地方的代理和实施机构，主要负责全县农业科技创新推广，并直接与生产经营者一线群体接触，推广农业创新技术与信息，提供咨询、培训与社区服务，以改善农业创新管理水平，目前美国已经有约4000个县农业推广站。农户则是农业推广体系的被服务者，也是农业生产经营一线，接受县农业推广站的技术指导、信息传播、咨询培训服务等。由各层级研究与推广机构组成、体系健全的农业推广体系，有效地促进了美国农业科技创新成果的推广。

从保障机制来看，首先，美国运用法律法规将教育、科研与农业科技推广三者紧密的农业科技推广体系确立下来，并逐步进行修正完善，形成“三位一体”农业科技创新体系的法律基础，从法律上保障和推动了美国农业产学研事业的发展。其次，美国农业产学研一体化具有稳定的资金来源，其中政府拨款是主要经费来源，美国立法对各级政府农业创新投入做出了规定，行业协会、企业、基金会等也是农业创新与推广的重要来源。从经费构成看，政府资金占据较大部分，尤其是政府赠地收入形成了农业研究、教育和推广体系的启动资金，政府还给予一定的后期运作费用，多渠道的资金来源对于美国农业产学研具有重要的支撑作用。最后，美国具有完善的农业科技创新与推广制度体系，对于农业创新体系形成了监督管理机制，对于农业推广队伍的工作效率与质量加强了管理，并通过定期培训、学术报告等方式，保障科技推广人员及时更新知识，提高业务素质，通过建立考核机制对农业科技推广工作进行考核。

从系统构成上来看，美国农业产学研系统包括研究开发系统、推广服务系统、技术应用系统（见表4-1)，农业科技创新系统以政府为主导、以大学为基础，高校在其中发挥着主力作用，各州大学农学院在组织上以及在农业创新体系运行上，实现教育、研究、推广农业产学研一体化，通过土地赠予制度、加强教育援助、依靠大学为中心、联邦政府与州县政府合作、建立覆盖全国到基层县的农业推广体系、加强农业教学科研与科技推广服务等途径，推动农业产学研一体化的发展，并使其成为美国农业体系的重要组成部分。

表 4－1 美国农业产学研系统运行特点

| 子系统 | 输入模块 | 运作模块 | 输出模块 |
|---|---|---|---|
| 研究与开发子系统 | 目标：创新的、能迅速转化为现实生产力的科研成果；<br>输入：农科教一体化的公共研究机构；私人农业研究机构 | 注重基础研究、应用研究和试验发展的衔接 | 自主研发的农业科技成果 |
| 推广服务子系统 | 目标：创新科研成果迅速扩散<br>输入：政府大量投入；健全完备的农业科技推广服务体系；多主体积极参与 | 提供适应各层次求学需要的农民教育培训；农业推广体系运作高效；企业经济参与推广 | 农民文化技能素质提高、市场竞争意识强烈；农民、企业均对新技术有很高需求 |
| 农业技术应用子系统 | 目标：科研成果大面积应用于生产 | 生产单位主动依靠科技进步投入农业生产 | 具有市场竞争力的农产品农业的经济效益 |
| 子系统 | 输入模块 | 运作模块 | 输出模块 |
| 小结 | 美国农业的自然条件得天独厚，又有工业发达的装备做支撑，加之其市场机制健全、产学研一体化早已实现，美国农业科技进步系统当之无愧高效运行的系统 | | |

资料来源：作者整理

**3. 合作教育产学研一体化模式**

（1）合作教育模式内容与特点。

高校主要从事创新人才的培养、知识生产和转移、科学研究与技术开发活动，是知识创新的主体，也是企业创新活动非常重要的知识源。知识创新与企业主导的技术创新相辅相成，知识创新是技术创新和制度创新的基础，技术创新创造的技术成果和经济效益又为知识创新提供物质和技术保障。知识创新过程最主要的特点是其探索过程的自由性，同时具有一定的风险性，即其研究成果的前景具有很强的不确定性，而且也很难立即产生经济效果，需要政府等其他创新主体给予相应的补贴。另外，知识创新需要宽松的研究环境和多学科综合且富于创新的人才，这些特征决定了高校作为区域创新系统中知识创新的主体地位。

合作教育模式的核心是系统集成各种环境教育与教学资源，培育学生的创新能力，通过多元化的培训、实践活动，提升学生的综合素质，进而合作教育模式成为解决合作教育理论和实践中出现问题的首要解决方式。而农业合作教育模式是指农业高校、科研机构等为满足农业经济发展的需要，以教学和实践相结合的人才培养模式为手段，培养学生的实践和从业能力，学校与企业共同确定教学目标与内容、培养方式等。该模式的基本原则是实现学校与企业合作和共同参与，培训方法实行教学与实践相结合，充分利用农业院校科研机构与企业在人才培养方面的优势，实现理论教学教育与生产实践相结合，学生的理论知识、实践能力与综合素质将得到发展，并使职业技能、职业道德、社会交往等能力得到综合提升，该模式是一种面向实践的培训模式。

农业科技创新合作教育模式具有以下特点：一是，广泛的合作领域和合作参与者，合作参与者包括科研院所、农业企业、农业科技推广者、农业专业户等，合作层次不仅包括传统农业，还包括现代农业。二是，合作形式多样，包括校企合作共同建立实践基地或产学研合作实训平台，校企开展技术承包、技术服务，并与农业专业户建立合作。三是，合作教育遵循法规制度，及农业院校在开展合作教育时，必须遵循相关生产管理法规，合理组织学生开展农业生产实践活动，以增强农业合作效果。农业科技创新合作教育模式受到美国、英国、日本、加拿大等国家或地区的采用，并形成了以合作教育为基础、各具特色的模式。

（2）合作教育模式典型实践。

美国大学除了在知识传播、学术研究与社会服务等基本功能上发挥作用以外，还积极参与科技创新。第二次世界大战后，美国设立了“国家科学基金”，以推动建立国家科技创新体系，进而实现了美国科研系统转向“大科学”时代。1971 年以来，美国国家科学基金会制定了一系列产学研一体化支持和促进计划，将基础研究和应用研究与国家发展结合起来。美国高校还致力于塑造学生创新能力，提供研究设备、科研资助项目，鼓励学生开展科技创新活动。

英国合作教育模式的主要特点是形成教育公司，英国通过建立教育公司，以增强高校科研院所与企业的联系，增强高等教育面向社会生产需求而组织科研和教学活动的能力，进而推动企业科技创新水平和组织管理水平。由于教育公司组织高校和企业共同开展产学研一体化合作，使得高校科研院所与企业之间建立了稳固的联系渠道，进而形成了稳固的产学研一体化体系。

日本政府高度重视产学研合作教育，并认为高校教育、科研不能与生产实践脱节，为了有效促进产学研合作教育的发展，日本政府出台了若干促进合作教育发展的制度，并获得了一系列重要的经验。早在 1996 年 7 月，日本政府将产学研合作上升为国家战略，并制定了《科学技术基本计划》；1997 年 1 月，又制定了包含大力推动合作教育发展策略的《教育改革计划》；1983 年，日本建立了高校与企业联合进行科学研究的制度，随后的 20 多年里，日本还实施了委托研究制度、捐赠奖学金制度、捐赠讲座制度等一系列制度，基于此，企业向大学提供的科研项目数量和经费数量均有较大幅度的提升，反映出产学研一体化合作取得明显进步。

加拿大也十分重视产学研合作，致力于实现高校与企业的有效合作、学校教育与实践工作的结合。加拿大在合作教育中主要是学生在完成专业学习之后，将被安排至相关企业开展与生产更紧密结合的实践活动，通常实践活动约为在校接受教育时间的 1/4。学校为学生安排实践企业，企业也需支付相应报酬。在实践活动中，学校负责跟踪检查，用人单位负责指导和评估学生实践活动成效，这种产学研合作教育将实现高校、学生、企业三方受益。企业有利于通过实践活动选用优秀的学生，减少员工招聘、员工培训的时间成本和金钱成本；高校有利于针对社会需求，改善教学方法，培养更符合企业生产需求的学生，提升教学效率与水平。

# 第二节

## 国家尺度下农业创新发展的态势分析

### 一、我国农业创新发展的优势条件

20世纪80年代初开始在中国广泛推行的“家庭联产承包责任制”，极大地提高了中国农民的生产积极性，使得中国的粮食产量30年来持续增长。然而，40年后的今天，中国农业面临一系列新的发展问题，农产品成本居高不下、农村环境污染严重、农产品质量安全堪忧等等，这些问题阻碍了中国农业的进一步发展。在这样的局面下，农业科技创新无疑是解决中国“三农”问题的重要手段。推进农业科技创新，在建设现代农业、提高农民收入、强化国家农业产业核心竞争力等方面都有着至关重要的作用。

**1. 农业科研机构不断发展，技术攻坚取得飞跃**

“十一五”以来，农业科研机构不断发展，试验条件与能力建设不断改善，新兴学科不断涌现。国家启动了“水稻、大豆等种质创新”农业行业科技计划与“转基因新品种培育”等重大专项，组建了国家植物基因研究中心、国家生物安全性评价中心等农业科研机构，建立和完善了种质创新和品种选育平台，创建了一批转基因动植物中试和区域示范基地。

**2. 农业创新能力不断增强，科技成果不断显现**

随着我国农业科技事业的蓬勃发展，科技创新能力不断增强，取得了一大批重要科技成果。以高产优质育种技术、温室精准育苗与自动嫁接和移植技术、农产品内部品质无损检测技术、生物质综合利用技术、作物水分补偿与非充分灌溉技术等为典型代表的农业科技成果，有力地促进了农业生产资源开发利用的广度与深度，显著提高了土地产出率和劳动生产率，其中有些领域达到了世界领先水平。

### 3. 农业技术不断提升，农业综合生产能力大幅升级

通过开展生物技术的研究和应用，加强了农业技术的集成创新，突破了农作物种质资源改良和高效生产、畜牧水产育种及健康养殖和疫病控制等关键技术；通过发展多种经营方式，保障了农产品产量的增加和质量的提高；通过农产品精深加工与产后处理技术、农产品加工与安全监测技术等研发，实现了以优质、健康食品为主导的农产品加工业和现代流通业；通过发展农业环境控制技术、超高产高效栽培技术、设施农业装备技术与开发现代多功能复式农业机械，提高了作物产量，保护了生态环境，提高了农业劳动生产率。

### 4. 数字农业迅速发展，农业信息化水平不断提高

近年来，全国先后建立了一批国家/省市级农业工程技术研究中心，并取得了可喜成果。在农业智能生产管理技术方面，开展了光纤式农田土壤有机质含量检测系统、奶牛数字化精准养殖技术体系、主要作物和果树形态与功能可视化建模等技术研究，开发出了配套仪器设备；在农业智能决策技术方面，开展了农业空间信息决策、农业移动智能、农业专业搜索引擎、动植物数字化管理等技术的探索性研究工作，全国共研制300多个农业专家系统；在农业智能监测技术方面，开发了溯源条码生成与生产流程的无缝集成，建立了主要农产品质量安全追溯系统，并在一批超市和销售企业得到应用示范。

## 二、我国农业创新发展的主要问题

随着我国在农业领域的日趋开放和市场经济的逐步完善，农业发展受到来自各方面的挑战不断增多，农业科技所肩负的任务也日益繁重。目前，我国农业科技发展主要面临以下问题：

一是，研究经费相对不足，我国农业科技研发投资占GDP比重仅0.4%左右，相当于世界平均水平的1/3。有学者研究表示，只有当农业科研投资强度，即农业R&D投入占农业总产值的比例明显超过2%时，农业

科技原始创新才会突显，一国才真正步入农业科技自主创新阶段，才可保障农业和国民经济其他部门的协调发展。

二是，农业科技创新与成果转化衔接不畅，农业基础研究和高新技术研究基础薄弱，新品种、新技术更新速度不够，科技储备明显不足。中国当前农业科技创新主体呈现多元化的形式，大专院校、科研机构和涉农企业共同支撑了农业科技的创新，但依然存在创新能力不足的问题。主要体现在创新主体未能适时地满足企业的需求，尤其在企业迫切需要的实用型技术方面，成果依然相对匮乏，创新能力有待进一步提高。

三是，研究人员结构性失调，全国农技人员主要从事大宗作物生产，而从事其他经济作物生产、畜牧水产养殖和多种经营等方面的专业技术人员明显短缺。

四是，缺水少土形势将更趋严峻。预计“十三五”期末，农业用水不会增加，人均耕地由 0.1 公顷减少到 0.08 公顷，而要求粮食由现在的 5 亿吨增加到 6.5 亿吨，单产要提高 40%。

五是，经营规模小和组织化程度低。2.4 亿农户的户均经营土地面积只有 0.42 公顷，劳动生产率和自我发展能力都很低。面对这个小农经济的汪洋大海，刚刚起步的农业产业化经营要走的路很长。

## 三、我国农业创新发展的新变化

### 1. 农业产学研合作领域将不断延伸

传统农业产学研的合作领域主要集中于农业生物技术、农业技术装备、畜牧养殖、生物种源开发等农业生产环节领域，随着新型城镇化的快速推进，农业产业链条不断延伸，农业产学研的合作领域将不断向二、三产业延伸，逐步向农产品保鲜技术、食品精深加工技术、冷链物流技术以及休闲体验农业产品开发等农业多功能领域发展。

### 2. 农业产学研合作方式将不断深化

传统农业产学研的合作方式基本都为简单的技术转让，随着新型城镇化的发展，未来农业产学研的合作将向着委托开发、合作开发、合作建立研究开发和产业化实体、组建新经营实体等方向发展，将进一步向综合化、国际化、可持续化、一体化、规范化、市场化、规模化与现代化方向发展。

### 3. 农业产学研参与主体将不断扩大

传统农业产学研一体化的主体主要包括："产"一般为企业，"学"为高校，"研"为科研机构（苏敬勤，1999）。随着新型城镇化的快速推进，城镇规模的不断扩大，产业间交叉越来越多以及产业互联越来越紧密，农业产学研一体化的参与主体也将不断扩大。

"产"将突破一般意义上的企业，拓展到整个农业产业，成为人类在社会经济管理活动中的人才、技术、物资、资金、信息等多个要素构成的社会生产的基本组织结构体系。

"学"除了包括实施基础教育的一般农业高等院校，未来还将包括一些农业专科学校，甚至包括未涉及农业的普通高等院校、成人高等学校和职业学校。

"研"将从根据国家经济建设和科学技术进步需要，进行基础研究、应用基础研究和建立以各类技术开发为中心的农业科研机构，扩展到所有拥有科研能力和科研成果以及可以开展科研活动的大学、学院、高等专科学校以及企业等等。

### 4. 农业产学研组织模式将不断变化

我国传统农业产学研一体化组织模式主要以政府推动型、参与主体主导型为主。未来随着经济社会发展，市场化程度不断提高，政府推动型的农业产学研组织将不断转化为市场推动型，农业产学研参与主体所面临的风险也将变大，但是无论是高等院校、科研院所还是企业都很难独立承担技术创新的风险。因此，未来农业产学研一体化的组织模式将由松散型向紧密型发展，农业产学研一体化中各参与主体将按照市场化原则，形成利益共同体，以应对市场风险。

### 5. 农业产学研运行机制将不断创新

农业产学研一体化是各参与主体基于产、学、研等不同优势基础上形成的协同创新与耦合，因此，良好的机制是促使产学研一体化产生最优功能的基本保障条件。传统农业产学研一体化的运行机制主要由选择机制（即如何选择适合促进地区经济发展的农业经济发展的新技术、选择有能力转化农业新技术的实体等方面的机制）、协调机制（既理顺内部各种关系，协调各方的责、权、利以及运作方式等方面的机制）、分配机制（既确定各方利益分配比例和方法等）等方面组成（庄越，2006）。随着经济社会发展，农业产学研一体化参与主体将不断增加，运行机制关注的广度和深度都将进一步创新扩展。在广度方面，运行机制将进一步关注动力机制（即有关经济发展水平、技术发展水平、经济结构、政府支持等一系列影响农业产学研参与主体积极性的机制）、风险机制（既市场、自然、信息、机会主义、逆向选择、道德等方面的风险控制机制）等；在深度方面，对各类机制将作进一步的探索和创新。

### 6. 农业产学研一体化中介服务体系将不断完善

农业产学研一体化中介服务体系以自身特有的专业背景促进了农业科技创新主体和其他社会生产要素有机结合，对于推动农业产学研一体化发展具有一定积极作用。因此，不能忽略中介服务体系的建设，未来将以发展技术创新、科技孵化服务体系，投融资服务体系和咨询、策划、培训服务体系为重点，健全和完善整个农业产学研一体化中介服务体系，从而形成农业产学研一体化发展的良好环境条件。

## 第三节 地方尺度下农业创新发展的条件分析

### 一、上海农业综合生产能力分析

通过建立生产函数模型，对2000年以后上海粮食、蔬菜、畜牧及水产品等主要农业产业的综合生产能力进行分析，评价上海农业综合生产能力。

生产函数是描述生产过程中投入的主要生产要素的组合同其可能的最大产出量之间的相关关系的数学表达式。以要素之间替代性质描述为线索的生产函数模型有投入产出生产函数模型、线性生产函数模型、C－D 生产函数模型、CES 生产函数模型、VES 生产函数模型等，以技术要素描述为线索的生产函数模型有改进的 CES 生产函数模型、C－D 生产函数模型、边界生产函数模型等。经过实证结果对比，最终选取柯布—道格拉斯模型，即：C－D 生产函数作为本节所用的生产函数模型，其基本形式为：$Y = AK^{\alpha}L^{\beta}$，其中，$Y$ 表示生产能力，$A$ 是常数，$K$ 表示资本变量，$L$ 是劳动变量。

模型选择 2000 年作为起始年份，样本区间为 2000～2014 年，所用统计数据来源于 2001～2015 年《上海郊区统计年鉴》。结合生产函数模型的组成，本书采用的计量经济分析基本模型如下：$lnY = lnA + b_1 lnx_1 + b_2 lnx_2 + b_3 lnx_3 + b_4 lnx_4 + b_5 lnx_5 + \varepsilon$。其中，$Y$ 为主要农产品的生产能力，$x_1$ 为耕地面积，$x_2$ 为单位面积化肥施用量（万吨/万公顷），$x_3$ 为从事农林牧渔业劳动力总数（万人），$x_4$ 为单位面积农业机械总动力（万千瓦/万公顷），$x_5$ 为农村家庭人均可支配收入（元），$\varepsilon$ 为随机项。

通过对模型的多重共线性、残差项的异方差性和序列相关性检验，结合选取变量的显著性以及模型的拟合优度（见表 4－2），最终删去不具有统计显著性的变量，最终确定的模型拟合结果（见表 4－3），可以看出：①因粮食生产在农业中占据重要地位的原因，农业机械的使用情况和耕地面积对粮食产量的影响较大，在二者中任一要素增加 1% 的情况下，粮食产量分别提高 2.804% 和 0.648%。②蔬菜和畜牧的影响因素相同，都受到从业人员数量的正向影响，在其提高 1% 的情况下，蔬菜产量和畜牧业产量分别增加 0.576% 和 0.457%。③水产行业受到其用地面积的强约束作用，在农业用地面积一定且逐渐缩小的情况下，水产行业产量表现出与粮食产量相异的变化趋势，即在耕地面积增加 1% 的情况下，水产品产量相应地减少 1.349%。④农业机械的使用情况对农业生产总值的影响较大，当其增加 1% 的情况下，农业综合能力相应的提高 0.219%。

表 4－2　　　　模型拟合结果

| | 粮食产量（万吨） | 蔬菜产量（万吨） | 畜牧产量（万吨） | 水产品产量（万吨） | 农业生产总值（亿元） |
|---|---|---|---|---|---|
| $x_1$ | $2.804^{***}$ | $-0.679$ | $-4.052$ | $-1.349^{**}$ | $-0.177$ |
| $x_2$ | 0.661 | $-0.244$ | $-3.454$ | 0.189 | $-0.242$ |
| $x_3$ | $-0.196$ | $0.576^{*}$ | $0.457^{*}$ | $-0.197$ | 0.325 |
| $x_4$ | $0.648^{*}$ | 0.295 | 0.739 | $-0.033$ | $0.219^{**}$ |
| $x_5$ | $-0.176$ | $-0.153$ | $-2.087$ | $-0.340$ | $-0.143$ |
| $A$ | 10.595 | 6.639 | 36.043 | 12.664 | 6.502 |
| $R^2$ | 0.964 | 0.798 | 0.527 | 0.884 | 0.879 |

注：*** 表示显著性水平 $p<0.01$；** 表示显著性水平 $p<0.05$；* 表示显著性水平 $p<0.1$

表 4－3　　　　上海农业综合生产能力模型分析

| | 预测模型 |
|---|---|
| 粮食产量 | $Y_1=10.595x_1^{2.904}x_4^{0.648}$ |
| 蔬菜产量 | $Y_2=6.639x_2^{0.576}$ |
| 畜牧产量 | $Y_3=36.043x_3^{0.457}$ |
| 水产品产量 | $Y_4=12.664x_1^{-1.349}$ |
| 农业生产总值 | $Y_5=6.502x_4^{0.219}$ |

由此，农业综合生产能力的评价模型为：

$$Y=Y_1+Y_2+Y_3+Y_4+Y_5=6.502x_4^{0.219}+10.595x_1^{2.804}x_4^{0.648}+6.639x_3^{0.576}+36.043x_3^{0.457}+12.664x_1^{-1.349}$$

主要影响因素包括耕地播种面积（1.455）、农业劳动力（1.033）、单位面积农业机械总动力（0.857）。其中，播种面积的综合弹性系数最大，这说明农业综合实力的提升需要播种面积这一要素稳定的支持。因此，在上海农用地紧缺的情况下，需大力保护耕地、培肥地力，大力改造中低产田，并不断强化农田水利基础设施和农业抗灾害能力，进而防止农作物播种面积不断减少对农业综合实力的削弱作用。

而究其主要缘由，由于食物消费需求的改变，而导致上海农业综合生产构成发生变化，具体来说：

（1）收入改变居民食物消费需求，进而成为影响上海农业生产的决定因素。居民可支配收入水平是衡量其经济实力的重要指标，可支配收入的充裕水平直接决定着食物消费支出水平，也即决定着食物的生产结构。

（2）人口结构是影响农业生产结构不可忽视的因素，如性别、年龄、受教育程度、家庭规模等。因上海家庭规模相对稳定，基本维持在 2.7 人/户左右，因此侧重考虑老龄化率，如老年人口增多，食物消费总量会下降，尤其是高脂肪类食物需求及生产能力将减少。

（3）城镇化率。城镇化进程的推进也会对农业产生较大的综合影响，主要表现为农村人口迁移到城市，其饮食习惯和生活方式发生改变，进而引起消费结构变化。

由图 4－3 可以发现，自 2000 年以来，上海人均可支配收入呈递增趋势，城镇化进程推进显著且已达到较高的水平；户均人口稳定在 2.7 人左右，且老龄化率趋势明显，社会形态趋于老龄少子化。与经济社会发展变迁相对应，各类食物消费份额的变化也呈现出明显的趋势性，且在 2007 年后逐渐稳定（见图 4－3）。

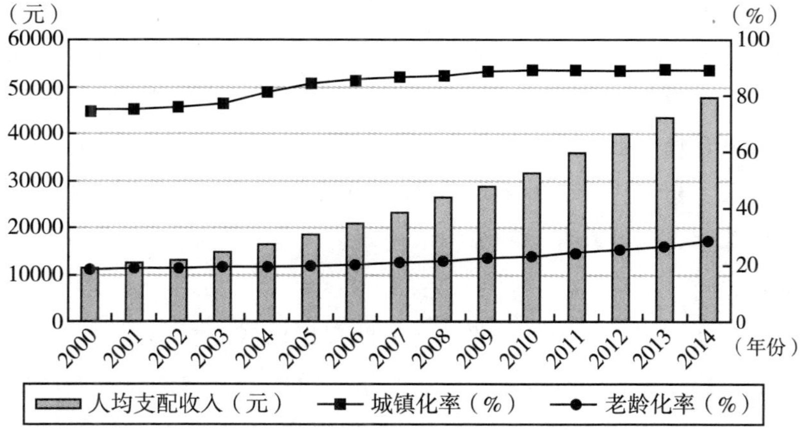


**图 4－3 近年来上海主要社会经济指标变化的趋势**

数据来源：《上海统计年鉴》2001～2017 年

## 二、上海农业创新的优势条件

21世纪以来，上海围绕发展“种源农业、装备农业、生态农业、数字农业”的总体要求，依托部市合作的有利条件，聚焦“食品安全、可持续性、高附加值”提出的科技创新需求，坚持以应用为导向的自主创新，以落实中长期科技发展规划为抓手，开展农业科技自主创新，提高农业科技水平，加强农业科技成果转化应用，农业创新发展呈现良好态势。目前，国际上对农业发展方式评判的一般标准是农业科技进步贡献率。当农业科技进步贡献率小于40%时，称为粗放型增长方式；当农业科技进步贡献率大于60%时，称为集约型经济增长方式；而农业科技进步贡献率在40%～60%时，称为过渡型经济增长。“十二五”期末，上海农业科技进步贡献率达到70%左右，说明上海已经进入集约型经济增长的发展阶段。

近年来，上海在农业生物技术研究、种质创制及育种技术创新、现代装备技术及信息技术等领域形成了独特的技术优势，已在种源农业、生态农业、高效农业等方面具有较强的研究基础，初步形成了现代农业科技创新与应用技术体系，具有独特优势条件：

（1）抢占农业种源创新的制高点。种源科技在农业发展中占据十分重要的地位，抢占种源农业这一制高点也是上海现代农业发展的重要目标，上海现代农业发展规划中强调：要以生物技术为支撑，大力发展种源农业，加快培育具有上海农业优势、特色的新品种。近几年来，上海种源农业发展取得了初步成效，种业科技创新和条件建设水平得到了稳步提升，在种质资源库、良种繁育、种源技术创新、优良种源更新换代等方面取得较大进展。

（2）大力倡导生态农业建设。上海的现代化都市农业具备强大的生态屏障功能、持续稳定的经济社会功能和领先的技术与完善的服务功能。上海市政府一直重视生态农业的发展，科技兴农重点项目以食用农产品安全、农业生态环境保护、农业资源综合利用等关键技术为研究重点，在农业生态环境保护、低碳农业发展、关键技术发展与模式探索等方面取得重大进展。

（3）农业设施装备水平处于领先地位。目前上海农业生产综合机械化水平达到83%，农业装备水平明显改善。自中央提出“关于沿海发达地区率先实现农业现代化”的基本要求后，上海市委、市政府进一步明确了要用现代化的先进设施和装备武装农业。依托上海强大工业基础和先进制造优势，上海农业物质装备水平经过多年发展，已经建立了涵盖农、林、牧、渔等各个农业部门并且涉及产前、产中、产后等各个环节的现代农业物质装备体系。同时，上海大力推进数字农业建设，着力提高农业信息化水平，以农业信息化发展带动上海现代农业发展，使农业信息化水平得到了显著提升。支持建成了一批数字农业研究中心，将上海农业现代化建设与城市生态紧密结合起来。

## 三、上海农业创新的制约因素

（1）农业科技成果转化力度不够。上海农业科技创新仍主要集中在传统领域，对农业装备、农产品加工等新兴领域研究少，在农业生产技术标准、农产品质量标准与检测检验体系、农业信息化等方面研究相对滞后。农业科技产、学、研集聚不足，农业科技成果与生产实际需求还存在脱节现象。2017年，上海市农业科技进步贡献率达70%，农业科技支撑作用逐步显现。2017年11月农业部发布了《2017中国都市现代农业发展报告》，对全国35个大中城市都市现代农业综合发展水平进行测算。上海在现代农业经营水平指数、菜篮子产品保障能力、农业生态可持续发展水平、农业先进生产要素聚集水平等多项指标发展指数中位居前列，都市现代农业综合发展指数全国第一。然而在农业科技进步贡献率、农业实用技术成果转化率与发达国家80%的水平相比还有很大差距。

另外，政府层面尽管出台的一系列标准，但是标准的制订和应用存在“碎片化”现象，呈现产中技术规范多，而产前投入品管理、产后专业化加工、专业化流通以及专业化信息服务等标准相对较弱的现象。同时，标准实施和推广的力度还有待进一步加强，标准化工作与市民契合关注度不够，标准化基地、示范试点项目有待于进一步发挥辐射带动作用。在生产者层面，一方面是生产者组织化程度不高、规模化种植比例较小。市郊农业生产仍然以分散种植为主，传统农业生产集约化程度不高，制约了农业的健康发展。另一方面是农业生产者的整体文化素质不高，老龄化严重，质量意识、品牌意识还比较淡薄。

（2）农业科技人才缺乏。由于农业的比较效益低下，上海市农业科技人员数量占农业人口的比例、科研队伍中直接从事科研工作的人员比例以及从事科研工作人员的基本学历构成明显低于国际平均水平。在人才资源总量方面，由于福利待遇、发展前景等因素的影响，上海农业专业技术人员波动比较大，人才频繁流失。目前，上海市农业科技人才主要集中在国有企事业单位。根据统计资料显示，2000～2007 年，上海农业科技人员数量呈下降趋势，虽然在 2008 年有所增加，增至 4700 人，但是在 2010 年又大幅减少，随后两年虽然有小幅增加，但人数仍较少。2016 年，上海市国有企事业单位农业科技人员为 3900 人，仅占整个上海国有企事业单位专业技术人才总数的 0.40%（见图 4－4）。

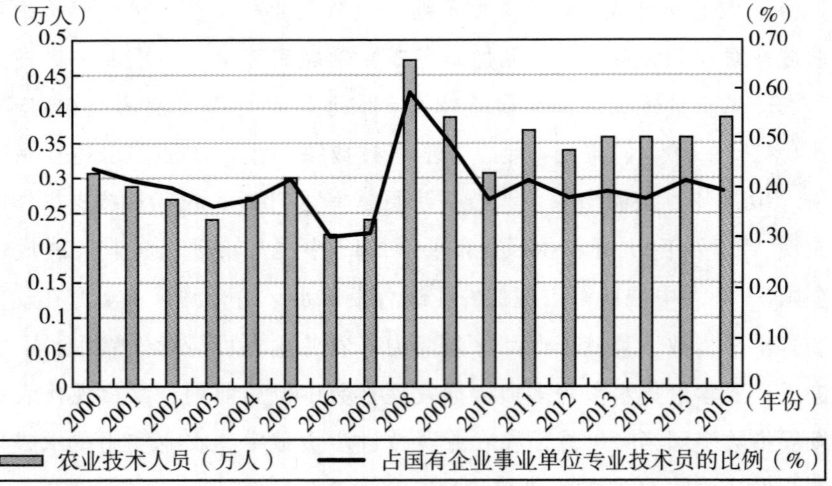


**图 4－4　2000～2016 年上海市国有企事业单位农业科技人员及其所占比重**

数据来源：《上海统计年鉴》2001～2017 年

（3）农业科技创新能力有待提高。上海农业科技创新表现为“单项攻关多、系统集成少、点上研究多、面上协同少”，基础研究、应用研究和产业化之间缺乏足够连续性，产学研结合不紧密，虽取得一些突破，但未形成全面推进的态势，科技创新对农业集约化程度和竞争力的提升贡献不高。农业科技创新主体的横向联系及协调性差，研究力量分散，部分研究领域存在科研设施重复建设、科研项目重复研究等农业科技创新资源浪费的现象，影响农业科技资源配置效率，导致无法形成合力，重大的集成创新活动较难开展；在农业科技创新项目管理方面，没有充分发挥农业科技创新专家的作用，缺乏以相关领域专家为主体的项目审批与评价体系，以致从总体上看基础性研究、应用研究和产业化研究等各类农业科技创新研究之间缺乏足够的规范性、连续性和针对性。

## 第四节

## 本章小结

本章从全球尺度、国家尺度、地方尺度深入分析了农业创新的发展形势、发展态势和发展条件。当今发达国家之所以能够取得如此辉煌的科技成就和经济发展业绩，一个重要原因便是得益于其农业产学研的推动。本研究从全球尺度深入分析了发达国家在农业创新和一体化发展过程中的现状、发展模式和重要启示；随着我国在农业领域的日趋开放和市场经济的逐步完善，农业发展受到来自各方面的挑战日渐增多，农业科技所肩负的任务也日益繁重。本书从国家尺度深入分析了我国农业创新的发展优势、主要问题和变化情况。上海农业创新发展对于我国现代农业发展具有重要的示范引领作用，本书从地方尺度对上海农业综合生产能力进行了评价，并分析了上海农业创新发展的优势和主要制约因素。

# 第五章

# 上海农业创新发展历程与现状

农业创新的发展特征在城市化的不同阶段会不断变化，上海农业创新的空间布局从乡村农业到城郊农业，再到都市农业演替，在此过程中农业创新的政策也同时改变。

## 第一节

## 上海农业创新的空间布局演变

### 一、农业区域化布局形成

#### 1. 改革开放初期

中心城区的环绕带和苏州河沿岸是农业生产的集中区，主要包括农作物种植和畜禽养殖，其中，蔬菜的播种面积占所有农作物的比例较低，而生猪则是养殖业的主要品种。该区与市中心域毗，人口稠密，水运便利化程度高，有利于新鲜的蔬菜、奶蛋、禽肉等产品及时为市场供应，故而此类生产集中于此。另外，因石化基地带来的广阔市场，金山区也成为畜禽养殖地。集中地在上海其他的郊区，农业则以粮食和棉花的生产为主，其中粮食生产以上海金山、松江和青浦地区为主，棉粮混合种植的地区则主要包括崇明、原南汇、奉贤、浦东及嘉定；水果生产集中在南汇，但种植规模不大；水产养殖则仅为淡水养殖且总体规模很小，主要集中在陆地水域资源丰富的青浦境内。

总之，上海这一时期的农业处于农区农业发展阶段，生产品种以粮棉为主，较为单一，布局也比较简单：人口密集的中心城区环绕带和苏州河沿岸是蔬菜生产和畜禽养殖的集中区；粮棉生产呈组团状分布，副食品生产则呈不连续环状分布。

#### 2. 浦东开放初期

蔬菜种植面积比重大幅增加，生产范围扩大；蔬菜生产与生猪养殖区的范围相似均围绕中心城区，呈环状分布；奶牛养殖分布于近郊区的宝山、嘉定等，崇明岛东北的长江入海口地区，以及沿海的南汇、奉贤；粮食生产位于蔬菜、畜禽养殖圈层之外，播种面积变化不大，但棉花生产面积锐减；同时果园面积显著扩张，主要在南汇、长兴以及横沙分布；水产养殖范围有所增加，但仍以青浦的淀山湖以及沿江乡镇的淡水养殖为主，沿海地区的咸水养殖出现。

总体来说，这一时期上海的农业生产品种增多，空间形态向圈层式布局转变。从市中心向外，依次分布着较为清晰的蔬菜、禽肉养殖－奶牛、水果－水产养殖的圈层。此时上海农业区域化生产布局基本形成，具有城郊型农业的特征。

## 二、都市农业布局初具形态

进入21世纪后，上海市域城市化进程急剧扩大，各级城镇建设用地、工业用地、农村集聚点、交通仓储用地的大幅增加，除崇明、横沙岛以外，各类大规模的纯农业用地迅速减少，上海农业生产空间布局结构发生明显转变（图5－3）。具体来说，主要特征包括：

（1）因城市扩张压缩农业用地，原布局在市中心周边的蔬菜种植面积锐减，而中远郊的蔬菜种植面积大增，蔬菜生产的重心外移。而蔬菜的种植以叶菜类蔬菜为主，多年来叶菜类蔬菜占总播种面积的比重一直维持在50%左右，这与上海居民的生活习惯息息相关（见表5－1）。

表 5－1　上海叶菜类蔬菜种植比重

| | 2004 年 | 2007 年 | 2009 年 | 2012 年 | 2016 年 |
|---|---|---|---|---|---|
| 蔬菜总播种面积（万公顷） | 14.0 | 13.4 | 12.8 | 13.4 | 10.8 |
| 叶菜类播种面积（万公顷） | 6.8 | 6.6 | 6.2 | 8.1 | 5.5 |
| 叶菜类蔬菜占总播种面积的比重（%） | 48.4 | 49.2 | 48.1 | 60.4 | 50.1 |

资料来源：《上海郊区统计年鉴》（2005，2008，2010，2017）

（2）近郊区粮食、水果生产面积锐减，粮食的生产集中区逐步转移到远郊乡镇；随着城市消费对食品多样化需求的日益增长，远郊区水果生产面积大增，水果的区域分类生产基地逐步出现。

（3）在农业发展政策和环境的双重作用下，畜牧业规模明显下降，转移到中远郊布局，为保障上海的农副产品供应，还在上海市范围以外的地区设立生产基地，例如江苏的海丰农场、安徽的练江牧场、黄山茶林场等一系列保障基地。

这一时期上海农业生产布局总体呈现"蔬菜－粮食－畜牧－水果"的环状结构，这与杜能唯经济论布局农业生产不一致①。究其原因，主要有两个方面：第一，随着城镇居民生活水平的提高，其需求由满足温饱转变为享受生活，而畜禽养殖产生的污染对生活环境具有负面影响，使得畜禽养殖离开近郊区，而粮食生产具有湿地景观效应，可以优化城市环境，于是布局向市中心圈层靠近。第二，在土地资源紧缺的上海，虽然保留一定规模的农产品生产并不能创造较高的经济价值，但对于保障供给和维护社会稳定必不可少。综上所述可知：21 世纪以来，经济价值对上海农业布局的影响已被环境和社会效应超越，呈现出一定的都市农业特征。

## 三、都市农业布局再次优化

在延续第二阶段已有农业格局的基础上，上海市农委牵头编制的《上海市农业布局规划（2010～2020 年）》出炉，上海农业生产综合布局进一

① 杜能农业圈结构：以城市为中心，由里向外依次为自由式农业、林业、轮作式农业、谷草式农业、三圃式农业、畜牧业的同心圆结构。

步优化为五大片区。具体来说：

崇明三岛生产区：农业生产用地面积约占上海郊区总农业用地的35%，是上海市域范围内规模最大、农地最为集中、生态环境最好的绿色优质农产品生产区，主要生产粮食、特色瓜果、畜禽和水产。

杭州湾北岸生产区：主要分布在金山、奉贤和原南汇，是上海郊区第二大农业生产集中地和蔬菜生产基地，同时在粮食、畜禽和水产养殖方面也有涉及，农业生产用地面积约占上海郊区总农业用地的29%。

黄浦江上游生产区：主要分布在青浦、松江等区的黄浦江上游沿岸地带，农业生产用地面积约占上海郊区总农业用地的15%，以水稻、水生蔬菜种植以及水产养殖为主。

沪北远郊菜粮设施化生产区：主要布局在上海市西北角，农业生产用地面积约占上海郊区总农业用地的5%，主要生产水稻和蔬菜，并有一小部分规模化的畜禽养殖场和园艺花卉种植基地。

环都市田园生产区：由零星的农用地块绵延组成，圈层状分布于市中心组团和其他生产区之间，农用地占比超过15%，种植有特色蔬菜瓜果、经济林果和水稻现代化精细农业品种。

# 第二节

## 上海农业创新的生产布局演变

### 一、种植业生产布局演变

种植业在上海农业创新中占据重要地位，种植业生产布局的变化与城市化进程和科学技术发展息息相关。上海生产的三大农作物是粮食、蔬菜和水果，市农委组织高校、科研院所、企业、合作社分别建立了水稻、蔬菜、果树产业体系，全面推动种植业产学研合作和科技水平的提升，从三者的规模和空间变化入手，便能挖掘出上海种植业布局演变的特征和科技化水平的不断提高。

**1. 粮食**

由图 5－1 可知：①快速城市化导致城市非农用地增加迅猛，上海粮食用地逐渐受到压缩。2014 年，上海粮食产出的乡镇比 2001 年减少了 51 个，仅剩 77 个。②崇明三岛、杭州湾北岸和黄浦江上游沿岸区域是上海粮食的三大产区。③由于农业机械化水平的不断提高，上海粮田分布也就逐步由分散经营向规模化经营方向转变。金山区逐渐取代崇明成为上海粮食生产的集中地区，2016 年，金山区和崇明区分别占上海全年粮食产出的 18.45% 和 26.9%。

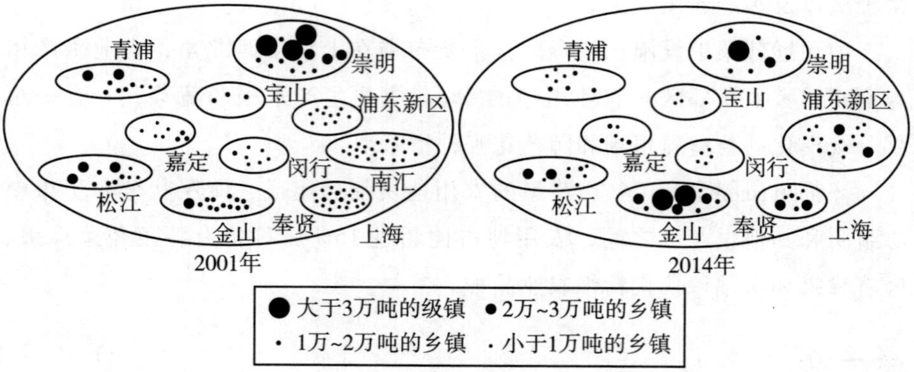


**图 5－1　上海市粮食生产格局的演变简图**

资料来源：上海农村统计年鉴（2002，2015）

**2. 蔬菜**

一方面，蔬菜是食物需求中的刚需品，且上海居民对蔬菜特别是叶菜类蔬菜的需求量已超过粮食；另一方面，蔬菜生产具有耐储运差和季节性两个特点。因此，在上海市域范围内保持有一定规模的蔬菜生产，以满足和保障居民的生活需求，而且蔬菜生产技术水平不断提高，运用了设施化、信息化等多项生产技术，产业结构逐步趋于合理化。

20 世纪 80 年代初，上海蔬菜生产主要分布在闵行、嘉定等四个近郊区，四区合计占全市蔬菜生产面积的 79%，总产量的 81%。改革开放后的 30 年间，在城市大规模向外扩张的挤压之下，近郊蔬菜种植面积大幅减少，由 1980 年的 4.1 万公顷降至 2009 年的近 2.3 万公顷；而相应的是远郊的激增，由 1980 年的 1.1 万公顷增至 2009 年的 10.5 万公顷。而目前，崇明是上海发展最快的蔬菜种植区，蔬菜播种面积由 1980 年的 0.3 万公顷增加到 2009 年的 3.3 万公顷。综上所述，在近郊区快速城市化的影响下，上海蔬菜生产的格局呈现大分散、小集中的特点，演变过程则为从近郊逐步退出，最后快速集聚于中远郊，并稳定为新兴的集中生产区。

**3. 水果**

在最近 30 多年的快速发展中，居民对营养和饮食多样化需求的日益增加，且果园的游憩休闲和生态服务功能逐渐受到重视，特别是随着设施化、避雨栽培技术的应用等，上海果树种植业呈现大增长之势。20 世纪 80 年代初，上海果园规模很小，总面积仅为 0.3 万公顷，80% 分布在南汇和崇明。进入 90 年代后，果园面积增至 1.26 万公顷；其中南汇和崇明的生产规模扩大到 0.4 万公顷，其他包括宝山、嘉定、浦东等在内的近郊区生产规模也大幅增加。此后，水果的生产继续呈现向远郊迁移的趋势（见表 5－2）。目前，上海水果布局以“保护和升级已经形成的专业产区为主，地区之间错位发展”为主要思路，实施了精品化推进特色经济作物产业园区建设的计划（包括有崇明柑橘、浦东西瓜、原南汇水蜜桃、嘉定葡萄、青浦草莓、金山蟠桃等）。

**表 5－2　　上海部分年份分县区果园面积变化（公顷）**

| 年份 | 1980 | 1993 | 2010 | 2014 | 2016 |
|---|---|---|---|---|---|
| 闵行区 | 202 | 611 | 179 | 105 | 126 |
| 宝山区 | 70 | 1889 | 367 | 348 | 1091 |
| 嘉定区 | 44 | 1322 | 1390 | 1283 | 299 |
| 浦东新区 | 158 | 404 | 4874 | 3785 | 3494 |
| （原）南汇 | 1380 | 2924 | | | |
| 金山区 | 40 | 1451 | 2260 | 2360 | 2620 |
| 松江区 | 92 | 1011 | 939 | 751 | 630 |
| 青浦区 | 153 | 635 | 1091 | 1102 | 2088 |

续表

| 年份 | 1980 | 1993 | 2010 | 2014 | 2016 |
|---|---|---|---|---|---|
| 奉贤区 | 100 | 1003 | 3133 | 3037 | 881 |
| 崇明区 | 279 | 744 | 8563 | 6738 | 5360 |

资料来源：《上海市国民经济和社会发展统计资料（1949～2000 年）》，《上海农村统计年鉴（2017）》，1993 年后南汇并入浦东

## 二、养殖业生产布局演变

### 1. 生猪

20 世纪 80 年代初，上海生猪饲养量约 350 万头，其中以上海西南方向中远郊的金山和松江最多，总数约 85 万头。到 1993 年，随着“菜篮子”工程的逐步推进，全市生猪饲养量较 1980 年大幅增加，且近郊生猪饲养比远郊区增加快。其中，近郊的闵行、宝山、浦东和嘉定分别比 1980 年增加了 19 万、13 万、12 万和 8 万头，远郊的青浦、奉贤则分别只增加了 3 万和 4 万头。

2000 年后，由于城市管理工作对环境质量的要求提升，生猪粪尿等废弃物的污染问题日益受到重视，生猪养殖逐渐向外迁出。截至 2016 年，上海市域内的生猪养殖主要集中于在远离市中心区的浦东新区、奉贤与崇明等地区，而且生猪养殖多采用生态发酵床等现代养殖技术，生猪出栏量分别达到 35.77 万头、37.47 万头和 24.65 万头，而近郊的闵行、宝山等区县生猪出栏量骤减，合计只有 2.64 万头。综上所述，上海城市中心区及其环绕带已基本退出生产，而生产格局的演变则逐渐由近郊向中远郊扩散，并转移到上海市域范围以外的地区。

### 2. 家禽

20 世纪 90 年代以来，随着“菜篮子”工程的推进，上海家禽饲养量稳步增加，2001 年达中华人民共和国建国以来最高水平（17279 万羽）；随后，受生态环境压力和政策调整等多种因素的影响，上海进行了政策性

调减家禽养殖规模，保留了科技含量较高的养殖方式，在国家家禽工程技术中心的研发带动下，2017 年家禽上市量维持在 1251.89 万羽左右。截至 2016 年，金山（549.56 万羽）和奉贤（501.86 万羽）成为上海家禽养殖的主要区域。上海的家禽养殖与生猪养殖有着相似的空间格局，主要集中在奉贤、原南汇和金山。排名前 10 位的乡镇分别为川沙新镇、洞泾镇、书院镇、宣桥镇、老港镇、金山卫镇、柘林镇、奉城镇和庄行镇，分别有 4、3、2 个乡镇属于浦东、奉贤和金山（见图 5－2）。

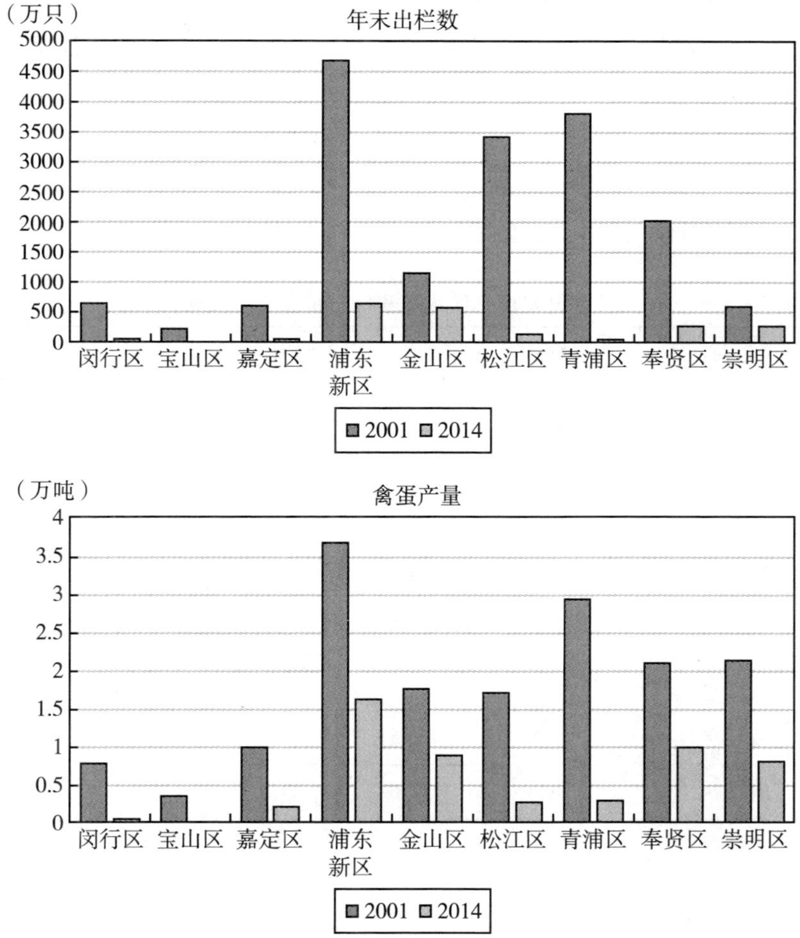


**图 5－2　2001 年和 2014 年上海分区家禽生产情况**

资料来源：2002 年、2015 年《上海农村统计年鉴》，2001 年南汇区数据并入浦东新区处理

### 3. 水产养殖

上海市地处长江三角洲，江河纵横、湖泊广阔、水网密布，丰富的淡水资源为淡水养殖提供了优越的条件。而滨海的地理条件也使得上海在历史上的海水养殖发展较好，但随着历代滩涂围垦和城市化建设开发，海水养殖业逐步消失，淡水养殖成为目前水产养殖的主干。

20 世纪 80 年代，上海淡水养殖面积约 2 万公顷、养殖产量约 1 万吨，集中分布在青浦和南汇，此后淡水养殖面积和养殖量持续稳定增长，均在 2003 年达到峰值，其中淡水养殖面积为 4.5 万公顷，养殖量为 21.5 万吨；此后十年间，在基本农田保有量刚性压力等综合因素的共同作用下，除奉贤和崇明外的各区进行了“退渔还耕”，养殖规模持续锐减。截至 2016 年，淡水养殖面积已稳定到 1.6 万公顷附近，总产量为 11.79 万吨，闵行和宝山的养殖面积已不足百公顷（见表 5－3）。

表 5－3　上海部分年份分区水产养殖面积变化（公顷）

| 年份 | 1980 | 1993 | 2010 | 2014 | 2016 |
|---|---|---|---|---|---|
| 闵行区 | 292 | 853 | 101 | 55 | 56 |
| 宝山区 | 542 | 1172 | 97 | 84 | 89 |
| 嘉定区 | 1459 | 2992 | 617 | 215 | 191 |
| 浦东新区 | 1193 | 1582 | 4352 | 2951 | 2528 |
| 南汇 | 2754 | 3499 | | | |
| 金山区 | 484 | 968 | 1905 | 1292 | 1079 |
| 松江区 | 768 | 1905 | 1094 | 543 | 498 |
| 青浦区 | 9259 | 10283 | 3958 | 2802 | 2299 |
| 奉贤区 | 2321 | 3135 | 65042 | 3300 | 3068 |
| 崇明区 | 718 | 4188 | 5678 | 5586 | 4773 |

资料来源：《上海市国民经济和社会发展统计资料（1949～2000 年）》，《上海农村统计年鉴（2017）》，1993 年后南汇并入浦东

总之，在历史因素、环境资源条件和政策约束的综合影响下，上海市

水产养殖形成了集中于黄浦江上游及淀山湖区、杭州湾沿岸地带、崇明岛北岸和东部三大基地的格局，且三大基地各自形成了差异化的特色生产。黄浦江上游及淀山湖区基地采取的是湖塘养殖与精养鱼塘相结合的模式，主要特色产品为淡水虾类和特种鱼类；杭州湾沿岸基地主要特色产品为沼虾和南美白对虾；崇明岛基地则是以滩涂围垦养殖为主特色，养殖品种为河蟹。

# 第三节

## 上海农业创新的政策变革

### 一、上海农业创新政策历史沿革

中华人民共和国成立以来，根据农业政策变动趋势，上海农业创新政策大致可以分为四个演进阶段（见表 5－4）。第一阶段（1978～1991 年），该阶段上海农业科技实现拨乱反正，开启科技振兴。1978 年我国开始实施改革开放战略，国家开始重视知识和人才，农业科技逐步发展起来。特别是 1988 年邓小平同志指出，“科学技术是第一生产力”，强化了科技创新在各项事业发展的重要作用。上海农业科技创新研究得到了拨乱反正，进入改革开放、科技振兴发展的快车道。1984 年，上海推行科技体制改革，采取多种形式来促进科研成果转化为生产力，先后成立了一批农业科技开发机构，调动了农业科技创新的积极性。第二阶段（1992～2006 年），该阶段上海农业科技吸纳国外先进技术为我所用，加强国际合作交流和提升国际竞争力。1992 年党中央提出要大力发展社会主义市场经济。2001 年中国正式加入世界贸易组织，标志着我国产业对外开放进入了一个新的发展阶段。该阶段，上海作为沿海开放城市，在利用外资的同时积极引进国外的先进技术和设备，通过吸收和消化加快技术进步，促进产业结构和产品结构的升级换代，增强国际竞争力。同时，不断加大科技奖励力度，市政府于 2001 年出台了《上海市科学技术奖励规定》，并于 2006 年做了相应修改完善，以更好地营造科技自主创新氛围，从而推动科技事业的不断进步。第三阶段（2007～2013年），该阶段上海率先进行农业科技进步立法，通过建立激励和保障机制推进本市农业科技进步。《上海市促进农业科技进步若干规定》由上海市第十二届人民代表大会常务委员会第三十九次会议于2007年10月10日通过，自2007年12月1日起施行。规定中提出了要加大农业科技创新投入，安排科技创新专项资金支持，进一步鼓励和激发农业科技人员的创新活力。2012年中央一号文件《加快推进农业科技创新，持续增强农产品供给保障能力》把农业科技创新摆在更加突出的位置。第四阶段（2014年至今），该阶段上海以加快具有全球影响力的科创中心建设为契机，强化上海农业科技创新中心建设，切实提高上海农业科技自主创新能力。2014年5月，习近平总书记在上海考察时提出了上海要"加快向具有全球影响力的科技创新中心进军"的全新要求。市委、市政府对上海科技创新中心建设做出了全面部署，市委农办、市农委提出了要构建上海农业科技创新中心，整建制创建国家现代农业示范区，以促进上海市现代都市农业的可持续发展，提高上海农业竞争力。目前上海农业科技创新中心主要依托上海市农业科学院初步形成了以自主研发为主体的上海都市现代农业科技创新中心、以生态为特色的上海崇明生态农业科创中心、以跨国公司农业企业为载体的上海孙桥现代农业科创中心等三大农业中心发展格局。

表5-4　1978年以来上海农业科技创新政策变化情况

| 阶　段 | 年　份 | 内　容 |
|---|---|---|
| 第一阶段 | 1978～1991 | 上海农业科技实现拨乱反正，开启科技振兴 |
| 第二阶段 | 1992～2006 | 上海农业科技吸纳国外先进技术为我所用，加强国际合作交流和提升国际竞争力 |
| 第三阶段 | 2007～2013 | 上海率先进行农业科技进步立法，通过建立激励和保障机制推进本市农业科技进步 |
| 第四阶段 | 2014年至今 | 上海以加快具有全球影响力的科技创新中心建设为契机，强化上海农业科技创新中心建设，切实提高上海农业科技自主创新能力 |

资料来源：作者整理

从 2008 ~ 2015 年出台各种支农惠农政策及项目批复中可以看出：787 项相关配套政策和批复重点集中于农业补贴、农业科技、农业组织化和农业公共服务等方面（见图 5 – 3）。

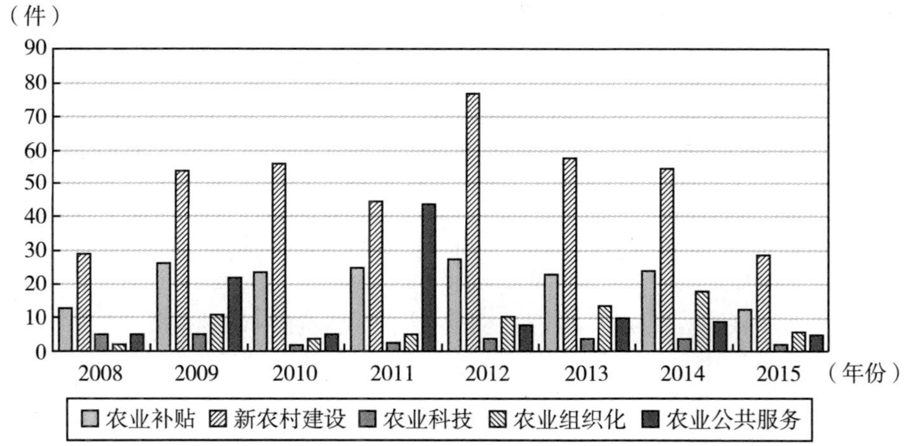


**图 5 – 3　2008 ~ 2015 年上海农业相关配套政策分析**

资料来源：作者自绘

总体来说，上海农业创新政策的变动趋势与其发展阶段和功能定位密切相关。上海日渐着眼于农民增收致富、农业提质增效、农村环境改善等三个方面，基于粮田高产、生态、集中连片的原则，注重基础设施的完善、农业创新体系及产业集群的建设，农业内涵式增长不断推进，农业生产率和可持续发展能力也得到了实质性提高（见图 5 – 4）。

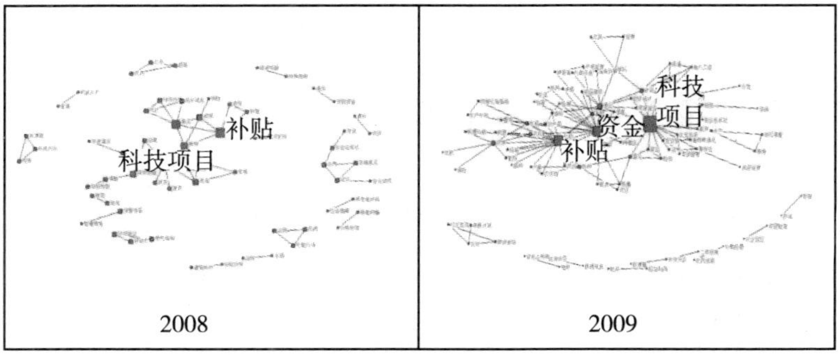

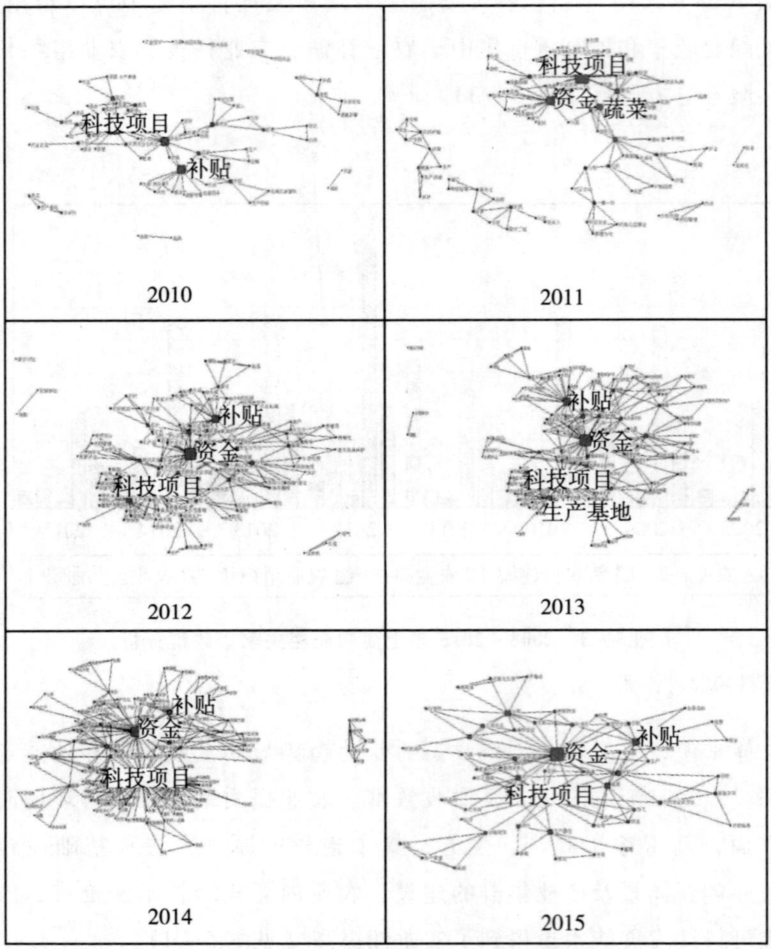


图5-4　2008~2015年上海农业配套政策关键词分析

## 二、上海农业创新政策剖析

总体而言，自2000年以来，上海出台了一系列新的重大政策和措施来推动农业创新发展，由此，上海农业的发展及其相关政策的转向主要有以下几方面（见图5-5）：

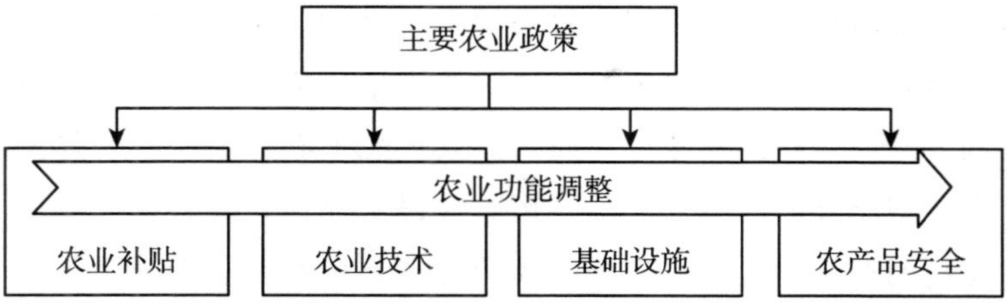


**图 5-5 上海农业政策导向**

资料来源：作者自绘

### 1. 农业功能调整

由于城市化进程的加速，上海大量农业用地转化为城市建设用地。虽然滩涂围垦的方式可以补充农业生产用地，但上海农业用地总量呈现逐渐下降的趋势（见图 5-6）。从 2000 年的 52.15 万公顷减少到 2017 年的 27.94 万公顷；与粮食作物相比，经济作物用地占比略高，但二者间的差距较小，在数量和所占比例方面基本稳定。园艺农业、设施农业等现代化、集约型新兴都市农业逐渐取代传统种植、养殖业，成为上海农业功能调整的主要方向。

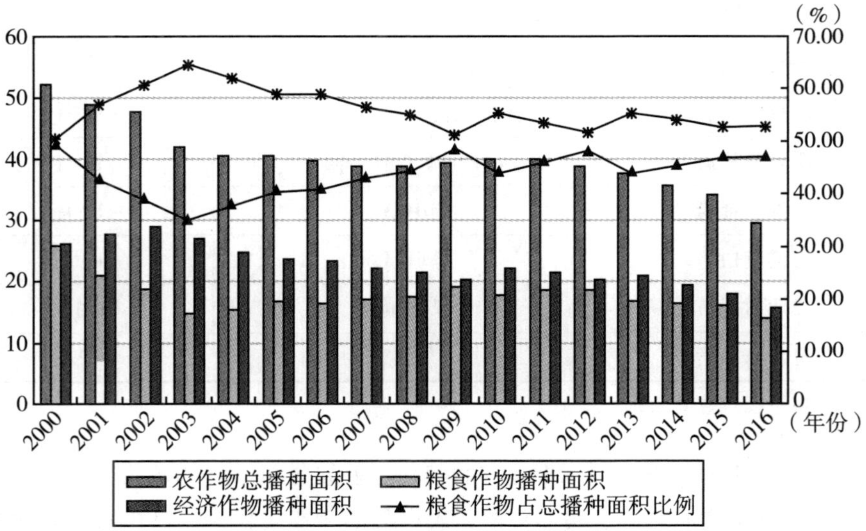


**图 5-6 2000~2017 年上海农业用地情况的变化**

资料来源：历年《上海农村统计年鉴》

于是，上海种植业在空间上受到城市建设的严重挤压的情况下，客观上逼迫上海农业不断布局优化和升级农业用地功能，并逐渐形成农业与上海发达的二三产业联动发展的局面，大大扩充了农业的内涵。休闲农业便是三次产业联动发展的例子，既能拓宽农民就业面，促进农民增收，又能带动农业功能的升级。目前上海已成功打造出桃花节、马陆葡萄节、崇明老毛蟹节、奉贤新米品尝节、廊下莲湘文化节等一系列品牌农业节庆活动（见表 5－5），市民在一年四季均可以体验到不同的乡村风情。

**表 5－5　上海市主要旅游节庆一览表**

| 节庆名 | 地址 | 正式接待旅游时间 |
|---|---|---|
| 上海菜花节 | 奉贤庄行镇 | 3～4 月 |
| 上海桃花节 | 浦东新区大团、惠南、新场等镇 | 3～4 月 |
| 奉贤申亚春桃节 | 青村镇 | 5～6 月 |
| 奉贤羊肉烧酒节 | 庄行镇 | 7 月 |
| 马陆葡萄节 | 嘉定马陆镇 | 7～8 月 |
| 金山蟠桃节 | 吕巷镇 | 7～8 月 |
| 上海柑橘节 | 长兴岛 | 8～9 月 |
| 崇明老毛蟹节 | 崇明 | 9 月 |
| 松江渔村垂钓文化节 | 小昆山西部渔村 | 9 月 |
| 浦东孙桥丰收节 | 孙桥现代农业开发区 | 9～11 月 |
| 崇明森林旅游节 | 东平国家森林公园 | 9～10 月 |
| 淀山湖大捕捞节 | 淀山湖 | 9～10 月 |
| 青浦茭白节 | 练塘镇 | 9～10 月 |
| 崇明柑橘节 | 绿化镇 | 10 月 |
| 奉贤新米品尝节 | 奉贤 | 11～12 月 |

资料来源：作者整理

此外，上海农业实行标准化与品牌化、差异化相结合的政策导向，对特色优质农产品实行精品、极品战略，农产品品质逐步提高，已出现一批农产品“奢侈”品牌。截至 2014 年底，上海造就了 40 个名牌产品、著名商标，256 个获得绿色食品证书的产品以及 26 个获得有机证书的产品，也涌现出了

“一枚有机鸡蛋售价 4.6 元、有机蔬菜均价 20 元一斤”的火爆景象。

**2. 农业补贴方面**

长期以来，上海农业的财政补贴方式主要是间接投入，间接补贴主要包括投资项目、补助项目或间接补贴流通领域等方式。但随着上海人口规模的快速扩张和居民生活水平的不断提高，市民对农产品需求量和品质要求也逐步提升，而上海财政实力的不断提升使得上海有条件和经济基础来解决“三农”问题，于是从 2003 年开始，农业补贴的投入方式发生重大变化，且投入范围逐步扩大。

具体来说，呈现以下几个方面的特征：

（1）补贴政策种类繁多，且资金总量稳步上升。上海每年在落实国家出台的农业补贴政策过程中也陆续推出一些地方政策，目前市农委预算中安排的财政支农专项多达 48 项，单项政策平均资金规模约 0.3 亿元。与此同时，近五年本级财政支农资金总量也逐年上升，从 2010 年的实际支出 80.1 亿元增长到 2014 年的 89.9 亿元，五年间财政支农资金总量增长了 12.23%。

（2）农业补贴资金结构多样化，兼以“黄箱”和“绿箱”补贴措施。目前上海市财政支农结构呈现多样化，上海市在响应国家新农村建设和环境友好型社会建设的号召下，结合上海市市情，逐步加大在农业基础设施建设、新型农业经营主体培育和农村生态环境治理等方面的财政投入（见表 5-6），倾向于“农业支持”而非“农业保护”的发展思路，更加坚持“绿箱”政策的使用，2014 年绿箱政策补贴占农业补贴金额的 58.53%，而农业环境保护、一般性农业服务分别占比 1.08%、28.77%。

**表 5-6　　上海市本级财政支农结构**

| 年份 | 财政支农资金用途 |
|---|---|
| 2010 | 基础设施、农业生产经营组织化程度、农业投入品补贴、新型农业经营主体、农村环境治理 |
| 2011 | 基础设施、农业投入品补贴、农村环境治理、农用地整理、应对灾害性气候 |

续表

| 年份 | 财政支农资金用途 |
|---|---|
| 2012 | 基础设施、农业投入品补贴、农村环境治理、农用地整理 |
| 2013 | 基础设施、农业投入品补贴、农村环境治理、农用地整理、应对灾害性气候 |
| 2014 | 基础设施、农业生产经营组织化程度、农业投入品补贴、新型农业经营主体、农村环境治理、农用地整理、农村综合帮扶 |

资料来源：上海市财政局网站

（3）财政投入在空间布局上呈环状结构。与上海农业种植格局一致，崇明、金山、浦东等中远郊是上海的重要粮食生产区，同时也是财政重点补贴区域。崇明、金山、浦东三区粮食生产面积总计占全市粮食生产面积的58.3%，各类农业财政补贴总额也占到全市农业财政补贴总额的50%以上，农药补贴总计达1498.7万元，农资综合补贴总计达8907.3万元。反观闵行、嘉定、宝山等近郊区，粮食生产区均少于10万亩，同时财政补贴也相对较少（见表5-7）。因此，从空间上看，形成远中近郊分异的层级式圈层结构。

**表5-7　　2014年上海各区水稻补贴资金分配情况**

| | 实际种植面积（亩） | 拨付补贴金额（万元） | | | | |
|---|---|---|---|---|---|---|
| | 杂交稻 | 水稻种植补贴 | 农资综合补贴 | 病虫害防治补贴 | 良种补贴 | 机插秧补贴 |
| 闵行区 | 18839 | 153.59 | 213.63 | 38.15 | 94.67 | 55.98 |
| 嘉定区 | 18219 | 576.64 | 807.30 | 144.16 | 198.82 | 64.82 |
| 宝山区 | 2020 | 113.05 | 158.27 | 28.26 | 34.32 | 41.60 |
| 浦东新区 | 108368 | 1508.15 | 2111.41 | 377.04 | 702.14 | 236.69 |
| 奉贤区 | 51913 | 1094.35 | 1532.09 | 273.59 | 429.33 | 188.24 |
| 松江区 | 832 | 1348.48 | 1887.87 | 337.12 | 339.62 | 12.05 |
| 金山区 | 69292 | 2062.33 | 2887.26 | 515.58 | 723.46 | 231.43 |

续表

| | 实际种植面积（亩） | 拨付补贴金额（万元） | | | | |
|---|---|---|---|---|---|---|
| | 杂交稻 | 水稻种植补贴 | 农资综合补贴 | 病虫害防治补贴 | 良种补贴 | 机插秧补贴 |
| 青浦区 | 28627 | 1032.77 | 1445.88 | 258.19 | 344.07 | 8237.00 |
| 崇明区 | 127428 | 2424.28 | 3393.99 | 606.07 | 988.35 | 307.31 |
| 合计 | 425538 | 10312.60 | 14437.70 | 2578.16 | 3854.77 | 1221.07 |

注：市劳教局、市监狱局、光明食品集团、上实公司的数据未包括在表格中

数据来源：根据上海市农业委员会网站信息公开数据整理得到

**3. 农业技术及创新方面**

围绕保障地产农产品有效供给、促进农民增收和农业可持续发展战略目标，上海日益加快推进农业机械化生产和农业技术创新，以规模化、机械化等现代农业的生产方式来降低生产成本。

（1）规范管理，出台地方法规和规范性文件（见表5－8），使“产业导向、协同发展、有序竞争、合理评价”的农业科技运行机制得到了逐步完善。一方面，设立支持农业科技研究的专项资金，确保资金投入。为支持上海市农业科技创新及技术推广转化，市财政、市农委成立了科技兴农项目专项基金，用于资助农业技术攻关、推广、成果转化、引进消化吸收等重大项目。另一方面，进一步健全科技兴农项目管理机制，采取项目选题立项公开公示制度，成立市农委科技专家委员会进行专家评审，择优支持。

**表5－8　　农业技术及创新方面的相关文件**

| 年份 | 名　　称 | 部　门 |
|---|---|---|
| 2006 | 关于推进科技兴农项目的实施意见 | 市农委、市财政局 |
| 2007 | 上海市促进农业科技进步若干规定 | 市人大 |
| 2009 | 上海市科技兴农项目绩效评估暂行办法 | 市农委、市财政局 |
| 2009 | 上海市农业布局规划（2010～2020） | 市农委 |

续表

| 年份 | 名　　称 | 部　门 |
|---|---|---|
| 2015 | 提出了要加快建设“具有国际影响力的科技创新中心和整建制创建国家现代农业示范区”的总体构想 | 市委、市政府 |
| 2015 | 上海市“十三五”科技创新规划 | 市科委 |

资料来源：作者整理

（2）围绕农业产业链建立科技创新体系。2010 年，开始进行水稻、西甜瓜和绿叶菜等产业技术体系的建设，还通过整合了教育、科研、推广等各项科技资源，组建了 4 个包括 23 个专业组的创新团队；2013 年又启动了生猪、虾类和果业产业技术体系的建设。现已初步构建了以农产品为单位、产业发展为主线的适合现代都市农业发展的农业科技创新体系，形成了以农业科技园区和示范基地为载体，高校及科研院所为主体，国家级、省部级创新平台为重点，企业研发中心和区域特色研究所为亮点的农业科技创新体系（见图 5－7）。试点建设在长久形成的农业科技资源集中度低、重复性高、质量较差、条块分割问题的解决方面通过制度创新做出了有益尝试。

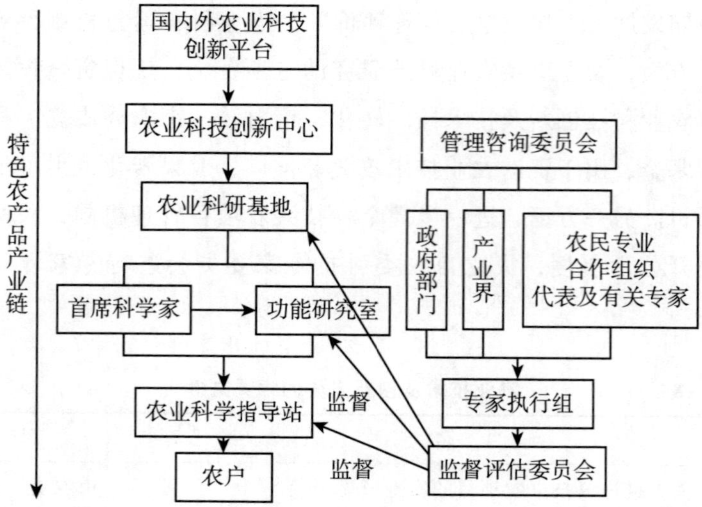


**图 5－7　上海农业科技创新体系示意图**

资料来源：上海农业科学院“上海加快农业科技创新体系创建”课题组（2009）

农业科技创新体系以农业科技创新中心为重心、以专家为主体，为上海市现代都市农业的发展提供基础及应用转化研究、战略规划研究以及开展关键共性技术攻关工作。农业科研基地依托上海交大农生院等涉农高校、上海农科院各研究所以及上海各农业龙头企业的科研单位开展上海市农业发展重大技术的集成和转化工作以及特色农产品关键技术攻关工作。此外，农业科研基地还对农业技术人员进行培训，追踪上海市农业发展动态，监督管理综合试验站与功能研究室的运行状况。农业科学指导站以上海市农业优势科研机构为基础，开展科学试验观测和科研数据的分析处理，并在网上进行试验示范和技术扩散。保留现有体制，上海市农委在明晰决策咨询、执行、监督三方面权责的基础上负责成立现代都市农业科技创新体系管理咨询、执行和监督评估三组委员会，而且三组人员不相互兼任。

（3）完善农技推广服务体系建设。一方面，推进基层农技推广队伍建设，其中以“三支队伍”建设为重点。加强农产品质量监管、动植物疫病防控队伍建设，在某种程度上缓解了上海基层农业技术推广力量缺少的问题。另一方面，全面加强市、区县及乡镇农技推广体系的建设。目前，农技推广服务机构全市已有200余家，涉农乡镇几乎全部覆盖，并进一步向村级延伸。健全条块结合的管理体制，使区县农业主管部门对乡镇农技推广机构的管理得到进一步强化。此外，建立“一主多元”的农技推广体制。在充分发挥公益性推广机构主体作用的前提下，采取院区合作、千名专家服务基层、科技入户、科技特派员、教授工作室等多种形式积极引导高校和科研院所加入农技推广服务、开展农技培训；大力支持农业科技人员下到乡镇、深入农村对农民进行科技指导和技术培训。

（4）农业生产设施方面：自2010年起，上海市不断加大财政支农范围和力度（见表5－9），围绕上海现代农业发展需要，助推一批具有稳定“造血”功能的项目落地，加强“三高”（高科技、高产量、高效益）粮田建设。健全设施管护机制，使各类设施能够长期稳定发挥效益。根据区域化推进、田宅路统筹和农林水联动的原则，通过投资加强粮田水利基础设施建设，实施低洼圩区达标、田间水利配套等工程。截至目前，上海菜田设施化率达55.8%，粮田设施化率达65.9%，建成500多个综合服务站、近200家标准化水产养殖场、300余家标准化畜禽养殖场。

**表5-9　　农业生产及农业基础设施建设投资汇总**　　单位：亿元

| 年份 | 2009 | 2010 | 2011 | 2012 | 2013 | 2014 |
|---|---|---|---|---|---|---|
| 农林水务支出 | 62.6 | 95.4 | 82.8 | 120.7 | 85.1 | 89.9 |
| 专项补贴 | 5.1 | 7.3 | 8.5 | 7.5 | 6.8 | — |
| 农业基础设施 | 6.6 | 5.1 | 13.3 | 11.1 | 4.6 | — |
| 合计 | 74.3 | 107.8 | 104.6 | 139.3 | 96.5 | 89.9 |

资料来源：近年来上海市农业预算执行情况汇总

（5）农产品安全：伴随人民生活水平的日益提高，上海市民对食物的要求已不单单是数量，质量和食品安全也逐渐成为上海市民关注的焦点。近年来，保障农产品质量安全一直被上海放在首要位置。通过在实际工作中将基地建设作为基础，将农业标准化作为重点，不断增大相关科研投入，提升管理科学水平，有效提升了全市食物质量及其安全水平。

①推进农业标准化建设，增大面源污染治理力度。2006年出台的《关于进一步推进农业标准化的若干意见》和2007年出台的《上海市标准化发展战略纲要（2007~2020年）》在上海农业标准化建设方面指出明确的目标任务，引导上海工业率先实现现代化。与此同时，对接国家与行业标准，结合上海发展特点，上海进一步强化了农业标准制修订的工作，使全市农产品的质量安全水平得到了显著提高。此外，上海还积极实施环保行动计划。21世纪以前，上海农田单位面积化学农药用量、化肥用量分别是全国平均水平的1.4和1.6倍。经过持续不断的大力治理，目前上海亩均化肥用量已下降到28.5千克，比2008年减少了近18千克（见图5-15）。特别是在2011~2014年，上海市通过优化技术结构提升化肥农药使用效率、减少其使用量。此外，在此期间，上海还大力推广有机肥、种植绿肥，据统计，前者共推广使用81万吨，后者共种植2112.5万亩。

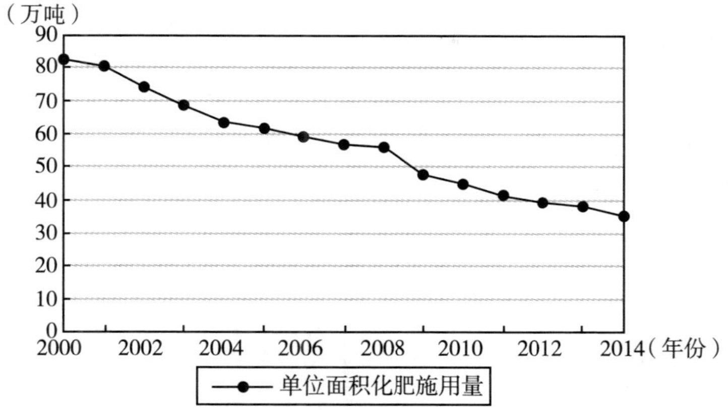


**图 5－8　近年来上海农业单位面积化肥施用量**

资料来源：历年《上海农村统计年鉴》

②推进“三品一标”认证。“三品一标”（“三品”指有机食品、绿色食品、无公害农产品；“一标”指农产品地理标志）是经过政府认证的优质安全的农产品公共品牌。2001 年，农业部就以上海为试点开展了“无公害食品计划”。2011 年，上海市出台《上海市现代农业“十二五”规划》将对“三品”的目标认证率提高至60%，要求建成市、区、乡镇三级“三品一标”工作机构。上海市各级农业行政主管部门对此高度重视，“十二五”期间，专设区农产品质量安全中心、组建农产品质量安全监管科，开展以农产品“三品一标”认证和监督管理为重点的农产品质量安全监管工作。此外，上海市农委和市财政局每年按照一定的标准进行“三品一标”认证企业的奖补。截至 2018 年，全市有 1701 家企业、6396 个产品获得“三品一标”农产品认证。其中，无公害农产品证书使用企业 1342 家，产品 5824 个；绿色食品证书使用企业 350 家，产品 536 个；有机农产品生产企业 9 家，产品 22 个；农产品地理标志 14 个。

③建设农产品质量可追溯体系。市农委、卫生、质监、工商、食药监等部门要积极协作配合，做好农产品的安全监管工作；使用各种检测仪器、传感设备和应用系统全面收集农产品从生产到消费各个环节的数据信息，实现农产品质量的可追溯性，确保农产品质量安全。出于不同类型的农产品质量监管与追溯不同的考量，除了提供共性应用服务之外，还根据

不同类型的农产品的特点，有针对性地提供相应的监管服务。充分考虑了建设成本和运行的可持续性后，建设了一个囊括生产、配送、销售管理和环境、农残检测的安全透明、开放高效的平台。该平台同时还负责数据采集与统计分析、信息发布和终端查询等（见图 5 – 9）。到 2015 年，全市农产品质量安全追溯体系已实现 80% 的覆盖率，地产农产品抽检合格率一直居于高水平。

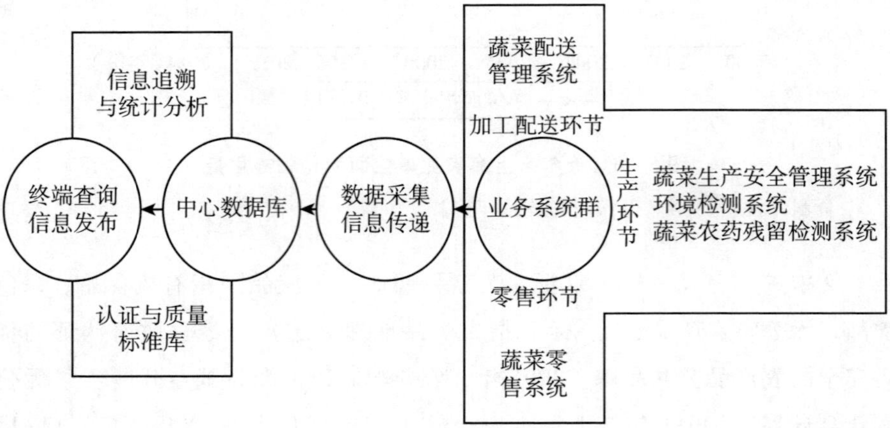


图 5 – 9　农产品质量全程监管和追溯流程

资料来源：作者自绘

# 第四节

## 上海农业创新的现状

### 一、上海农业创新概况

上海是中国最大的城市之一，是中国经济最发达的地区之一，1978 年以来，伴随上海城市化进程的不断加快，中心城区的人口和建筑密度过高、环境污染、交通拥挤等一系列问题逐渐显现。但是，与此同时，伴随收入水平的不断提高，宜居的生活环境成为人们追求的目标，农业发展的高科技化、观光化成为时代发展的趋势（陈锡文，2015）。上海作为中国经济发展水平最高的大城市之一，也是中国最具建成全球城市潜力的城市区域之一。虽然在农业总产值和耕地资源方面，上海占全国比重较低（根据2018国家统计局数据，2018年上海农业总产值占全国比重为0.25%；根据第二次全国土地调查数据，上海耕地面积占全国比重为0.14%），但是在农业产出效率方面，上海却称得上中国的农业强市，一直以来，上海粮食作物单位面积产量、农民人均纯收入、农业商品率等均位居全国前列（2013年，上海粮食作物单位面积产量为6888千克/公顷，全国排名第3，仅次于吉林和辽宁；上海农民人均纯收入为19595元，排名全国第1；农业商品率达84.9%，在全国排名前列），上海农业的许多现代发展理念、生产经营方式、管理手段等对长三角乃至更广泛地区的农业发展起到了良好的导向和示范作用。

上海市地处东经120°52′至122°12′，北纬30°40′至31°53′之间，是长江三角洲冲积平原的一部分，平均高度为海拔4米左右。上海耕地面积为1897.59平方公里，2017年，上海市农业总产值为322.22亿元，主要农作物播种面积为28.49万公顷（其中粮食作物13.31万公顷，经济作物15.18万公顷），主要农产品产量为665.28万吨（其中农副产品587.02万吨、畜禽产品51.13万吨、水产品27.13万吨），农村人口253.58万人，农业从业人口154.83万人（见表5－10）。

**表5－10　　　　上海农业总体概况**

| 指标＼年份 | 2010 | 2012 | 2013 | 2014 | 2016 | 2017 |
|---|---|---|---|---|---|---|
| 农业总产值（亿元） | 314.58 | 321.73 | 323.48 | 322.22 | 285.09 | 261.59 |
| 农村人口（万人） | 305.68 | 289.70 | 283.50 | 271.56 | 256.67 | 253.58 |
| 农业从业人员（万人） | 34.06 | 44.87 | 43.43 | 168.45 | 158.26 | 154.83 |
| 农副产品 | | | | | | |
| 粮食（万吨）（包括大豆） | 118.40 | 122.39 | 114.15 | 112.89 | 99.50 | 89.16 |
| 棉花（万吨） | 0.35 | 0.38 | 0.39 | 0.12 | | |
| 油料（万吨） | 2.29 | 1.73 | 1.50 | 1.28 | | |

续表

| 指标＼年份 | 2010 | 2012 | 2013 | 2014 | 2016 | 2017 |
|---|---|---|---|---|---|---|
| 蔬菜（万吨） | 380.35 | 395.65 | 385.34 | 377.95 | 319.97 | 310.63 |
| 食用菌（万吨） | 8.73 | 11.28 | 13.08 | 15.23 | 14.26 | |
| 西甜瓜（万吨） | 55.44 | 37.14 | 35.55 | 38.32 | 19.80 | 19.61 |
| 园林水果（万吨） | 44.16 | 48.15 | 37.01 | 45.85 | 28.80 | 29.77 |
| 畜禽产品 | | | | | | |
| 生猪出栏量（万头） | 265.98 | 241.64 | 241.84 | 243.13 | 171.11 | 60.63 |
| 生猪年末圈存量（万头） | 171.87 | 172.71 | 184.75 | 171.68 | | 8.65 |
| 奶牛年末头数（万头） | 6.72 | 5.98 | 5.81 | 5.79 | | 3.77 |
| 羊年末头数（万头） | 24.46 | 25.61 | 26.11 | 28.08 | | |
| 兔年末圈存量（万头） | 12.17 | 8.08 | 7.18 | 3.75 | | |
| 猪肉（万吨） | 17.87 | 17.57 | 18.33 | 18.83 | | |
| 牛羊肉（万吨） | 0.54 | 0.58 | 0.61 | 0.59 | | |
| 家禽出栏量（万羽） | 4084 | 3650 | 2642 | 2166 | 1713 | |
| 生牛奶（万吨） | 24.71 | 26.31 | 26.53 | 27.05 | 26.04 | 21.30 |
| 鲜蛋（万吨） | 6.28 | 5.90 | 5.66 | 5.23 | 3.50 | 2.75 |
| 水产品 | | | | | | |
| 海水产品（万吨） | 12.15 | 13.21 | 13.48 | 17.87 | | 14.52 |
| 淡水产品（万吨） | 16.82 | 14.00 | 13.65 | 13.03 | | 8.62 |

数据来源：《上海统计年鉴 2018》

从上海市农业总产值来看，自 2010 年以来，上海农业总产值基本趋于稳定，保持着 0.6% 的增长速度。具体从上海农业总产值的各项构成来看，2016 年占比例较高的是种植业，约占上海农业总产值的 52.10%，其次是渔业和畜牧业，分别占上海农业总产值的 21.96%、17.59%，林业与农林牧渔服务业产值相对较低，分别占上海农业总产值的 4.63%、3.71%，相较于 2003 年，畜牧业产值有所下降，渔业产值有所上升，种植业产值一直

呈现出上升趋势（见图 5 - 10）

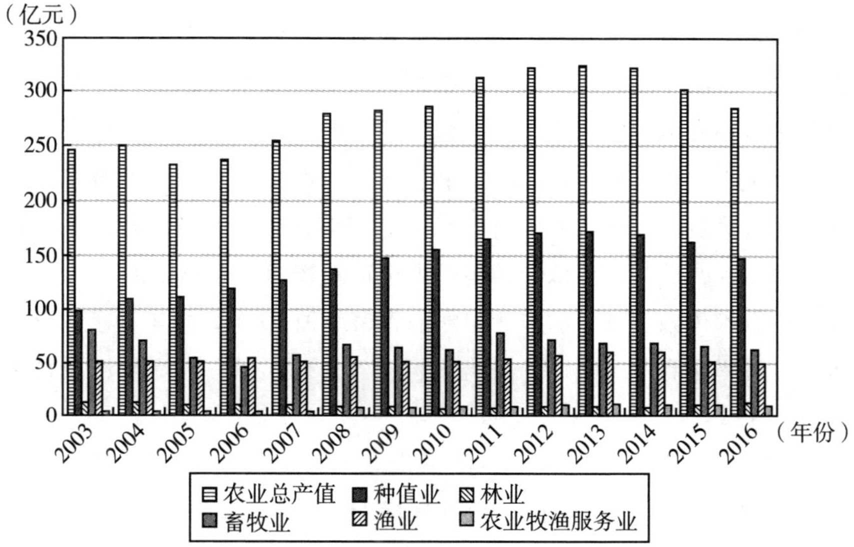


**图 5 - 10　2003 ~ 2017 年上海市农业总产值**

资料来源：《上海统计年鉴 2017》

### 1. 农业科技创新发展情况

进入 21 世纪以来，上海持续开展农业科技自主创新，积极推进农业科技创新中心建设。一方面以浦东孙桥现代农业科创中心、崇明生态农业科创中心、市农科院都市现代农业科创中心为代表，一系列农业科技创新中心先后成立，在加强上海农业科技创新能力的同时，又辐射提升了长三角地区农业创新水平。另一方面，上海市结合本市农业科技创新重点方向和重点领域，大力实施科技兴农项目计划。2016 年，上海市实施了以“大小麦耐低氮兼抗赤霉病纯合体的快速创制研究”为代表的 125 个项目，验收科技兴农项目 101 个，获得新品种审（认）定 17 项，获得农业植物新品种权 6 项，形成行业标准 3 项，地方标准 6 项，企业标准 2 项，申请专利 55 项、授权 38 项，获得计算机软件著作权 18 项，发表 SCI 论文 9 篇，集成示范推广新品种、新技术 58.5 万亩，培训 6 万人次。

### 2. 农业技术体系建设情况

2016年，上海市完成第一批产业技术体系验收，培育推广了一批具有自主知识产权的新品种，形成了一系列高效生产技术。其中：中华绒螯蟹产业技术体系育成国家级良种“江海21”，水稻产业技术体系自主选育的品种占有率由体系实施前的16.5%提高至36.8%。西甜瓜产业技术体系使西甜瓜种苗优良率较体系实施前提高了12.5%，自主育成的哈密瓜品种已成为主栽品种，品牌西甜瓜年销售量占全市地产西甜瓜总量的33.2%。绿叶菜产业技术体系选育了耐热、耐寒的青菜品种10个，青菜种子在全国同类市场占有率达到了50%以上。与此同时又启动了新一轮9个产业技术体系建设。

此外，上海市着力构建标准体系指导产业发展。上海市现行有效的农业标准中，粮油作物执行45项管理标准、43项产品标准、2项建设标准和1项产地环境保护标准；园艺经济作物执行8项管理标准、146项产品标准、9项建设标准和35项产地环境保护标准；蔬菜执行295项国家标准、400项行业标准和28项地方标准；畜牧养殖业执行14项管理标准、41项产品标准、2项建设标准和5项产地环境保护标准；水产业执行394项管理标准、311项产品标准、148项检测标准、2项建设标准和21项产地环境保护标准；农业机械行业执行536项国家标准、202项机械行业标准、88项农业行业标准和88项行业标准；农资质量标准包括种子、农药、肥料和农业转基因生物产品，分别涵盖标准186项、739项、205项和75项。

建立农业标准数据库，初步建立起以农产品质量标准数据库为重点的农业标准化信息服务网，研究开发“主要农产品国际标准和国外先进标准数据库”，提供标准查询、咨询等服务，为开展农业标准化工作提供技术保障。组织编制《上海市种源农业发展规划（2016~2025）》，明确未来发展目标，提出10项重点任务以及需要实施的5项重点工程。实施2016年度现代农作物种业发展项目，重点支持产学研相结合、育繁推一体化的现代种业科技创新模式的建立，提升科技创新、企业竞争力和供种保障能力。

### 3. 农业机械设备发展情况

2016 年，上海市进一步落实强机惠农政策，调整优化装备结构，加快推进粮食生产全程机械化，提高农机综合服务水平。2016 年，全市共下达补贴资金计划 19886 万元，购置了各类农业机械 8100 余台套。进一步加强购机补贴政策落实情况监管，全面核查保鲜冷库、拖拉机、联合收割机等主要机具的在位情况，以及补贴工作责任制、补贴指标审批、补贴资金结算等补贴实施过程的规范性。全市主要农作物综合机械化率达到 87%，比 2015 年提高 4%，粮食生产全程机械化目标基本实现。

在播种方面，对水稻直播实行农机购置敞开补贴，满足作业机具需求。全市建立 20 个水稻机械穴直播高产创建示范点，加强对农机作业人员的技术培训。到 2016 年底，上海市主要农作物耕种收综合机械化水平达到 87%，比全国平均水平高出 20% 左右，但与发达国家的农业机械化水平相比仍存在差距。2016 年，水稻机械化种植面积达到 6.9 万公顷，占粮食播种面积的 49.2%。粮食机收面积达到 13.4 万公顷，占粮食收获面积的 95.6%（见表 5－11）。闵行、宝山、嘉定、松江等区和光明集团已率先基本实现了全程机械化，金山、青浦区水稻机械化种植水平也得到了显著提升。加大二麦机调播推广力度，扩大示范面积，使得机种面积比例超过 25%。在烘干方面，上海市农委、市规划国土资源局联合出台了粮食烘干设施建设用地标准，加强建设项目的规划用地、资金扶持和申报审批等协调指导。2016 年，共计下拨中央粮食烘干能力建设专项资金 4600 万元，全年落实粮食烘干能力建设项目 6549 吨，新增烘干能力 3050 吨，在建 1500 吨，全市粮食烘干能力达到 16550 吨，保障了粮食生产安全和农时合理安排。

在农机社会化服务上，推广浦东新区农机合作社标准化建设经验做法，推行家庭农场发展，培育机农合一、农机互助合作等新型服务形式，推行“大机互助化、小机家庭化”的农机配置和使用模式。推广订单作业、复式作业、代管承包等农机服务形式，全市农机社会化服务覆盖面达到 70%。

表 5－11　　上海农业技术应用情况

| 指标＼年份 | 2011 | 2012 | 2013 | 2014 | 2015 | 2016 |
|---|---|---|---|---|---|---|
| 机耕面积（万公顷） | 39.97 | 38.61 | 37.23 | 35.74 | 33.97 | 29.57 |
| 机电排灌总面积（万公顷） | 19.76 | 19.7 | 18.04 | 14.30 | 18.65 | 18.68 |
| 粮食机种面积（万公顷） | 5.01 | 5.15 | 5.39 | 6.11 | 6.10 | 6.90 |
| 喷、滴管灌面积（万公顷） | 0.83 | 0.90 | 0.93 | 1.04 | 1.07 | 1.07 |
| 粮食机收面积（万公顷） | 17.18 | 17.71 | 16.07 | 15.36 | 15.28 | 13.40 |
| 占粮食收获面积（%） | 92.20 | 94.40 | 95.40 | 93.10 | 94.40 | 95.60 |

资料来源于《上海统计年鉴》

### 4. 农业人才培养发展情况

近年来，上海市不断创新人才工作体制机制，优化人才发展环境，加大人才引进、培养和使用力度，努力提高人才工作科学化水平，为推动上海“三农”发展提供智力支持和人才保障。一方面举办千人创业大会有机生态农业发展论坛，做好领军人才推荐选拔和跟踪培养，加强本市农业农村人才队伍建设。鼓励科技人才创新创业和成果转化，为各类创新人才搭建成果展示、技术对接、项目推介、转化交易平台，引导涉农高校、科研院所等单位的农业科技成果在公开平台上交易。另一方面，加强农业行业专业技术人才队伍建设，推进新型职业农民培育工作，加强农业部农村实用人才培训基地建设，提高农业人才的整体素质和创新能力。根据本市农业科学技术发展和农业专业技术人才队伍建设的实际需要，以高级研修、急需紧缺培养和岗位培训等 3 个项目为重点，积极推进本市农业专业技术人员知识更新工程，积极推进农业科技书屋建设，根据产业、机构、专业等分类建设农业科技网络书屋，帮助基层农技人员拓展知识更新渠道。指导各区相继出台新型职业农民的实施方案和认定管理办法。全年完成新型职业农民培训任务 3641 人，完成职业农民继续教育任务 2732 人，全市累计认定新型职业农民 4080 人。完成行业示范性培训任务 8524 人，农业实用技术培训任务 3818 人，进一步提高本市务农人员的生产技能和经营管理水平。

## 二、上海农业创新成效

根据上海现代农业科技创新现状，于2015年11月10日~2016年1月30日，对上海市农业科学院、上海海洋大学、上海交通大学农生院、上海市农业机械化研究所、上海市奶牛研究所、上海市水产研究所等涉农高校或院所进行调研，调研结果表明，上海农业创新的成效主要体现在农业技术水平的提高，具体表现在重点领域技术取得突破性进展、科技自主创新能力显著增强、科技服务能力提升、科技平台建设趋于完善、农业科技成果应用、农业科技创新引领作用突出。

1. 重点领域技术取得突破性进展。以现代农业建设为核心，上海农业科技工作在数字、生态、种源农业以及农产品质量安全等诸多方面已经摘得了100余项奖项。此外，还在农业标准化生产技术、动植物疫病防治技术与生态农业、循环农业技术研究等领域获得了诸多达到国际标准或国内一流水平的科研成果。培育了我国第一个高抗菌核病和病毒病的双低油菜新品种"沪油杂1号"，通过国家品种审定；率先培育出了"沪旱1A"，我国第一个节水抗旱稻不育系；培育了"浦江1号"，我国第一个淡水鱼品种团头鲂；培育出适合我国市场需求的优良蛋鸡配套系新品种，这是我国第一个经国家品种资源管理委员会审定的褐壳蛋鸡配套系。采用灌水闷棚洗盐、轮作水稻、测土配方施肥和优化施肥技术等技术手段，使设施栽培西瓜对农田土壤环境的影响大大降低。

2. 农业科技自主创新及服务能力增强。近年来，上海不断提高自主创新能力，以解决我国农业发展前瞻性、全局性重大问题为导向，主持实施了"863""973"和国家转基因专项等项目，取得了诸多应用前景光明的现代农业科技新成果，推动上海现代农业不断向前发展。设施温室、食用菌、水产等领域先后获得国家科技进步奖励，农业领域先后获得8项上海市科学技术奖一等奖。水产育种与养殖、食用菌、设施园艺、动物胚胎工程、现代农业装备、畜禽育种等领域涌现了诸多达到国际标准或国内一流水平的科技成果。如显性和隐性核不育双低油菜育种和规模化杂交制种技术处于世界领先水平；具有自主知识产权的高比活、耐高温的植酸酶基因的比活高出国内外报道最高比活的2倍以上，并建立了较稳定的工程菌发酵技术体系；中华绒螯蟹育苗和健康养殖技术处于世界先进水平。以上诸多科技成果都充分展现了上海农业科技较强的自主创新能力。“十二五“期间，上海农业科技积极服务全国，农业科技在全国的辐射力和影响力逐步扩大。

（1）“花11”和“花30”啤酒专用大麦品种成为江苏的主要栽培品种；节水抗旱稻、啤酒大麦、杂交粳稻等粮油作物成为长江流域的主要栽培品种；“沪油15”和“沪油17”等沪油系列双低油菜品种每年种植700余万亩，是农业部在长江流域主推的栽培品种；节水抗旱稻在保障云贵等西部地区粮食安全方面做出巨大贡献。

（2）食用菌、果树、设施蔬菜、西甜瓜、甜糯玉米等高效特色园艺农作物品种成为服务全国高效农业结构调整的主要品种之一。以申香系列香菇为主的食用菌及配套技术的应用已经成为江苏、安徽、浙江丽水金华地区、福建、辽宁等地的主要农业产业，年生产4000万袋以上，成为出口主要品种之一，占10%以上，带动了大量的农户增收致富。优质、抗病西瓜品种“抗病948”市场竞争优势突出，在本市郊区种植占有率50%左右，成为江浙地区主导品种之一，有效促进了当地农民增收；“锦香”“锦绣”等“锦”字系列的鲜食黄桃在长江流域种植了30余万亩。

（3）食用菌栽培技术、水产养殖技术、设施园艺装备及栽培技术等为服务全国现代农业发展提供了强有力的技术支持。中华绒螯蟹育苗和健康养殖技术、工厂化食用菌生产技术、生态农业技术每年为全国各地举办各种技术培训班，指导当地农业发展；通过引进、消化吸收和二次创新研发的智能温室及其配套产品，替代进口，占据了全国50%以上的市场份额。

3. 农业科技平台建设趋于完善。“十二五”期间，启动建设了中华绒螯蟹、水稻、西甜瓜和绿叶菜四个农产品产业技术体系；推进食用菌、水产、奶牛、西甜瓜、玉米、葡萄等岗位科学家的研发和油菜、水禽、大宗蔬菜、肉鸡、葡萄、水产、奶牛等综合试验站的建设力度。在创新平台建设方面，上海进一步增强了现有的10多个国家级农业科技创新平台的建设力度和技术辐射能力，进一步完善了农业部植物新品种测试（上海）分中心、农业部动物寄生虫学重点开放实验室、农业部水产种质资源与养殖生态重点开放实验室、农业部冷库及制冷设备质量监督检验测试中心等20余个省（部）级科技创新平台的建设，并加强成果推广力度。此外，还建立了一批市级农业科技平台，如上海市农业遗传育种重点实验室、上海市低碳农业技术研究中心等工程技术研究中心及实验室等。这些农业科技创新平台的建设为打造上海农业科技强市提供强有力的技术支撑。

4. 农业科技创新作用更加突出

近年来，上海深入贯彻“科技是第一生产力”，紧密围绕建设都市型现代农业、提高农业综合竞争力和打造上海农业科技强市的目标，通过政策引导与资金支持，有效利用了一批储备的现代农业科技成果，使得科技进步贡献率进一步得到提高。2010年，上海全市实现了60%的设施农业覆盖率，72%的主要农作物耕种收综合机械化率，分别新增89.8万亩、15.7万亩设施粮田和菜田。上海基本实现农业生产良种化，郊区生猪、奶牛全部实现良种化，蔬菜和水稻良种化率达到95%以上；2000年以来，连续多年郊区水稻平均亩产在550公斤左右；温室面积由2000年的1322.3公顷增加到2010年的3672公顷，2010年比2000年增长1.8倍，增长幅度较大；标准化种养殖技术和资源高效利用技术不断创新推广，郊区培育打造出了具有一定市场影响力的特色农产品品牌。

上海在生态、种源农业和信息技术等领域层出不穷的科技创新成果不断引领着上海现代农业的发展，显著提升了上海现代农业的产业能级，使得上海的农业由重数量、重生产向重质量、重生态、重服务转变。生态种养技术在上海循环农业经济的发展中发挥了重大作用，以多种生态种养模式推广应用节油、节水、节电技术，使得秸秆综合利用率提高到79.5%，畜禽粪便处理利用率提高到66%，农业灌溉水有效利用系数增至0.72。高产、高效栽培技术的推广应用促进了长江领域农业经济的发展，例如“沪油018”“沪油002”油桃、“早生新水”、梨等优质果树栽种面积占据上海郊区果树栽种面积的一半以上。农产品质量安全逐年提高，近五年蔬菜农残定量检测抽样合格率均高于99%，较2005年提高了3个多百分点。

## 三、上海农业创新评价

本节将运用数据包络分析（Data Envelopment Analysis，DEA）方法测算上海都市现代绿色农业生产效率，客观评价技术要素对提高农业绩效的贡献程度。全要素生产率指数最早由 Malmquist（1953）作为消费指数提出，指在生产要素投入水平既定的条件下，所达到的额外生产效率。该指标的变化可反映一段时期创新过程中技术进步的情况或创新资源整合配置及效率变化的情况，主要包括技术效率改善指数（EFFCH）、技术进步指数（TECHCH）、纯技术效率改善指数（PECH）、规模效率改善指数（SECH）、全要素生产率（TFPCH）5 个解释指标。若全要素生产率指数大于 1，呈增长趋势；小于 1，则表示下降趋势。

全要素生产率指数 = 技术进步指数与技术效率改善指数的乘积，技术效率改善指数 = 纯技术效率改善指数与规模效率改善指数的乘积。因此，基于全要素生产率指数的实证研究不仅能综合评价绩效，还能分析动态变化，全面比较上海都市现代绿色农业发展科技要素的时空变化。

基于已有的研究，结合上海都市农业特点，选择了 1 个产出变量和 5 个投入变量。投入指标分别为：农用机械总动力（X1，万千瓦）、农业从业人员（X2，万人）、农作物总播种面积（X3，万公顷）、农用化肥施用量（X4，万吨）、农用塑料薄膜使用量（X5，万吨）；产出指标为农业总产值（Y），数据来源于历年《上海农村统计年鉴》及各区县统计年鉴、统计公报（见表 5 - 12）。

**表 5 - 12　　DEA 结果分析**

| 时间 | EFFCH | TECHCH | PECH | SECH | TFPCH |
|---|---|---|---|---|---|
| 2006 ~ 2007 年 | 0.884 | 1.150 | 0.604 | 1.403 | 0.975 |
| 2007 ~ 2008 年 | 1.152 | 0.823 | 1.104 | 1.044 | 0.948 |
| 2008 ~ 2009 年 | 0.975 | 0.989 | 1.076 | 0.907 | 0.965 |
| 2009 ~ 2010 年 | 1.103 | 0.849 | 1.091 | 1.011 | 0.936 |
| 2010 ~ 2011 年 | 0.968 | 1.204 | 1.002 | 0.966 | 1.165 |

续表

| 时间 | EFFCH | TECHCH | PECH | SECH | TFPCH |
|---|---|---|---|---|---|
| 2011～2012 年 | 1.030 | 0.870 | 1.007 | 1.033 | 0.895 |
| 2012～2013 年 | 0.994 | 0.984 | 0.990 | 1.005 | 0.978 |
| 2013～2014 年 | 1.023 | 0.970 | 0.969 | 1.016 | 0.958 |
| 2014～2015 年 | 1.036 | 0.908 | 0.998 | 1.021 | 0.943 |
| 2015～2016 年 | 1.049 | 0.951 | 1.027 | 1.026 | 0.929 |
| 均值 | 1.022 | 0.970 | 0.987 | 1.043 | 0.969 |

由计算结果表 5－12 可知，上海农业大多数年份的技术效率改善指数大于技术进步指数，这说明了上海农业生产中技术效率的改善对于提高生产效率有较大的作用。从 2011 年开始技术效率改善指数大于技术进步指数，即上海农业生产的技术效率改进是促进生产效率提高的主要原因。

从趋势图 5－11 来看，上海都市农业技术效率改善指数曲线与纯技术效率改善指数曲线的变化趋势较为一致，而规模效率改善指数曲线这几年来变化比较平稳。这说明，上海都市农业技术效率的改进主要是来源于管理和技术等因素影响的生产效率，来自企业规模影响的生产效率因素较少对技术效率起增进作用，这表明上海的都市农业产业化组织没有充分发挥产业规模的优势，更多的是运用了管理、技术等方法促进生产效率的提高。

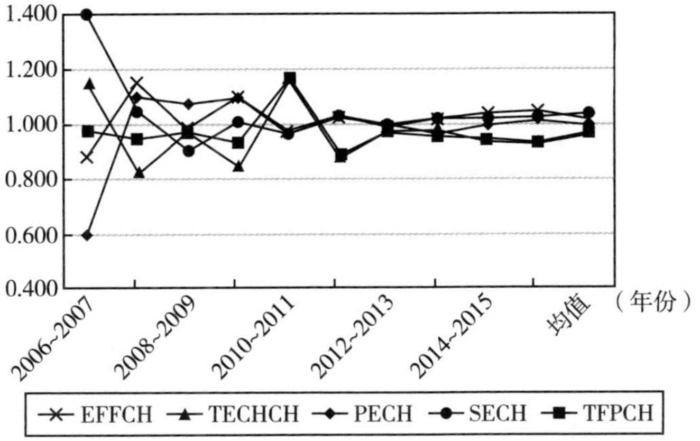


**图 5－11　2006～2015 年上海农业各要素指标的变化趋势**

资料来源：作者自绘

根据 DEA 的测算结果，上海都市农业中技术效率所起的作用大于技术投入的作用，说明上海都市农业生产的技术运用水平比较高，但是也在一个侧面说明了技术投入方面需要继续加强，同时，农业产业化组织也需要进一步深化产业链条，提升产业规模，通过这两方面的努力提高上海农业与两大类技术服务业的融合度。

## 第五节 本章小结

本章系统地分析了上海农业创新发展历程和现状，上海农业创新的空间布局演变分为农业区域化布局形成阶段，都市农业布局初具形态阶段和都市农业布局再次优化三个阶段；从种植业和养殖业两个方面分析了上海农业创新的生产布局演变；将上海农业创新政策的演进划分为四个阶段，重点剖析了农业科技创新及其配套政策等方面的变化情况；从上海农业创新成效来看，重点领域技术取得突破性进展、农业科技平台建设日渐完善、农业科技自主创新及服务能力不断提高、农业科技创新作用更加突出。

# 第六章

# 上海农业创新网络构成与空间结构

近年来，经济地理学有关创新活动的研究不断增加，大量学者开始运用合作发明专利、论文以及合作研发新产品来衡量创新网络，并对创新网络结构和空间描述的可视化表达，主要聚焦于创新网络行为主体的构成、空间结构以及创新距离的演变（吕国庆，2016），如 Scherngell 和 Hu 等（2011）、汪涛（2011）等分别利用重力模型、社会网络分析、地理空间等方法对中国不同科学领域知识网络进行了计量分析。然而，基于不同数据库中的数据进行分析，其研究结果存在明显不同，且空间单元多集中于省域尺度，结论因而尚未统一。

就农业创新体系而言，学术界就农业部门的创新主体和要素展开了广泛而深刻的讨论。Chairatana（2000）以泰国为案例的研究指出农业创新系统为以农业为基础的产业网络和生产链；涂俊和吴贵生（2006）认为农业创新系统为一定区域范围内（多为省域），由科研机构、政府、相关技术推广部门、农民及企业共同组成的技术研发与扩散网络；Spielman et al.（2008）认为农业创新系统的基本组成要素包括大学－研究机构、企业－贸易联系、中介机构和制度环境等四个方面；李二玲和史焱文（2012，2014）经过一系列研究认为农业创新体系由农业创新的行为主体、创新网络以及在网络中流动的创新内容三个部分组成。一般来说，大学和研究机构主导着农业相关研究和技术的发展方向，对创新知识的产生、扩散和应用具有重要的作用，被认为是农业创新系统的核心变量，在现有文献中被广泛讨论（Mekonnen et al.，2012），常用的表征指标包括合著学术论文和合作发明专利，并分别对应科学知识网络和技术知识网络（李丹丹等，2015）。但是，上述二者在运行机制和创新模式等方面存在显著差异，其对应网络结构和空间结构存在明显不同。

基于此，本章以上海农业合作发明专利及合作论文为数据源，将其分别对应技术知识创新网络和科学知识创新网络，旨在剖析上海农业创新网络的构成和空间结构及其演进规律？企业创新合作的源头主要集中于哪里，本市、长三角区域抑或本国？形成上述表象的原因有哪些？

# 第一节

## 上海农业创新网络的构成

### 一、网络主体

基于区域创新系统理论，创新网络主要涉及产、学、研三个部分，即包括涉农企业、涉农高校、涉农科研院所等创新主体，通过统计分析可知上海涉农企业、高校、科研院所较多，给农业创新网络构建奠定了坚实的基础。

从“产”的方面来看，综合上海市农委调研获得的资料以及上海市企业黄页大全检索的数据可以发现，上海市农业企业主要包括粮食（129家）、蔬菜（681家）、水果（650家）、林业（70家）、牧业（38家）、水产养殖及制品（11家）、农药肥料（22家）、温室灌溉（19家）、饲料（479家）、农业用具（14家）、农业种植机械（10家）、林业机械（39家）、畜牧养殖机械（16家）以及渔业养殖机械（4家）等领域的企业，共2172家。具体到企业层面来看，2018年上海国家级龙头农业企业有20家，市级农业企业有75家（见附录1）。从附录1可看出，2018年上海市级及以上农业龙头企业年末销售收入约为1403.1亿元，年末从业人员约为7.7万人左右，共带动农户数约为45.3万户，为上海市农业的发展做出了突出贡献。其中，光明乳业股份有限公司、上海农产品中心批发市场经营管理有限公司、上海良友（集团）有限公司、上海（蔬菜）集团有限公司、上海江杨农产品批发市场经营管理有限公司、农工商超市（集团）有限公司等企业年销售收入均突破了百亿元，成为上海市农业龙头企业中的核心企业。

从“学”的方面来看，根据中国高校信息网公布的数据来看，上海市共有高等院校（包括本科与专科）68 所，其中涉农高校为上海交通大学、上海海洋大学、同济大学、华东理工大学、上海大学、华东师范大学、上海理工大学、上海工程技术大学、上海师范大学、上海应用技术学院等 10 所。

从“研”的方面来看，上海市主要的涉农科研院所包括上海市农业科学院、上海市农业技术推广中心、上海市动物疫病预防控制中心、上海市动物卫生监督所、上海市农技技术推广站、上海市农业机械研究所、上海市农机具质量检测站、中荷农业部上海市园艺培训示范中心（上海鲜花港）、上海市农产品质量认证中心、上海市水产研究所（上海市水产技术推广站）、上海农林职业技术学院、中国水产科学研究院东海水产研究所、中国水产科学研究院渔业机械仪器研究所、中国农业科学院上海兽医研究所、中国科学院上海生命科学研究院植物生理生态研究所等 15 家机构。

近年来，在“科教兴市”战略指导下，上海农业在高新技术研究、农产品安全技术与生产体系等领域取得了重要突破，培育了诸多农业新品种，如“矮抗青”系列青菜、“锦绣”黄桃等果蔬新品。与此同时，上海农业产学研创新系统的高效运转，使得特色农产品种的种植和养殖新技术得以推广，形成了食用菌生产、海水养殖对虾等上海特色的技术传播体系。总体来说，上海市农业企业规模及创新能力的不断提升，高校与科研院所等科研主体强有力的技术支撑为上海农业创新网络构建提供了扎实的发展基础。

## 二、发展阶段

从网络创新主体技术知识网络（联合申请专利）和科学知识网络（联

合发表论文）的情况（见图6－1）可以看出，上海农业创新网络，不论是科学知识创新网络还是技术知识创新网络，行为主体的数量逐年增长，且具一定的阶段性特征。

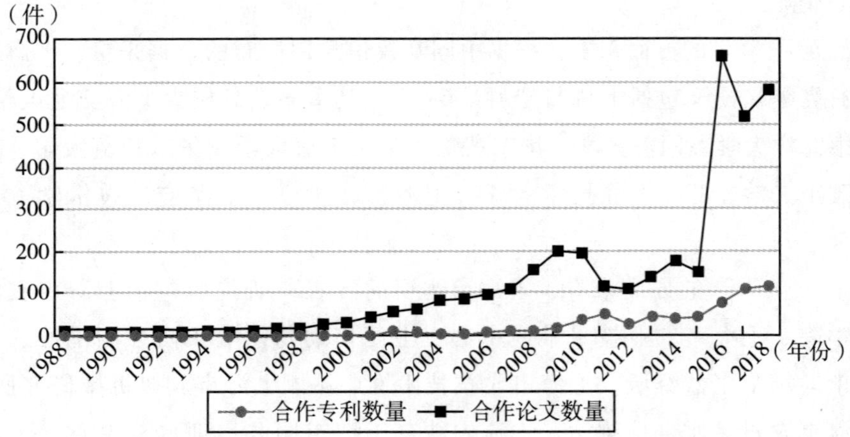


**图6－1　1988～2018年上海市农业合作论文和专利数量的变化**

资料来源：作者自绘

具体来说，1988～2000年，论文和专利数量较少，2001年以前的合作数均不足100个；2001～2007年，二项指标均低水平上升态势，本阶段内，合作论文和专利的数量分别为511和29个；从2008～2014年，上海农业的创新合作主体进入活跃期，各项数据呈现明显的指数增长态势，但仍呈现一定的波动状态；此后，农业创新合作趋势呈井喷式增长，虽有所起伏，但整体增长态势不变，合作论文在2016年达到最高值660篇，合作专利在2018年达到最高值116个。此外，在上海农业发展的阶段性演进特征与我国及上海农业以及科技发展的标志性事件息息相关。2000年，我国开始全面实施科教兴国战略，高校和科研机构发生转型进而成为中国新知识和技术创造、研发的重要力量；从2004年至今，中央一号文件连续15年锁定“三农”问题，上海市农委、科委等部门积极贯彻落实，特别是在2009年编制完成的《上海市农业布局规划（2010～2020年）》，明确上海市农业生产综合布局主要集中于五大片区，2008年经济危机对农业也有一定冲击；2015年，上海提出了要加快建设“具有国际影响力的科技创新中心和整建制创建国家现代农业示范区”的总体构想，上海农业创新能力得以进一步的提升和发展。

此外，1984年我国在借鉴国外相关经验的基础之上，出现了第一部专利法，打破了之前仅依靠奖励措施规范发明和技术改进的局限性。为此，我国大量学者、研究机构运用专利进行协同创新研究。对产学研协同创新网络演化阶段划分有多种划分方法，包括创新水平、协同创新程度数据拐点划分法，重要事件节点划分方法等，由于协同创新数据的拐点划分其客观性较强，但忽视协同创新网络发展本身时机规律和特征。因此，本章通过对农业创新重要事件进行选择和划分，将上海农业创新网络的演化划分4个阶段（1988～2000年、2001～2007年、2008～2014年和2015～2018年）对其演变规律进行分析。此外，需要指出的是，通过演进阶段的划分还具有以下两方面的优势：第一，通过合理的阶段划分，可以有效解决时间跨度大可能存在的问题，如数据处理与分析；第二，能有效地避免因个别奇异创新主体的短期进入或退出而带来的网络"突变"，从而可以更加清晰地掌控网络的演化轨迹。

## 第二节　上海农业创新网络的联系

### 一、关联方式

中国知网（CNKI）平台致力于提供文献、学位论文、年鉴、专利等各类资源，基本覆盖了基础科学、人文社会学科、工程科技、农业科技等各个学术研究领域。有鉴于此，本研究利用CNKI数据库中创新网络主体联合发明专利和联合发表论文的关联方式，分别表征科学知识网络与技术知识网络。利用CNKI数据库中上海农业技术领域合著论文和共同申请专利的信息为原始数据，运用复杂网络与空间分析方法，基于城市、区域和国家等3个层面，从网络整体结构、关键节点的比较及其空间结构等方面刻画上海农业创新网络的网络格局、空间结构及其演变特征。

### 1. 联合发明专利

专利联合申请可以反映行为主体之间所开展的创新合作，常被作为关系数据应用于学术研究之中。一般来说，专利有发明专利、实用新型专利和外观设计及改进等3种类型，而技术创新多以发明专利的形式存在并申请（Zhang et al.，2014），所以，本节主要基于合作专利数据来建构创新网络。

数据来源于华东师范大学图书馆中国知网专利信息数据库（见图6－2），检索主题栏将作者单位依次输入上海涉农企业及科研院所（见附录2）。

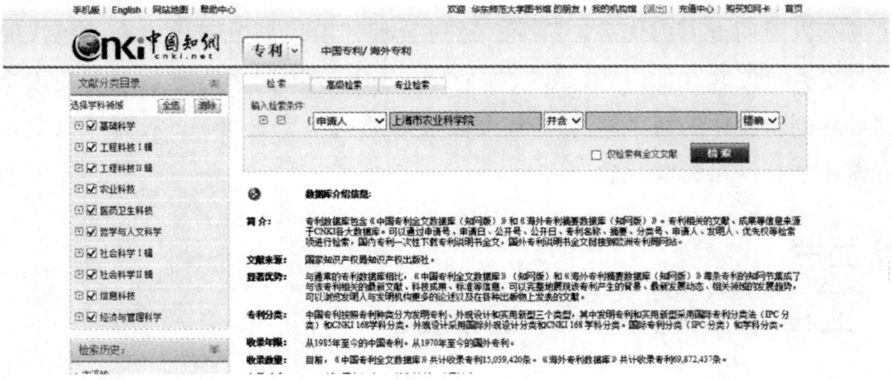


图6－2 合作发明专利数据库平台

本章数据处理的工作始于2019年6月，加之数据库中搜索到的第一个合作发明专利出现在1988年，因此，本节提取数据的检索年限为1988～2018年。

### 2. 联合发表论文

与专利提取的时间一致，数据来源于华东师范大学图书馆CNKI数据库（见图6－3）。将CNKI数据库中的检索年限设置为1988～2018年，来源类别选择为全部期刊，检索主题栏则主要为农业及其相关领域，将作者单位依次输入120家上海涉农企业及科研院所（见附录2）。

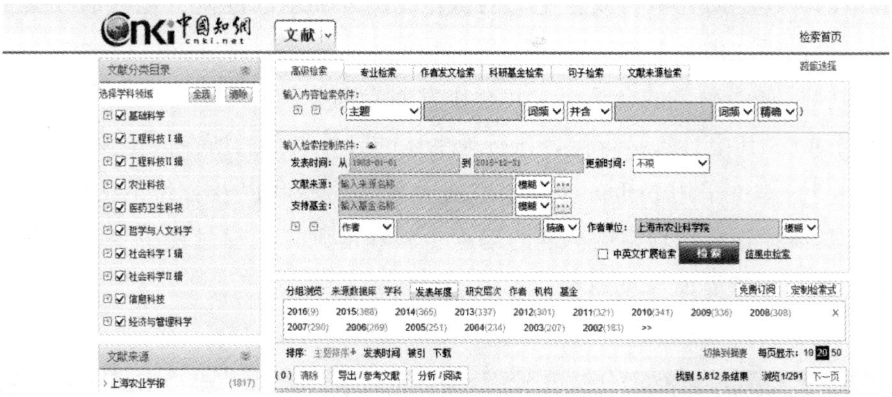


**图 6－3　合作论文数据库平台**

### 3. 数据处理

数据筛选标准及处理有如下四个步骤：

（1）明晰上海涉农行为主体。筛选并确定在上海市域范围内从事农业创新活动的 97 家企业和 25 家高校/科研院所（附录 1），个人、政府部门等行为主体不属于本文的研究对象。

（2）合作发明专利和论文揭示了创新主体间存在创新交流的合作关系。若行为主体属于不同的机构，则说明他们之间出现了知识流动和创新联系，节点间的关系数量可以表征行为主体之间合作的频度和深度（吕国庆等，2014）。因此，本章聚焦于“企业＋企业”“大学＋大学”“科研所＋科研所”“大学＋科研所”“企业＋科研所”“企业＋大学”等不同行为主体之间的创新合作，剔除独立发明专利及合作论文、母子公司之间的合作。如《草菇 cat1 基因序列分析及其低温胁迫下定量表达研究》由上海市农业科学院食用菌研究所、上海市农业遗传育种重点开放实验室、农业部南方食用菌资源利用重点实验室、国家食用菌工程技术研究中心、上海海洋大学食品学院共同完成，其满足筛选条件，故将其导出至数据库。

（3）确定行为主体所在城市，将空间尺度分为城市、长三角区域和国家 3 个层面进行分析，本市合作是同属上海市域范围内的创新联系，长三角内部合作是指与上海外江浙两省其他地级城市之间的合作，本国合作是指农业企业与江浙沪两省一市外、本国之内（如位于北京、天津、湖北等省市的大学、研究机构或企业）的合作。国外和中国港澳台地区的数据不在讨论范围之内。

（4）最终确定的合著论文和合作发明专利分别为3579、571项（见附录3，4）。其中，每一行代表该行为主体的具体名称、所在区位及性质。

（5）本文采用python编程语言对合作发明专利以及合作论文的筛选、整合具体操作流程均遵循标准的编程步骤和准则，编程过程中界面如图所示（部分编程界面，见图6－4）。

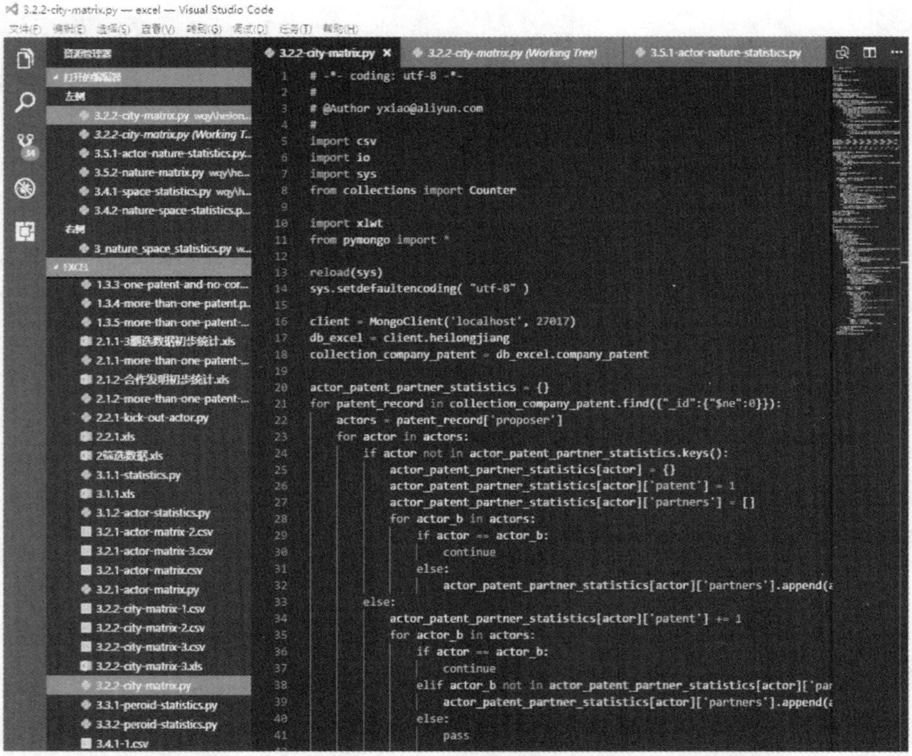


图6－4　编辑器的操作简图

## 二、分析方法

社会网络分析（social network analysis，SNA）是综合运用图谱与模型来研究节点之间关系的一种结构分析方法，其在经济地理学界的流行开始于区域联系的研究（Glückler，2007）。作为一种研究范式，SNA 具有以下四个主要特征：①假设行为主体之间的联系是重要的；②主要基于关系数据的搜集和整理；③可视化分析基于数据所形成的图像或图形；④通过构建数学模型等定量方法来衡量或判断创新网络的结构特征及创新绩效（徐振宇，2013）。

世界上现有 SNA 分析软件大约有 56 种，学术界较为常用的分析软件则为 10 种左右，主要有 UCINET、Pajek、MultiNet、NetMiner（Huisman and Van Duijin，2011）。网络刻画的主要操作步骤包括：获取源数据，提取数据中所显示的主要节点和合作联系，分析网络结构等（王灏，2009），经济地理学领域创新网络的分析主要包括静态现状的描绘和动态演化的剖析两个方面，其中，静态分析包括网络整体和个体属性特征的判断，动态分析主要通过对比不同时间点的网络结构，寻找演化方向及其驱动因素（吕国庆，2016）。其中，经济地理学创新网络的剖析还添加了块模型的研究，通过提取创新网络的模块进而分析网络结构特征。汪涛等（2011）、王贝贝等（2013）从网络结构的演进规律、网络的关联性特征、行为主体所分布的重点城市等三个方面入手，揭示了知识网络的空间特征、极化趋势和知识扩散规律。

此外，学术界对空间结构的定量度量指标有：引力模型，城市流强度，城市影响力场强，投入产出模型，其中赖利零售引力定律、引力可达性模型和哈夫引力模型是引力模型的一种，也是最常用以研究区域度量区域联系的指标。国内外学者借助这些指标和模型，从公路、铁路客运、城镇体系演化特征人口流动、物流联系等角度度量区域经济联系强度和城镇结构的演化（李丹丹，2012）。本章借鉴前人研究成果，从城市间合作发表学术论文和合作进行研发专利的角度对空间网络空间结构进行可视化表达，通过对两两城市合作次数连线进行网络空间结构的分析，研究上海农业创新网络的时空演化过程。

## 三、指标选择

创新网络的拓扑结构揭示了主体的网络位置，主体的网络位置则决定了主体的创新能级、能够接触到的社会资本和网络资源、技术权力等一系列网络能力。网络结构分析主要包括局部网络和整体网络等两个方面，节点的中心性/中心度（degree）、中介中心性（betweenness）和接近度（closeness）是主要衡量指标；后者是描绘网络的整体状况，网络密度（density）、网络中心度/中心势（centralization）、小世界效应（small - world effect）、无标度特性（scale - free）和派系（clique）等是较为常用的指标。本章采用包括网络密度、规模、中心性和块段模型等度量指标和方法来分析上海农业创新网络结构和节点间关系的变化趋势（见表 6 - 1）。

**表 6 - 1　　网络分析的主要指标及工具**

| 指标 | 表征意义 | 应用软件 |
| --- | --- | --- |
| 中间中心性 | 中间中心性越高，这样的节点可以成为技术守门员。此外，与其建立合作联系是其他节点提高网络地位的重要捷径 | UCINET |
| 网络密度 | 反映网络中各节点间关系疏密情况的指标，联系越多，网络密度也就越大，其计算过程为节点实际拥有的联系数量与整个网络中最多可能拥有的联系数之比 | UCINET |
| 网络规模 | 网络规模是指创新网络内拥有的行为主体数量。网络规模越大，其获取创新资源的范围则越广，而且能够提高自身网络对其他行为主体及创新资源的捕获能力 | UCINET |
| 核心 - 边缘分析 | 核心点之间的联系紧密，边缘点之间的联系稀疏 | UCINET |
| 块段模型 | 判断不同板块之间的关系 | UCINET |

资料来源：作者整理

**1. 网络规模和密度**

网络规模是指网络中所有异质性节点的数目，用于衡量网络整体结构的大小，关系数目是指网络中不同节点之间存在联系的总数。网络密度则通过现实存在的联系数与理论上数值之间的比，可以用来衡量网络之整体的紧凑程度。其数值越大，则网络中的联系通道可能越多。计算公式为：$d=\frac{l}{n(n-1)/2}$。其中，$l$ 为创新网络中实际存在的关系或联系通道的数目，$n$ 为创新网络中行为主体的数量，网络密度值介于 0 和 1 间。大量实证研究表明，网络密度越大，网络内的知识、信息和资源流动越快，企业因此可以获取更为有用的信息，进而提升网络整体的创新绩效。如栾春娟等（2008）以数字信息传输领域的合作发明专利为案例，进行的实证研究发现：网络密度逐渐增大，网络内行为主体的创新能力和创新效率不断提升；毛加强和崔敏（2010）通过线性回归分析等定量分析方法，验证了陕西省企业创新能力与产业集群网络密度之间存在显著的正向相关关系。

**2. 中心性**

中心性是度量行为主体在网络中具有怎样的权力、居于何种地位，主要指标包括度数中心性、中间中心性、接近中心性等。其中，度数中心性有绝对和相对中心度之分，前者是指网络中与该行为主体直接发生创新合作的节点数目，后者是前者的标准化，如若一个节点与多个行为主体存在关系，即可以认为它的度数中心度较高并可能拥有最大的技术权力。中间中心度用来刻画行为主体对网络资源的控制程度，一般来说，如若节点位于网络连接的最短路径之上，即具有较高的中间中心度。接近中心度是该行为主体与网络中其他节点之间的最短路径之和，其数值越大，则该点成为网络核心的可能性越小。

中心势是借由网络整体结构的描述来反映网络的集聚或离散程度。计算公式为：$C\ \frac{\sum_{i=1}^{n}(C_{\max}-C_i)}{\max\left[\sum_{i=1}^{n}(C_{\max}-C_i)\right]}$，其中，$C_{\max}$为创新网络内节点的度数中心度的最大值，$C_i$为节点 $i$ 的度数中心度数值。较为典型的实证研究如国内学者马艳艳等（2011）以高校－企业之间的合作发明专利为数据库，验证了网络结构与创新绩效之间的关系并发现：中心势与创新能力的提升呈显著的正相关关系。

**3. 核心－边缘模型分析**

核心－边缘分析的简单逻辑是将网络中的行为主体分为两个组团：核心节点和边缘节点及其各自形成核心组团和边缘组团。其中，核心节点之间的创新联系紧密，边缘节点之间的联系则较为稀疏。两种类型的节点形成的创新阵营差异明显，进而可以判别节点在网络中的位置及功能，并识别不同的创新组团。具体来说，核心块中的元素全部为 1，而边缘块中的元素主要是 0。核心－边缘邻接矩阵将整个邻接矩阵分为四块，每块特征如下表所示（见表 6－2）：

**表 6－2　　　　核心－边缘邻接分块矩阵**

| | 核心块 | 边缘块 |
|---|---|---|
| 核心块 | 1－分块 | 1－分块 |
| 边缘块 | 1－分块 | 0－分块 |

而实际网络中，1－分块中的元素很难保证全部为 1，0－分块中的元素很难保证全部为 0，因此，实际操作中要求 1－分块中元素 1 的密度达到最大化，同时要求 0－分块中元素 0 的密度达到最大化。

特别是根据 Borgatti（1999）提出了间断型和连续型两种核心－边缘网络分块的评价模型。两种模型的共同思路是首先构建一个理想的分块矩阵，再对实际的矩阵进行行列的变换，使得实际的矩阵与理想的分块矩阵接近程度达到最大，接近程度测量指数用 μ 表示。

间断型分块评价模型认为核心部分与边缘部分的分割是明确的，其基本模型如下：

$$\mu = \sum l_{ij}a_{ij}$$

$$a_ij = \begin{cases} 1, & c_i = CORE \text{ 或 } c_j = CORE \\ 0, & \text{其他} \end{cases}$$

其中，$l_{ij}$表示实际的邻接矩阵中的元素值，$a_{ij}$为理想矩阵中的元素，$c_i = CORE$ 表示节点 $i$ 为网络中的核心节点，μ 达到最大值的条件是实际矩阵与理想分块矩阵无限接近。

**4. 块段模型分析**

块段模型最早由 White et al.（1976）提出，本质为一种多重关系网络简约化的表达方式，是将所观察到的系统中大量因子间关系简化为不同类型因子间关系的模拟方法（欧阳俊，李康构，2006；李敬等，2014）。其分析包括分块和建模两个步骤，常见的方法是 CONCOR 算法，它是一种迭代相关收敛法，开始于初始矩阵的相关系数矩阵 $C_1$。然后，以该系数矩阵为基础，继续计算此矩阵各行各列之间的相关系数，即得到矩阵 $C_1$ 的相关系数矩阵 $C_2$，依次继续计算的相关系数矩阵，这样经过多次迭代后，最后会形成一个仅由 1 和 -1 组成的系数矩阵。对这个仅有 1、-1 两个值的矩阵进行重新排列，并将元素 1 放在一起，将元素为 -1 的放在一起，最终得到如下所示的排列形式（见表 6-3）。

表 6-3　　初始相关系数第 *n* 次迭代结果的重新排列

| | | | | | | | | | | | |
|---|---|---|---|---|---|---|---|---|---|---|---|
| 1 | 1 | 1 | 1 | 1 | 1 | -1 | -1 | -1 | -1 | -1 | -1 |
| 1 | 1 | 1 | 1 | 1 | 1 | -1 | -1 | -1 | -1 | -1 | -1 |
| 1 | 1 | 1 | 1 | 1 | 1 | -1 | -1 | -1 | -1 | -1 | -1 |
| 1 | 1 | 1 | 1 | 1 | 1 | -1 | -1 | -1 | -1 | -1 | -1 |
| 1 | 1 | 1 | 1 | 1 | 1 | -1 | -1 | -1 | -1 | -1 | -1 |
| 1 | 1 | 1 | 1 | 1 | 1 | -1 | -1 | -1 | -1 | -1 | -1 |
| -1 | -1 | -1 | -1 | -1 | -1 | 1 | 1 | 1 | 1 | 1 | 1 |
| -1 | -1 | -1 | -1 | -1 | -1 | 1 | 1 | 1 | 1 | 1 | 1 |
| -1 | -1 | -1 | -1 | -1 | -1 | 1 | 1 | 1 | 1 | 1 | 1 |
| -1 | -1 | -1 | -1 | -1 | -1 | 1 | 1 | 1 | 1 | 1 | 1 |
| -1 | -1 | -1 | -1 | -1 | -1 | 1 | 1 | 1 | 1 | 1 | 1 |
| -1 | -1 | -1 | -1 | -1 | -1 | 1 | 1 | 1 | 1 | 1 | 1 |

通过上表所示的结果就可以将每个元素对应的节点进行分区，从而实现对原矩阵分块的功能，如果需要分为多个区，可以对每个分区再进行细分，从而实现对原矩阵的块模型分析。参照已有学者的研究，用网络分析软件 Ucinet 中的 CONCOR 算法，选择最大分割深度为 3，收敛标准为 0.2，

将行为主体划分为不同的因子群，然后构建不同板间的关系矩阵表，借以可视化不同行为主体块之间的关系模式。

### 5. 网络空间演化

根据发明专利和合著论文申请者所属的地级城市，最终将具体组织之间的合作关系转变为不同城市之间的创新合作矩阵。需要指出的是，Uncinet 在进行可视化分析时，需要构建网络矩阵数据库（见表 6 – 4）：提取专利和论文库中行为主体及其所属城市之间的相互关系，得到合作矩阵合作表，进而对上海农业创新网络的主体构成及其对应的空间结构进行分析。

表 6 – 4　　网络结构分析数据库

| | 上海鲜花港企业发展有限公司 | 上海多普富生物技术有限公司 | 上海植物园 | 中国水产有限公司 | 天津市水产技术推广站 | 上海市农业科学院 |
|---|---|---|---|---|---|---|
| 上海鲜花港企业发展有限公司 | 0 | 0 | 0 | 0 | 0 | 1 |
| 上海多普富生物技术有限公司 | 0 | 0 | 0 | 0 | 0 | 0 |
| 上海植物园 | 0 | 0 | 0 | 0 | 0 | 1 |
| 中国水产有限公司 | 0 | 0 | 0 | 0 | 0 | 0 |
| 天津市水产技术推广站 | 0 | 0 | 0 | 0 | 0 | 0 |
| 上海市农业科学院 | 1 | 0 | 1 | 0 | 0 | 0 |
| 上海市松江区新浜镇农业服务中心 | 0 | 0 | 0 | 0 | 0 | 1 |
| 中国科学院上海生命科学研究院 | 0 | 0 | 0 | 0 | 0 | 1 |
| 上海市科园种子有限公司 | 0 | 0 | 0 | 0 | 0 | 1 |
| 上海悦海水产养殖专业合作社 | 0 | 0 | 0 | 0 | 0 | 2 |
| 江苏省中国科学院植物研究所 | 0 | 0 | 0 | 0 | 0 | 1 |
| 上海市嘉定区梅山猪育种中心 | 0 | 0 | 0 | 0 | 0 | 0 |

续表

| | 上海鲜花港企业发展有限公司 | 上海多普富生物技术有限公司 | 上海植物园 | 中国水产有限公司 | 天津市水产技术推广站 | 上海市农业科学院 |
|---|---|---|---|---|---|---|
| 上海市水产技术推广站 | 0 | 0 | 0 | 0 | 0 | 0 |
| 上海师范大学 | 0 | 0 | 0 | 0 | 0 | 2 |
| 上海农林职业技术学院 | 0 | 0 | 0 | 0 | 0 | 0 |
| 上海百信生物科技有限公司 | 0 | 0 | 0 | 0 | 0 | 7 |
| 上海瑞丰农业科技有限公司 | 0 | 0 | 0 | 0 | 0 | 3 |
| 中科院黄海水产研究所 | 0 | 0 | 0 | 0 | 0 | 0 |

资料来源：作者整理

# 第三节

## 上海农业创新网络的结构

### 一、网络规模

自1988年以来，上海市农业创新合作主体数量逐渐增加，带动了合著论文和合作发明专利数量的增长（见表6－5），进而实现了农业创新知识、技术在更大范围内的流动、扩散与传播。此外，观察上海农业合作发明专利网络和论文合作网络的网络规模与网络密度的数值，在上海农业专利合作创新网络中，第一阶段1988～2000年，网络规模较小，共有6个创新主体，网络密度为0.4000；第二阶段2001～2007年，网络规模增至35个，网络密度为0.0756；第三阶段2008～2014年，创新主体为81个，网络密度为0.0901；第四阶段2015至今，网络涉及的行为主体相比上一阶段翻倍，高达186个，网络密度为0.0271。

表 6－5　　1988～2018 年上海农业创新网络结构的主要指标

| | 技术知识网络 | | 科学知识网络 | |
|---|---|---|---|---|
| | 规模（个） | 密度（%） | 规模（个） | 密度（%） |
| 第一阶段（1988～2000 年） | 6 | 0.4000 | 127 | 0.0190 |
| 第二阶段（2001～2007 年） | 35 | 0.0756 | 507 | 0.0078 |
| 第三阶段（2008～2014 年） | 81 | 0.0951 | 949 | 0.0058 |
| 第四阶段（2015～2018 年） | 186 | 0.0271 | 1729 | 0.0029 |

在论文合作网络中，第一阶段 1988～2000 年，网络内共有 127 个创新主体，网络密度为 0.019；第二阶段 2001～2007 年，网络规模增至 507 个，网络密度为 0.0078；第三阶段 2008～2014 年，创新主体为 949 个，网络密度为 0.0058；第四阶段，网络规模逐渐稳定，涉及 1729 个行为主体，网络密度为 0.0029。

总体来说，在第一阶段，上海农业专利及论文合作网络的密度值相对较高，而网络规模普遍较小，这是因为创新成果由较少的主体合作完成，当时上海农业创新网络内少量的行为主体之间的合作创新紧密程度较高。在后期，网络的稳定性欠缺，网络密度与网络规模两项指标之间存在着一定程度的负向相关关系。即：伴随着网络规模的逐渐扩大，行为主体之间的整体联系则趋于松散化。究其原因，笔者认为：网络中的企业创建和维持某一创新合作关系的时间和精力十分有限，特别是伴随着花费及成本的提升，保持特定的合作关系就会变得异常困难；与此同时，这与网络愈发明显的核心－边缘特征有关，较少的核心主体形成紧密联结并创造了较高比例的创新成果，而处于边缘区域的大量主体只建立了较少的合作关系，从而稀释了网络的整体密度。

## 二、核心主体

鉴于中心度对网络创新能力具有重要影响，本节分别对上海农业专利合作网络和论文合作网络中的度数中心度和中间中心度两个指标进行计算。本节生成上海农业科学知识网络和技术知识网络拓扑图（见图 6－5，

图 6 -6 所示），并按各创新主体创新网络的中心势值显示，可以发现：上海农业科学知识网络中，网络发展早期，由于网络内企业、高校、研究所等行为主体较少，网络的合作范围及空间尺度有限。但是，伴随更多的创新节点不断涌入网络，创新合作的可选择性也随之增加，因而网络中核心节点的度数中心度数值呈现出不断减小的趋势。一般来说，学术论文的发表常常成为大学或科研院所评定学术成果的重要依据，很少作为企业竞争力评价指标（李丹丹等，2015），因此科学网络中高校与研究机构的中心性明显均高于企业，且与装备工业等产业存在显著不同（Ter Wal and Boschma，2009；吕国庆，2016），凭借知识储备、科研基础、创新效率等优势，科研院所占据创新网络的核心位置，发挥重要的引领和支撑作用。此外，由于越来越多的企业开始重视专利对创新的作用，企业行为主体的数量变化保持较快的扩张速度，但是从上图可以看出，基于中间中心性的网络分析显示，高校与科研院所一直都是技术网络中重要的中介和联结者，这与农业技术重基础研究的特征有关，高校与科研院所作为从事基础研究、进行知识输出的重要机构，在农业技术网络中占据了网络洞位置；与科学技术网络不同，上海农业技术网络的结构较为松散并呈链状结构，处于发展初期。

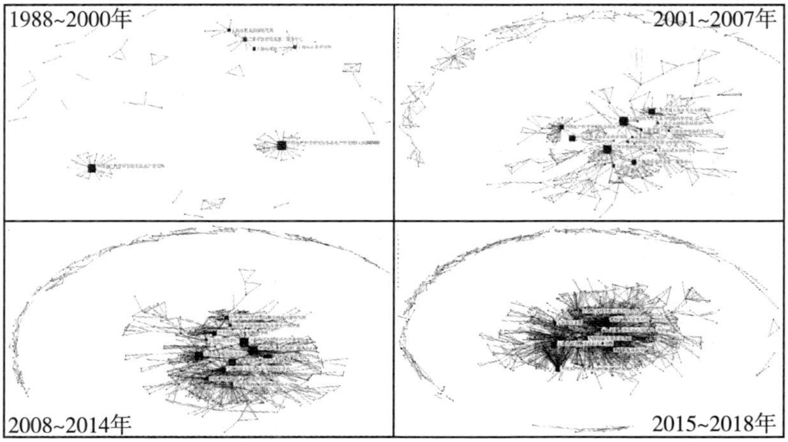


图 6 -5　1988 ~ 2018 年上海市农业科学知识网络拓扑图

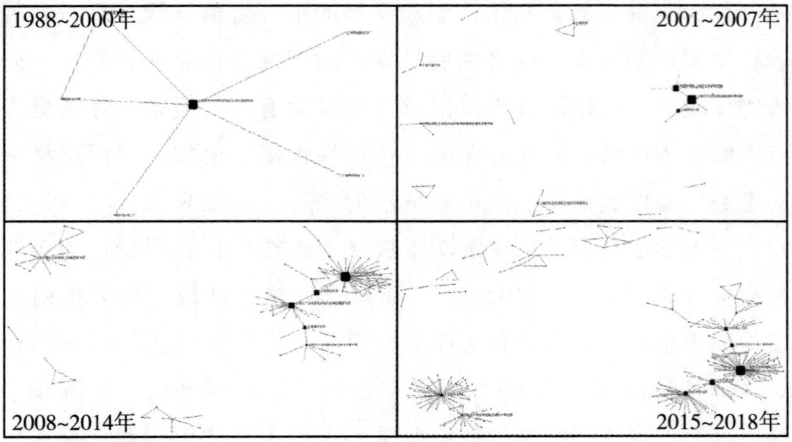


图 6-6　1988~2018 年上海市农业技术知识网络拓扑图

## 三、结构特征

上海农业创新网络具有较为明显的"核心-边缘"范式。尽管越来越多的企业作为创新主体进入网络，但上海市农业科学院、上海交大等高校、研究院所因具有坚实的研究基础和强大的创新能力，而成为企业创新合作的首选。总体来说，上海农业创新网络中，大学和研究院所的网络中心度普遍高于企业，即他们通常占据网络的核心位置，发挥着领头羊的作用。2008 年以后，上海农业技术知识网络围绕某些节点构建创新联系的程度逐渐提高，基本形成以上海市农业科学院为核心，包括上海科园、绿箭农业、佳牧生物、正名技术、国森生物在内的凝聚子网。

与此同时，针对科学知识网络内部行为主体的关联关系进行块模型分析。首先，对每个阶段的主体合作矩阵在 ucinet 软件中利用 concor 算法进行子群划分，第一阶段的结果（见表 6-6）。

表 6-6　　科学知识网络第一阶段各版块密度矩阵

| | 1 | 2 | 3 | 4 | 5 | 6 | 7 | 8 |
|---|---|---|---|---|---|---|---|---|
| 1 | 0.137 | 0.001 | 0 | 0 | 0 | 0 | 0 | 0 |
| 2 | 0.001 | 0.034 | 0 | 0 | 0 | 0 | 0 | 0 |

续表

| | 1 | 2 | 3 | 4 | 5 | 6 | 7 | 8 |
|---|---|---|---|---|---|---|---|---|
| 3 | 0 | 0 | 1 | 0 | 0 | 0 | 0 | |
| 4 | 0 | 0 | 1 | 0.022 | 0 | 0 | 0 | 0 |
| 5 | 0 | 0 | 0 | 0 | 1 | 1.077 | 1 | |
| 6 | 0 | 0 | 0 | 0 | 1 | 1 | 0 | 0 |
| 7 | 0 | 0 | 0 | 0 | 1.077 | 0 | 0.026 | 0 |
| 8 | 0 | 0 | 0 | 0 | 1 | 0 | 0 | 0.2 |

其次，针对每个阶段所获得的子群密度矩阵，与每个阶段的主体合作网络密度进行对比。结合科学知识网络的整体密度，如若板块密度大于总体平均水平，则可以认为该板块就有明显内部合作，与此同时，如若板块之间的合作密度大于总体平均水平，即认为存在创新合作的强链接，将子群密度大于网络密度的密度值更新为1；反之为弱联系，更新为0，基于此获得每个阶段的0－1矩阵。以第一阶段为例（见表6－6），科学知识网络的密度为0.019，按照上述方法处理后获得下表6－7。基于每一个阶段的0－1矩阵，在ucinet中进行可视化分析，见图6－7。

**表6－7　上海农业科学知识网络第一阶段各版块0－1矩阵**

| | 1 | 2 | 3 | 4 | 5 | 6 | 7 | 8 |
|---|---|---|---|---|---|---|---|---|
| 1 | 1 | 0 | 0 | 0 | 0 | 0 | 0 | 0 |
| 2 | 0 | 0 | 0 | 0 | 0 | 0 | 0 | 0 |
| 3 | 0 | 0 | 1 | 0 | 0 | 0 | 0 | |
| 4 | 0 | 0 | 1 | 0 | 0 | 0 | 0 | 0 |
| 5 | 0 | 0 | 0 | 0 | 1 | 0 | 1 | |
| 6 | 0 | 0 | 0 | 0 | 1 | 1 | 0 | 0 |
| 7 | 0 | 0 | 0 | 0 | 0 | 0 | 0 | 0 |
| 8 | 0 | 0 | 0 | 0 | 1 | 0 | 0 | 0 |

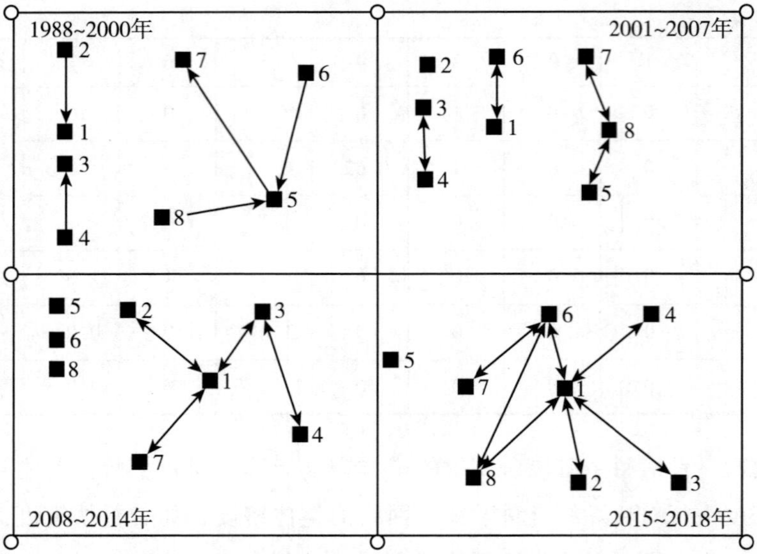


图 6－7　上海农业科学知识网络各板块创新关系简化图

总体来说，各板块在四个阶段的内部创新合作具有一定的内部集聚特性且随着时间的推进不断提升，俱乐部效应明显。具体来说，①第一阶段的八个板块中，2、4、6、8 四个板块处于扩散者位置，1、3、7 三个板块处于接收者位置，仅有板块 5 处于结构洞位置，板块之间的交互较不明显；②第二阶段与第一阶段类似，各板块交互较弱，8 个板块又形成 4 个小团体，网络呈现分割状；③第三阶段的网络初步呈现出核心－边缘结构，该阶段中，5、6、8 三个板块处于边缘地位，其余五个板块则形成较为紧密的互动关系，分割的网络格局因处于结构洞位置的板块 1 和 3 而联系起来；④第四阶段的网络联系最为紧密，除 5 板块处于边缘地位，其他板块之间形成了紧密的蛛网形网络连接模式。可以发现：上海农业科学知识创新网络各板块之间的创新联系逐渐加多、加深，并具有明显的“梯度”特征，表明了创新网络通过创新的优先连接机制而具有黏着性和等级性。

最后，如若单独从企业角度来看，可以发现以下两方面的特征：①国有及大中型民营企业的发展时间一般较长、规模相对更大，同时比较容易获得政府的支持，其合作创新的基础和需求远远高于小型企业，它们在网络中的核心地位相对突出。②网络中大部分企业的网络中间中心度数值为 0，仅有诸如光明等少数大型企业与科研机构建立了持续、长期的创新合作关系。③为了降低农业企业创新风险和成本，企业倾向于选择农业专业领域内的某一所高校或研究机构展开合作，企业在特定的发展阶段、创新策略及其创新能力等方面存在差异，这在一定程度上也是造成企业中心度差异较大的原因。

# 第四节

## 上海农业创新网络的空间特征

### 一、空间分布特征

经济地理学及区域科学的研究有一个既定的研究传统—地理邻近或空间距离对于创新网络结构及演进机制的探讨（Ter Wal，2013），并认为企业通常在一定的空间尺度内寻找创新合作伙伴。本节中笔者根据上海农业论文合著者与合作发明专利申请者所在城市，将数据进行归类和整理，最终实现了由具体的行为主体之间的创新合作转化为不同城市之间的创新关系。由表6－8可以发现，越来越多上海农业企业开始寻求跨界合作，与上海市域外的行为主体建立创新合作关系，特别是农业知识网络（见表6－8）。

表6－8　　1988～2018年上海农业创新网络空间分布特征

| 阶段 | 城市数量（个） | |
|---|---|---|
| | 科学知识网络 | 技术知识网络 |
| 第一阶段（1988～2000年） | 26 | 3 |
| 第二阶段（2001～2007年） | 60 | 6 |
| 第三阶段（2008～2014年） | 100 | 16 |
| 第四阶段（2015～今年） | 171 | 41 |

表6－9列举了4个阶段上海农业知识空间网络结构特征，可以发现：上海农业创新网络的密度和网络平均路径变化不大，而网络集聚系数和网络小世界系数有显著增大趋势，说明上海农业科学知识创新网络的空间集聚趋势愈加明显，并且呈现组团化发展态势（见表6－9）。

表 6-9　1988~2018 年上海农业科学知识空间网络的代表性指标

| 阶　　段 | 网络平均密度 | 网络最短路径 | 网络集聚系数 | 网络小世界系数 |
|---|---|---|---|---|
| 第一阶段（1988~2000 年） | 0.262 | 1.892 | 0.358 | 1.574 |
| 第二阶段（2001~2007 年） | 0.256 | 2.008 | 0.558 | 2.414 |
| 第三阶段（2008~2014 年） | 0.257 | 1.993 | 1.793 | 3.238 |
| 第四阶段（2015~今年） | 0.119 | 1.999 | 0.934 | 4.029 |

## 二、空间尺度比较

通过对比上海农业创新网络本市、区域以及本国三个尺度的相对重要性（见表 6-10）：①总体而言，尽管跨界合作创新的数量在逐渐增长，但是，与长三角抑或全国其他城市相比，上海农业创新网络在本地尺度上的合作仍然占据主导地位且呈上升趋势，国家层面的合作有所起伏并占据次重要的位置。②就上海农业科学知识和技术知识网络之间的横向比较而言，前者的创新空间结构相对稳定且跨界合作占比相对较多；而地理邻近对后者的重要性更加突出。

表 6-10　1988~2018 年上海农业创新网络空间尺度之间的比较

| 阶段 | 科学知识网络空间尺度分布（%） | | | 技术知识网络空间尺度分布（%） | | |
|---|---|---|---|---|---|---|
| | 上海本地 | 长三角区域 | 全国 | 上海本地 | 长三角区域 | 全国 |
| 第一阶段（1988~2000 年） | 44.53 | 7.42 | 48.05 | 61.90 | 14.29 | 23.81 |
| 第二阶段（2001~2007 年） | 49.34 | 5.00 | 45.66 | 76.88 | 0.63 | 22.50 |
| 第三阶段（2008~2014 年） | 47.53 | 5.02 | 47.45 | 86.88 | 1.12 | 12.00 |
| 第四阶段（2015~2018 年） | 58.49 | 3.84 | 37.67 | 73.21 | 4.78 | 22.01 |

为更加直观地表述创新网络的空间结构和知识流动走向，本节基于城市合作关系，得到上海农业创新的空间分布图 6－8 和图 6－9，可以发现：

在上海农业科学知识网络中，1988～2000 年创新网络的结构较为简单，城市之间合作次数偏少，且主要集中于上海与北京，上海与南京、杭州之间，特别是上海与北京之间联系占比接近 38.5%；至 2007 年，合作涉及城市数量激增为第一阶段的 2 倍多，在进一步明确前述阶段已有联系的基础上，哈尔滨、沈阳为代表的东北区域逐渐成为上海市农业创新节点的结网对象；而第三阶段，东北的强创新联系逐渐消失，北京、南京、杭州、青岛等发达城市取而代之融入网络；2015～2018 年，在巩固第三阶段城市空间结构的基础之上，与上海联结的城市数量激增至 171 个，网络复杂程度提升。总体而言，从 2008 年开始，进入网络的城市数量增加迅速，与之同时，重点城市与上海之间的创新联系也日渐加深，上海与北京之间的创新合作次数依然最高，上海与南京、杭州之间的合作次数次之，上海与广州、上海与武汉的合作次数也较高。由此可见，上海农业创新网络在空间尺度的选择中，企业创新能级对合作伙伴选择的空间尺度具有重要的决定性作用，而地理距离不再是首要驱动因子，网络结构呈现跳跃式的等级辐射特征。

在上海农业技术合作网络中，随着时间的推移，越来越多的城市与上海建立了创新联系。网络发展初期，仅有连云港和杭州两个城市，经过第二阶段和第三阶段的拓展，2015～2018 年上海农业技术知识网络涉及的城市增加到 41 个，其中大部分城市分布在沿海区域，长三角区域有 12 个城市。从整体上说，上海农业专利合作网络的创新主体和创新联系有限，呈线状交叉式分布。从 2007 年之后，上海农业创新网络在空间上呈现集聚性特征，以上海为中心的长三角区域内部的创新主体日益增多，创新联系不断增强。伴随着长三角核心区的空间范围继续向区域外部延展，上海农业产学研创新合作的力度不断扩大。此外，北京、成都、南京等作为获取创新知识的重要城市，网络核心城市的重要作用日益突出。

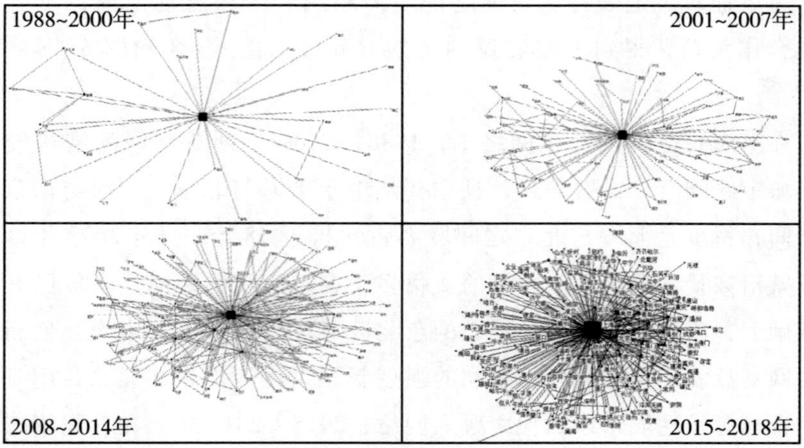


**图 6-8 1988~2018 年上海农业科学知识创新网络的空间结构**

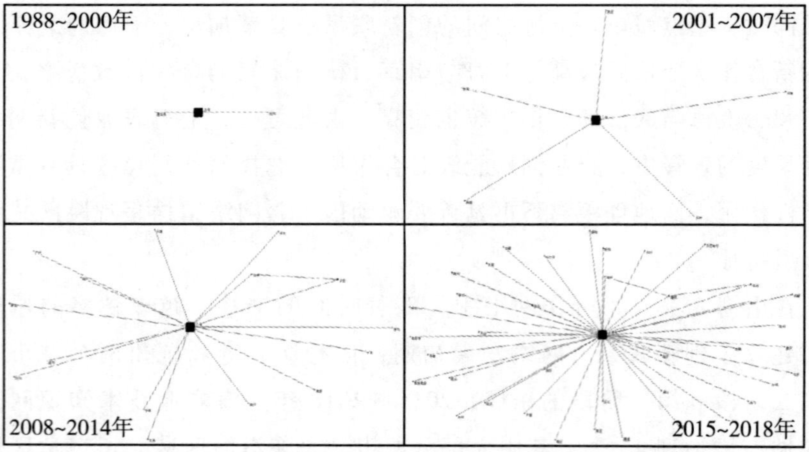


**图 6-9 1988~2018 年上海农业技术知识创新网络的空间结构**

对比两种创新网络空间结构图，可以发现上海农业论文合作网络及专利合作网络具有相似的空间结构演变特征，即区域和国家尺度上的创新联系所占比例较小且重要性逐渐下降，地理邻近对技术合作结网的重要性并未减弱。此外，长三角内部的集聚度不断凸显，北京、广州等城市成为上海农业跨区域合作的重要节点。究其原因，主要包括以下两个方面：

①基础研究和应用研究的差异性导致网络结构和空间结构的差异。一般来说，上海农业科学知识网络内的编码化知识被认为是通用的，可以跨

域文化、地理的边界进行跨界知识扩散，其创新合作重点关注正式创新活动、高学历人才等方面，地理邻近不再是企业创新网络构建考虑的首要因素（Tracey and Clark，2003），创新关系的建立则更加注重知识基础的相似性，“声誉”是创新合作链接优先考虑的要素（Hong and Su，2013）。与此相对，应用研究多强调包括信息、灵感在内的本地蜂鸣（王秋玉等，2016），包括市场需求、工艺改善、元件改进等方面的信息多通过大量的正式会议和非正式会面获得，在创新资源禀赋充裕与行为主体共存的区域（城市），会因为优先选择机制的作用而具有创新的本地化倾向（李丹丹等，2015）。

②中国科学系统的层级性特征。中国的研发资金及其相关的科技创新资源主要集中在北京、上海、武汉、南京、天津等直辖市、省会城市（见图6－10），单中心科技创新系统的层级式结构极为突出（Andresson et al.，2014）。即使上海具有较好的创新资源禀赋，位于上海的部分企业仍倾向选择与北京的大学、科研机构作为创新合作对象。由此，北京成为上海农业创新空间网络中最为重要的核心节点。

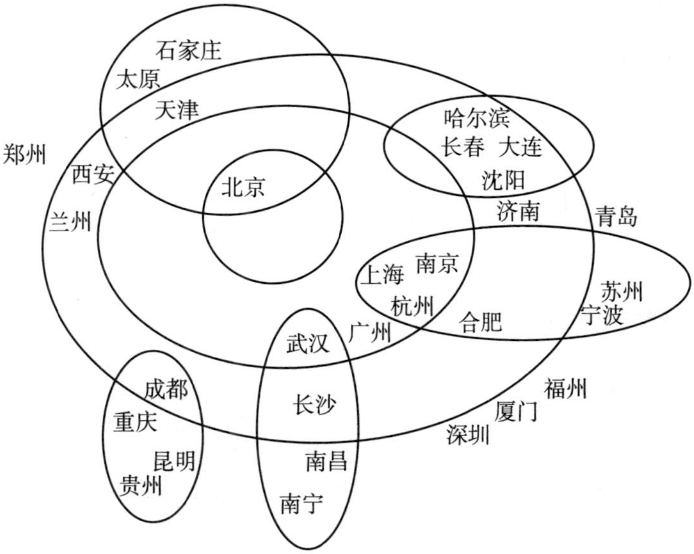


**图6－10　中国创新系统城市等级简图**

资料来源：Andersson et al.，2014

## 第五节

## 上海农业创新网络结构与绩效的耦合分析

企业既处在网络空间之中，也处在地理空间之中。创新不仅仅出现在企业内部，创新也常常出现在企业、大学、研究机构、供应商、顾客和同行等各种行为主体的交汇之处，组织间网络成为创新的地点。企业在网络空间和地理空间所处的位置会影响创新绩效。然而，基于网络的创新研究仍然是新兴的领域，并存在相互冲突的理论观点与实证结果，产业集聚对创新的意义就是其中的一个悖论：一方面，随着全球化的深入，企业能够在全球范围内整合创新资源，地理位置的重要性下降了，集聚可能降低整个系统的知识多样性，使企业群落拥有的知识高度重叠，从而抑制企业创新；另一方面，产业集聚区域的创新网络在企业创新过程中起着越来越重要的作用。

企业如何构建组织间网络，如何配置组织间网络的空间布局，从而使企业从组织间网络获得最佳的创新收益，是具有重要现实意义的研究问题。本节围绕上海农业网络结构特征，重点研究网络结构、地理距离及在这两者基础上产生的知识流动对技术创新绩效的影响。

### 一、文献综述

#### 1. 网络结构与创新绩效

Ahuja（2000）认为网络成员联系强度越大，技术和知识等就能够快速在成员之间共享，企业也就能够获取必要的知识资源，较强的关系能促进企业与合作伙伴的信任企业，进而提升技术创新绩效。Arvanitis 等（2009）的研究发现，企业的创新绩效和企业与高校、研究机构合作网络存在显著的相关性。李志刚和汤书昆等（2007）对合肥高新区内高技术企业的实证研究结果表明，网络密度、互惠程度、居间性、稳定性和资源丰富程度五个网络结构变量都与企业的创新绩效之间存在着显著的正相关关系。王贤梅和胡汉辉（2009）对江苏省常州市湖塘纺织产业集群的46家企业进行实证研究，发现互惠程度、对象多元性和中心性使集群网络中的企业接触到的信息更具有异质性，会带来新的产品、新的组织形式等，所以这三项对企业创新能力有显著正向影响，但网络密度、网络强度对企业创新能力有负向影响，并认为由于密度与强度越大，企业间的信息重复性越高，因而二者对创新具备负向影响。钱锡红等（2010）探讨了网络位置和企业创新绩效的关系，发现占据网络中心和富含结构洞的网络位置有利于提升企业创新绩效。总的来看，企业之间能否建立紧密而灵活的创新网络，并在此基础上共享技术信息知识，已经成为它们能否持续进行技术创新活动的重要条件，网络结构对于企业技术创新有显著影响。

**2. 地理空间与创新绩效**

20世纪80年代中后期，企业及其相关机构集聚对技术创新和非技术的创新的作用越来越大，产业集聚现象在企业技术创新领域中越来越受到学者们的关注，集聚为企业提供了接近可利用的资源的机会，也使企业受益于集群的知识溢出，但也有研究认为企业的集聚行为对技术创新没有影响。Bell（2005）尝试将网络效应从集群效应中分离出来。通过研究加拿大共同基金公司的地理位置和网络中心度对公司创新性的影响，认为地理位置对创新的作用并不完全来自于网络结构。Darr和Kurtzberg（2000）经过研究认为：在地理空间上集聚的组织，很可能具有相似的业务、战略和运作模式，并处在相似的社会文化环境之中，这使它们拥有的技术知识具有较高的重叠性，它们提供新颖知识的潜力不高。周浩军（2011）通过对浙江省制造业的实证研究得出：地理邻近性降低弱联系和网络多样性产生的转移问题，同时也降低“结构洞”和网络多样性提供新颖知识的潜力。郑海涛（2011）企业集聚程度对企业技术创新绩效并不存在直接显著的正向影响，这与我国产业集群发展路径、企业竞争策略及社会文化环境等因素密切。

目前，网络研究被运用到很多领域，然而对创新网络的实证研究并不像学术界所强调的那么常见和全面，以往大量研究证明了网络结构对网络成员运行绩效具有积极的影响，企业网络成员组织的集聚程度是否及如何影响创新行为等问题仍有待于进一步明确。

## 二、分析方法

参考 Chih – Hsing Liu 对中国台湾地区创新网络研究思路，采用中心度、网络规模、网络密度三个网络结构指标、本市、跨区域以及本国三个空间尺度指标研究，选取发明专利和合著论文作为所构建模型的因变量来表示上海农业创新及知识产出（见表 6 – 11）。具体来说，将非重复机构作为最终回归分析对象，参考 Oxley 和 Sampson 所提出的回归方法，采用多阶段 OLS 方法进行多变量回归分析，关键变量被分阶段添加入模型中，以确保变量对整个模型的适合性。其中，空间结构三个指标采取两分法，即 1 为存在该空间尺度的创新合作，0 为不存在合作，尔后对不同的城市行为主体进行求和。

表 6 – 11　变量选取的基本情况

| 变量 | | |
|---|---|---|
| 创新绩效 | 合作发明专利数量 | Y1 |
| | 合著论文数量 | Y2 |
| 网络结构 | 中间中心性 | X1 |
| | 网络规模 | X2 |
| 空间结构 | 本市：涉及上海本市行为主体的数量 | X3 |
| | 长三角：涉及上海市外长三角区域内城市行为主体的数量 | X4 |
| | 本国：涉及国内其他省份和城市行为主体的数量 | X5 |

资料来源：作者整理

## 三、回归结果分析

首先，给出了所有自变量的均值、标准差、容差和方差膨胀因子等，可知变量之间不存在多重共线性，通过检验可以进行回归分析（见表 6 – 12）。

表 6-12　　变量的指标分析

| 变量 | | 平均值 | 标准差 | 容差 | 方差膨胀因子 |
|---|---|---|---|---|---|
| Y1 | X1 | 0.478750 | 0.361902 | 0.49 | 2.06 |
| | X2 | 0.016250 | 0.019120 | 0.50 | 1.99 |
| | X3 | 0.235750 | 0.276379 | 0.21 | 4.67 |
| | X4 | 1.703750 | 0.273931 | 0.22 | 4.62 |
| | X5 | 0.071486 | 0.107570 | 0.62 | 1.62 |
| Y2 | X1 | 0.223500 | 0.069716 | 0.84 | 1.19 |
| | X2 | 0.910750 | 0.634789 | 0.71 | 1.40 |
| | X3 | 2.813750 | 1.057292 | 0.90 | 1.11 |
| | X4 | 1.973000 | 0.054351 | 0.87 | 1.15 |
| | X5 | 0.160059 | 0.003273 | 0.94 | 1.07 |

运用最小二乘法得到回归分析的结果如下表所示，模型的拟合优度分别是63.4%和68.5%。总体而言，所选变量可以很好地解释上海农业创新网络结构各个变量之间的相互关系（见表6-13）。

表 6-13　　回归分析结果

| 变量 | | | 技术知识网络 | 科学知识网络 |
|---|---|---|---|---|
| | | | Y1 | Y2 |
| 网络结构 | 中间中心性 | X1 | 0.062*** | 0.083*** |
| | 网络规模 | X2 | 0.125*** | 0.185*** |
| 空间结构 | 本市 | X3 | 0.8495*** | 0.977*** |
| | 长三角 | X4 | 0.091 | 0.077*** |
| | 本国 | X5 | 0.16*** | 0.457*** |
| $R^2$ | | | 0.635 | 0.685 |
| 调整的 $R^2$ | | | 0.634 | 0.685 |

注：*** $p < 0.001$

首先，网络结构指标相关变量在模型中均显著且为正，由此表明网络中心性越大，则企业在网络中的地位越高，与其他行为主体进行创新合作的积极性也相对较高，大量的网络连接和相对较好的网络地位将会使行为主体有各种途径实现多样化知识的分享和传递，因而具有相对更好的创新绩效。其次，在空间结构方面，上海农业企业一般在本市或本国的空间尺度表现活跃，按重要性排序依次为本市、本国和长三角区域，说明企业创新的活跃程度随着空间尺度的增加而减少，创新能级较高的企业通常位于人力资源和科技资源相对充裕的城市，基于本市丰富的创新资源禀赋，他们更倾向于与邻近的主体合作。

最后，对技术知识网络和科学知识网络进行横向比较可以发现：科学知识网络的指数较技术知识网络而言，各项分析相对更加显著。究其原因，笔者认为主要源于两种创新模式之间的区别，前者要求事实知识和原理知识，知识具有缄默性，基于经验的学习被认为是主要的创新源。科学知识网络的创新合作更加正式、编码化，所对应的知识一般为农业相关的基础知识和创新技术，企业更注重合作伙伴的知识存量、质量，因此具有相对更强烈的意愿寻求更多以及更远的创新合作。

## 第六节 本章小结

创新网络的结构特征及其空间演变规律是经济地理学界的研究热点问题，但农业创新系统的网络结构和空间特征的探讨相对较少。本研究以中国知网 1988 ~ 2018 年上海农业领域的科技合作论文和合作发明专利为数据来源，并分别表征科学知识网络和技术知识网络，从不同的空间尺度对上海市农业创新网络进行分析，得出以下结论：

第一，1988 ~ 2018 年，上海农业创新网络中行为主体间持续的合作关系已基本建立，创新知识交流愈发频繁；创新网络呈现“核心 - 边缘”的连接范式，但是，由于科学知识和技术知识在运行机制和创新模式等方面差异的存在，使得其对应网络结构和空间结构存在明显不同，前者网络中心度较高的成员是科研机构，后者则以企业为主。

第二，对上海农业创新网络在空间层面的分布状况及其变化进行分析发现，尽管上海与区域内、外行为主体的创新合作日渐增强，北京和广州等地的知识扩散效应有所显现，但是，长三角区域和国家尺度上的创新联系在上海农业创新过程中所占比例较小且重要性逐渐下降，地理邻近对上海农业创新合作结网的重要性并未减弱。

第三，对上海农业科学知识网络和技术网络结构和创新绩效关系讨论中，我们发现：网络行为主体的中心性越大，则其在网络中的地位越高，与其他行为主体进行创新合作的积极性也相对较高，大量的网络连接和相对较好的网络地位将会使行为主体有各种途径实现多样化知识的分享和传递，因而具有相对更好的创新绩效。

第四，基于实证研究对上海市农业产业创新升级的实际，提出如下建议：鉴于上海技术势能高的特点，并结合长三角区域的发展战略，积极探索促进农业企业与开展跨区域创新合作的方式和方法，超越本地创新网络的局限，鼓励农业企业走出去，增强与外部企业、高校和科研院所，尤其是海外创新中心的交流合作，发挥企业作为技术“守门员”的作用，不断将外部创新要素与创新成果引入本地，实现外部创新要素深度嵌入本地创新环境中，防止出现技术锁定；市域层面，应大力推进现代农业园、大学科技园为主要载体的创新集群建设，重点加强创新主体之间的面对面交流，构建不同空间尺度上的创新联系相互耦合的创新网络，完善本地与外部创新网络间的传导机制，实现农业产业创新政策从本地化集聚发展向经济区域创新集群甚至国家创新网络的方向转型。

# 第七章

# 上海农业创新网络格局和演进机理

伴随全球创新中心多极化和经济全球化的深入发展，驱动经济增长、提升区域核心竞争力的关键因子由资本、土地、劳动力向知识、技术等创新要素转变，并强调多空间尺度创新要素的互动（Bunnell and Coe，2001）。一般来说，经济地理学视角下创新网络的相关研究主要集中于新区域主义和全球生产网络两大学派，前者认为创新是具有黏性的，多依赖于硅谷、新竹等特定区域，强调区域内生因素、内部根植性和制度厚度对创新的决定性作用；后者则批判新区域主义忽略了区域与外部的知识传递与合作，主张大部分可混合知识多为全球知识（Huber，2011）。然而，越来越多的学者诟病二者在空间尺度上的片面性，出现了“Local Buzz Global Pipeline”（Bathelt 等，2004）、“Beyond Regionism”（Wei 等，2007）等学说。遗憾的是，创新网络的相关研究多以发达国家的制造和高科技行业部门为研究对象（吕国庆等，2014），农业创新领域的关注相对较少。此外，随着大都市区域日益聚焦于二三产业的发展，“农业死亡”等论断不绝于耳。事实上，伴随着传统农业向现代农业转型的持续发酵（李二玲等，2012），计算机技术和基因技术的飞速发展为农业现代化进程的推进带来了契机，构建农业创新体系对于农业生产率的提升同样具有重要价值。

依据世界农业发展的经验，都市型农业是现代化大城市地区农业发展的必然趋势，是实现城乡经济、社会和环境融合的最有效的模式和手段。根据已有研究，都市型农业是指在城市化地区及相应的延伸区域，紧密依托并致力服务于该大都市的农业。现有较为成功的案例包括：日本东京通过融合自身独特的产业体系和高新技术产业，构建了以“绿色农业”为主要特色的都市型现代农业；新加坡则基于自身的发展优势，订立了“花园城市”的目标，打造出集旅游、观光、贸易、生态等多形式于一体的都市型现代农业。根据《中国统计年鉴 2016》的数据，上海粮食作物单位面积产量、农民人均纯收入、农业商品率等均位居全国前列，具备了都市型现代农业的发展条件和发展需求。

由此，本章节主要探讨的科学问题包括：以上海为代表的都市型农业创新网络产业伙伴/知识伙伴孰轻孰重？创新主要来自何处？基于此，以上海农业企业的一手数据为基础，尝试探究创新网络结构、空间结构以及区域创新环境如何影响企业的创新能力，旨在明晰上海农业创新网络的作用机制，进而谋求充实创新经济地理学研究的实证案例，并为上海农业创新系统良性运转和培育创新节点提供方向，而且对于社会经济条件非常相似的长三角地区以及国内其他城市化快速推进地区的农业发展也具有一定的借鉴价值。

# 第一节

## 上海农业创新网络的实地调研

为提高本次问卷调研的质量及问卷回收的效率，本书所用问卷由上海市农业科学院和华东师范大学等两个团队共同设计。调研实施包括问卷的设计、初试、发放及数据收集和整理、重点企业案例分析等工作步骤（见图 7－1）：

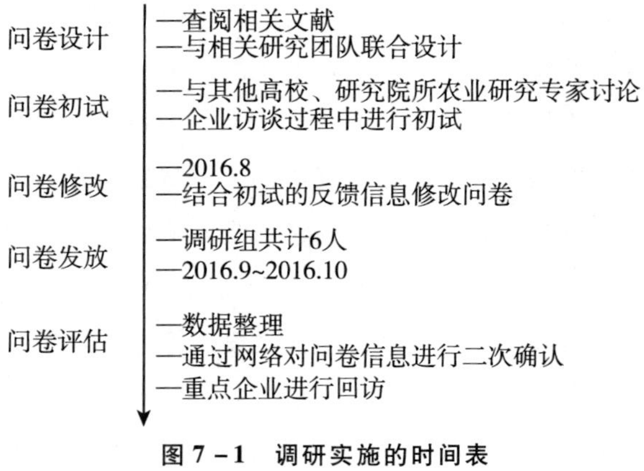


**图 7－1　调研实施的时间表**

资料来源：作者自绘

## 一、设计问卷

①明晰主要概念，通过研读区域创新系统、产业集群、农业创新体系等相关文献、资料。借鉴国内外已有的调研问卷题项的表述，通过召开研究团队成员讨论会，对问卷的格式、语句、表达等方面进行修改完善，形成上海农业创新网络调查的问卷初稿。

②结合调研访谈，自行设计问卷题项，特别是添加了农业创新的特色题项。通过团队研讨会，对问卷的内容、格式、语言、表达方式等问题继续修改和完善。

③对上海农业企业、科研院所及高校进行深度访谈，主要对象为教授、研究员及企业经理或技术人员，进行问卷初步测试。

④初试后，汇总农业领域各位专家、学者、企业经理及农业专业技术人员对问卷题项、措辞等方面的建议，补充、修正相关选项后，形成最终调研问卷（详见附件）。

## 二、调研内容

农业企业创新一般受资源禀赋条件、产业发展水平、支农惠农政策等要素影响较大。调研问卷主要包括四部分内容：

第一部分是上海农业企业的基本属性特征。学术界已有的大量研究表明，企业技术优势的获得来源于其技术资源的多寡和知识基础的厚度，其产品、技术和相关知识的价值性与稀缺性等方面，即技术权力。企业自身的属性及其需求是创新网络形成和演化的根本动力，特别是企业自身资源禀赋的差异，由此，本书认为：企业自身属性特征是影响协同创新合作网络构建和演化的主要因素。本章调查企业涉及所在行政区、成立时间、公司性质、经营类别、规模、销售收入、研发资金与人员投入等方面的属性指标。

第二部分是上海农业企业创新情况。尽管外部知识源对企业创新能力提升的重要性已毋庸置疑，但对于先前知识存量较少的企业来说，网络的构建并不能对其创新能力的提高发挥作用，“企业能从外部合作中获得多少直接取决于他们已经有了什么”（Inkpen and Pien，2006），其中，较强的吸收能力可以帮助企业利用、重组知识以延伸生产线或提高生产力；获取和消化能力可以帮助企业识别创新知识的来源，打开企业的认知途径，捕捉激进式创新的机会（Cohen and Levinthal，1989）；转换能力可以帮助企业发展新的知觉图式，改变现有进程，发展产品的新观念（Zahra and George，2002）；开发能力可以使这些新知识发展成为新产品（Gao et al.，2008）。本书综合比较企业的创新能力状况，评价指标包括企业新技术新产品的获得渠道、企业的市场创新、企业的创新障碍、与同行企业比较情况等（见表7－1、表7－2）。

**表7－1　企业创新的主要影响因素**

| 企业新技术新产品的获得渠道 | | | | | | |
|---|---|---|---|---|---|---|
| 自主研发 | 企业合作研发 | 国内大学科研机构提供 | 国内大学科研机构转让 | 当地政府支持 | 从国外购买引进 | 其他 |
| | | | | | | |
| 企业的市场创新 | | | | | | |
| 自己跑市场 | 政府宣传 | 设立分销渠道 | 建立产品标准 | 网上信息交易 | 开辟新销售市场 | 其他 |
| | | | | | | |
| 企业的创新障碍 | | | | | | |
| 科研技术力量薄弱 | 资金问题 | 政策限制 | 企业合作困难 | 基础设施不健全 | 其他 | |
| | | | | | | |

资料来源：作者整理

**表7－2　与同行企业平均水平相比创新情况**

| 1～5表示从非常不同意向非常同意的逐渐变化，3相当于行业平均水平。 | | 不同意→同意 | | | | |
|---|---|---|---|---|---|---|
| 1 | 频繁地推出新产品 | 1 | 2 | 3 | 4 | 5 |
| 2 | 新产品销售收入占总销售收入比重很高 | | | | | |

续表

| 1~5 表示从非常不同意向非常同意的逐渐变化，3 相当于行业平均水平。 | | 不同意→同意 | | | | |
|---|---|---|---|---|---|---|
| 3 | 新产品具有卓越的品质 | | | | | |
| 4 | 新产品推向市场的速度很快 | | | | | |
| 5 | 新产品能够很快地占领主要市场 | | | | | |

资料来源：作者整理

第三部分是上海农业创新网络中企业的合作情况。农业新技术的发展和是一个多种行为主体交互作用的复杂过程，它发生在企业内部、不同企业之间以及同行企业、大学、研究机构、农户之间的交互学习过程。多种类型行为主体之间的创新互动，使得企业能够提升现有的技术水平并开发新的技术，进而提升其在全球网络中的技术权力，由此形成一个复杂协同创新网络。本书主要涉及的问题包括：目标企业创新能力的评价、企业重要合作伙伴的信息以及创新合作关系的频度和广度，用以衡量农业企业的创新绩效和网络构建能力。此外，创新网络空间结构研究受到管理学、地理学等领域学者的重视，从区域创新网络、学习型区域，到国家创新系统、全球生产网络，再到"本地蜂鸣—全球通道"、全球—地方创新网络等一系列理论框架不断被提出，创新进而在多空间交互的作用下逐渐形成。本章农业创新网络合作的空间尺度主要指本市、外省市、国外；合作的关系频度按合作时间主要分为每年一两次，每月一两次，每周一两次；合作的关系广度按合作的机构数量分为 1~5、6~10、11 以上（见表 7-3）。

**表 7-3　　农业创新网络中企业创新合作的频度和广度**

| 关系强度<br>主要节点 | 合作机构所处区域 | | | 关系频度（合作时间） | | | 关系广度（合作机构数量） | | |
|---|---|---|---|---|---|---|---|---|---|
| | 本市为主 | 外省市为主 | 国外为主 | 每年一两次 | 每月一两次 | 每周一两次 | 1~5 | 6~10 | 11 以上 |
| 大学 | | | | | | | | | |
| 科研院所 | | | | | | | | | |
| 同行业企业 | | | | | | | | | |

续表

| 关系强度<br>主要节点 | 合作机构所处区域 | | | 关系频度<br>（合作时间） | | | 关系广度<br>（合作机构数量） | | |
|---|---|---|---|---|---|---|---|---|---|
| | 本市为主 | 外省市为主 | 国外为主 | 每年一两次 | 每月一两次 | 每周一两次 | 1～5 | 6～10 | 11 以上 |
| 主要客户 | | | | | | | | | |
| 中介机构 | | | | | | | | | |
| 政府部门 | | | | | | | | | |
| 农户 | | | | | | | | | |
| 农业合作社 | | | | | | | | | |
| 其他 | | | | | | | | | |

资料来源：作者整理

第四部分关于区域创新环境的评价。在全球化时代，经济实力越高的地区越有机会和能力在全球生产网络中占据一席之地，在全国乃至全球尺度寻找创新能力更高的合作伙伴进行研发活动。创新环境对协同创新网络的影响表现为，一是，影响创新网络中各创新主体，使得创新主体结构、网络结构、空间结构等发生变化，进而影响协同创新网络发展水平；二是，对创新网络的形成起着重要作用，创新环境作为知识溢出及创新资源流通的条件，影响区域内技术扩散行为及创新资源配置水平，在技术水平与制度环境既定情况下，创新环境是协同创新网络绩效水平的关键因素。不可否认的是，农业企业创新一般受资源禀赋条件、农业产业发展水平、支农惠农政策等影响较大，由于各个区域创新资源禀赋存在差异，进而直接作用于农业企业的技术创新以及合作伙伴的搜寻。问卷中设计的要素主要包括对政府支持的判断、上海农业创新环境的比较等方面，用于研判环境要素对创新能力的影响等。

## 三、调研实施

本着“当面填写、直接回收”的原则，问卷发放始于 2016 年 9 月 1 日，历时一个月。调研过程中，调研组成员向受访农业龙头企业的问卷填写人员详细地解释每个题项的意思，问卷的填写者主要为上海农业企业的高管或技术研发人员，平均用时15分钟，共发放问卷97份。随后，通过网络资源对受访企业信息进行核实，用于判断问卷的可信度，剔除不完整、无效、存在明显问题的问卷后，整理并形成上海农业创新网络企业数据库，共涉及企业73家，占上海农业龙头企业总数的75%。由此可以认为：调查的样本数量达到抽样的要求，可以代表上海农业的基本情况，分析结果可信。

## 四、企业回访

在重点企业回访阶段，本书结合案例分析的研究方法，通过对案例企业的调查、分析和整理，对上海农业创新网络各要素之间的逻辑关系进行进一步论证。本书借鉴学术界已有的研究，对上海农业企业创新网络的案例研究按照以下步骤展开（见表7－4）。

表7－4　案例研究的一般步骤

| 研究步骤 | 主要活动 | 研究目的 |
|---|---|---|
| 研究开始 | 定义所研究的问题<br>先前的理论构思 | 理论聚焦<br>为构思测度提供良好的基础 |
| 案例的选择 | 最好不要考虑理论或假设<br>选择特定的总体<br>进行理论的而非随机的抽样 | 保持理论的柔性<br>限制外部变异，保持外部效度<br>聚焦在对理论构建有用的案例上 |
| 设计测量工具与访谈提纲 | 采用多种数据收集方法<br>有多个观察者，收集定性和定量的数据 | 通过多种数据来源的证据相互印证，使理论更加合理协同进行数据观察，采用多视角的观察 |
| 进入案例现场 | 采用包括现场记录在内的多种方法进行数据收集和数据分析<br>灵活的数据收集方法 | 及时分析，随时调整资料的搜集<br>帮助研究者掌握浮现的主体与案例性质 |

续表

| 研究步骤 | 主要活动 | 研究目的 |
| --- | --- | --- |
| 数据分析 | 案例内分析<br>使用发散方式寻找跨案例的共享 | 熟悉数据，并进行初步的理论建构<br>使观察者挣脱先前印象，<br>并通过各种角度来查看证据 |
| 形成理论假设 | 为每个理论构思寻求依据<br>在案例间重复相同的理论逻辑<br>寻找变量关系的原因 | 完善构思定义、效度和可测量程度<br>确认、拓展、完善理论构建<br>内部效度 |
| 文献展开 | 矛盾文献进行对比<br>与类似文献进行比较 | 建立内部效度、提高理论水准并完善构思定义，提高理论概率化程度<br>改进构思定义，提高理论水平 |
| 研究结束 | 尽可能地达到理论饱和 | 当案例分析的边际效应很小时，<br>结束分析 |

资料来源：阳银娟，2014

如前所述，本书聚焦于企业属性、区域创新环境、知识合作对象等三个要素以及他们如何作用于上海农业创新网络的构建和空间表征。在访谈过程中，我们关注的重点问题有：第一，不同类型、创新能力的企业，其构建协同创新网络的方式、路径有何不同，驱动力有哪些；第二，创新网络的重要行为主体有什么？空间分布在哪里？本市、本国、本省抑或海外，哪个空间尺度才是最重要的；第三，区域资源要素，如高校研究机构的密度、政府支持如果影响企业网络构建的方向和重点。

## 第二节

## 上海农业创新网络的分析过程

本书以 73 家调研企业的问卷信息为数据源，论述上海农业创新网络的格局及其形成机理，包括异质性分析、回归分析和案例访谈分析等三个方面。

## 一、创新异质性分析

参照 Liefner 等（2012）的研究，结合农业自身的产业特性，本书用聚类分析法将受访企业划分为 3 个组团。通过探寻每一个组团内与不同组团间的共性及差异性特征，以此评判不同创新能力的农业企业，其创新合作的网络结构和构建机理有何区别。

变量 1：企业创新能力的评价（见表 7－5），通过上海农业企业与其同行企业之间创新能力的横向评判（V1）以及本公司新产品的销售收入占当年公司销售额的比例（V2）两项指标综合获得。

表 7－5　企业创新能力的评价

| 测量变量 | 测量题项 |
| --- | --- |
| 创新能力 | 1. 贵公司新产品的销售收入占当年销售收入的比例？<br>2. 与同行相比，贵公司的创新能力如何？ |

资料来源：作者整理

变量 2：创新网络建构的能力（见表 7－6），用以评判企业通过网络的建构来获取新知识和新技术的可能性，衡量指标是企业新产品和新技术的获取渠道（V3）、企业与其他行为主体创新合作的关系频度（V4）和广度（V5）。

表 7－6　创新网络建构情况的评价

| 测量变量 | 测量题项 |
| --- | --- |
| 创新网络的建构 | 1. 企业新技术、新产品的获得渠道有哪些？<br>2. 在过去两年新产品的开发中，贵公司与合作伙伴的创新合作频度？<br>3. 在过去两年新产品的开发中，与贵公司开展创新合作的机构数量？ |

资料来源：作者整理

变量 3：企业属性，对企业创新能力和策略选择的影响毋庸置疑。已有研究表明，若如企业先前知识存量较少，外部知识源并不能对其创新能力的提高产生积极的作用。参见已有研究，本书选取的指标包括企业的成立时间（V6）、所有制（V7）、企业规模（V8）和研发投入占比（V9）。

## 二、回归模型

回归分析是学术界用来探讨变量间相关关系经常使用的方法之一，包括结构方程模型和一般线性回归等两种分析方式。如 Fritsch 和 Kauffeld - Monz（2010）则运用多元回归模型探讨了影响网络中知识及其创新信息流动的影响因素；Broekel 和 Boschma（2009）运用 QAP - logit 回归模型探讨了多维邻近性与创新绩效之间的关系；Rost（2011）运用负二项回归模型进行定量分析，考察了网络结构的相关指标和联系强度与企业创新绩效之间的相关关系；Herstad 等（2014）则通过 Probit 回归分析模型验证了企业全球创新网络构建的影响。

本书则主要参照 Fitjar 和 Rodríguez - Pose（2013）的研究，构建二元 Logistic 模型来验证上海农业企业创新能力与其网络构成、空间结构、区域环境要素之间的关系。

$$Logit(Y_{ij}) = \alpha + \beta_1 ControlS_{ij} + \beta_2 NetworkS_{ij} + \beta_3 ContextS_j + \varepsilon_{ij} \quad \text{Model 1}$$

$$Logit(Y_{ij}) = \alpha + \beta_1 ControlS_{ij} + \beta_2 NetworkS_{ij} \times ContextsS_j + \varepsilon_{ij} \quad \text{Model 2}$$

### 1. 因变量

因变量是农业企业的创新能力。参照已有研究（Hagedoorn and Cloodt, 2003；Laursen and Salter, 2006；党建兵，2013；吕国庆，2016），其衡量指标包括企业最新研发的产品占销售额的比例、企业与同行之间的横向比较。数据来源于问卷 9、10、14，指标处理方式如下（见表 7 - 7）：①研发投入占销售收入的比重：2% 以下，取值 0；2% ~ 5%，取值 1；5% ~ 10%，取值 2；10% 以上取值为 3。②在过去三年中，与同行企业平均水平相比，贵公司的创新情况：如若领先，取值 3；为行业平均水平，取值 2；若落后，取值 1。③新产品销售额占该公司总销售额的比例：50% 以上为 3；20% ~ 50%，为 2；20% 以下，为 1。最后，加总上述指标后，将其作为判断企业创新能力高低的标准，数值高者将取值为 1，反之取值为 0。

表 7－7　　创新绩效的判断

| 测量变量 | 测量题项 |
|---|---|
| 创新能力 | 1. 贵公司研发投入占销售收入的比重？<br>2. 与同行相比，贵公司的创新能力？<br>3. 贵公司新产品销售收入占当年销售收入的比例？ |

资料来源：作者整理

**2. 自变量**

①创新网络

研究网络的意义在于判断企业与其创新合作主体之间产生何种方式的创新互动，以及采取怎样的技术发展路径，其结构的研究通常包括行为主体构成和空间结构等两个方面。行为主体的构成：大学、科研机构、同行业企业、主要客户、中介机构、政府部门、农户和农业合作社等 8 种类型行为主体作为企业创新合作伙伴的选择对象，对每一种合作伙伴进行两分法划分，1 表示与该类型的行为主体存在合作；0 则表示不存在创新合作。空间结构：本市、国内和海外等 3 种空间尺度，处理方式与网络构成类似，采用两分法，1 代表存在合作；0 代表不存在合作。数据来源于问卷 15、16 和 17（见表 7－8）。

表 7－8　　创新网络结构的判断

| 测量变量 | 测量题项 |
|---|---|
| 创新网络 | 1. 贵公司与哪些重要的合作伙伴，共同开展农业科技研发创新活动？<br>2. 在过去两年新产品的开发中，贵公司与企业（机构）创新合作的数量？<br>3. 贵公司合作伙伴所处的主要区位？ |

资料来源：作者整理

②区域创新环境

区域创新环境不仅包括创新所必需的 R&D 资源、高校资源、高素质劳动力资源等创新资源禀赋，还包括相关的产权制度、区域对农业企业创新的激励或约束机制、市场调控状况及手段和涉及创新的相关政策等“政府力量”组成的政策支撑环境。因此，区域创新环境具有强烈的地方情境性，其质、量也因地而异。本章主要聚焦于上海市，创新环境的指标主要是指企业对政府支持的判定，包括上海农业发展创新环境的评价、制约上海农业发展的环境因素及政府支持政策的改进，数据来源于问卷 18、19 和 20（见表 7－9）。

表 7－9　　区域创新环境的评价

| 测量变量 | 测量题项 |
|---|---|
| 创新环境 | 1. 上海农业发展的创新环境如何？<br>2. 制约上海农业发展的环境因素有哪些？<br>3. 你希望政府给予哪些方面的支持以提高公司的创新绩效？ |

资料来源：作者整理

### 3. 控制变量

企业的属性特征及其能力具有显著的差异性和阶段性特征（Wang and Lin，2013），借鉴已有研究并结合农业产业创新的特殊性，本书选取企业规模、所有制和企业研发能力等属性指标作为控制变量。综上所述，本书二元回归模型相关变量的选取（见表 7－10），包括创新网络构成及空间结构、区域创新环境、企业属性特征和网络创新能力等方面。

表 7－10　　核心变量及其测量指标

<table>
<tr><th>变量名称</th><th>指标</th><th>相关指标</th></tr>
<tr><td>因变量</td><td>网络创新能力</td><td>采用二分法，创新能力较高者为 1；创新能力低者为 0</td></tr>
<tr><td rowspan="3">自变量</td><td rowspan="2">网络结构</td><td>网络构成：产业伙伴与知识伙伴</td></tr>
<tr><td>空间结构：本地、跨区域</td></tr>
<tr><td>创新环境</td><td>政府支持：企业对政府支持的评价</td></tr>
<tr><td rowspan="3">控制变量</td><td>研发能力</td><td>研发资金投入占总销售收入比重</td></tr>
<tr><td>企业规模</td><td>企业的年销售收入</td></tr>
<tr><td>企业所有制</td><td>国有企业，取值为 1；民营及合资企业，取值为 0</td></tr>
</table>

资料来源：作者整理

## 三、案例分析

在案例的搜寻和访谈资料的整理方面，力求资料的详实、可靠，主要步骤包括以下三个阶段：

第一阶段，通过重点企业的回访，与案例企业的研发人员或高管进行面对面深度访谈，内容包括企业概况、主要合作伙伴情况、企业创新过程中的重要影响因素等，每次访谈时间维持在半小时左右。除访谈记录外，还对通话记录进行录音，并在访谈结束后的第一时间整理调研笔记和心得体会。

第二阶段，逐句整理调研录音，撰写报告。需要指出的是，录音中除语气助词等不重要信息之外，访谈被逐句摘录。之后，利用网络媒体搜集案例企业的其他信息，谋求对访谈的相关材料予以补充。

第三阶段，将访谈文本进行编码，相关概念的编码及测度关键词如下表所示（见表7－11）。

**表7－11　相关概念的编码条目数及测度关键词**

| 概念 | 测度变量 | 关键词表 |
|---|---|---|
| 创新方式 | 自主创新 | 新技术发明、研发新技术、首次采用等 |
| | 技术引进 | 技术改进、逐步改进、加入已有技术等 |
| 创新网络 | 合作方式 | 购买、参观学习、技术顾问、技术咨询、技术许可、合作生产、合资企业、合作开发、合作研发等 |
| | 伙伴类型 | 国有企业、跨国公司、研究院、大学（高校）、职业技术学院、农户等 |
| 创新绩效 | 新产品评价 | 企业首次、国内首次、国内最好、国际先进等 |

资料来源：吕国庆，2016

本书选取具有代表性的4家企业，并将其名称进行匿名化处理（见表7－12）。

表 7-12 案例企业的基本特征

| 名称 | 所有制 | 成立年份 |
| --- | --- | --- |
| A 企业 | 民营 | 1998 |
| B 企业 | 国有 | 1998 |
| C 企业 | 国有 | 1982 |
| D 企业 | 民营 | 2003 |

资料来源：笔者整理

笔者就 4 家上海农业企业进行了跟踪调研，以半结构式访谈的形式进行，主要问题聚焦于企业创新表现、合作伙伴状况、区域创新环境、企业基本信息等方面，为了尊重企业隐私，应企业要求，在此将其称为 A、B、C、D 企业。其中，A 企业和 D 企业为成立于 1998 年和 2003 年的民营企业；B 企业和 C 企业则均为国有企业，分别成立于 1998 年和 1982 年。

# 第三节

## 上海农业创新网络的格局

### 一、企业概况

根据工业和信息化部、国家统计局、国家发展和改革委员会、财政部《关于印发中小企业划型标准规定的通知》（工信部联企业〔2011〕300 号），并结合样本企业的所有制类型（见表 7-13），可以发现：样本企业中，小型企业（Y<500 万元）占比约为 25.71%，中型企业（500 万元≤Y<2 亿元）占比约 48.57%，大型企业（Y≥2 亿元）占比约 25.71%。按照所有制类型来看，国有企业、集体企业、民营企业和外资企业的占比分别为 31.43%、5.71%、61.43% 和 1.43%。此外，在大型企业的组团中，民营企业多集中于 2 亿~10 亿元的区间中，企业数量为 9 家；年营业收入超过 10 亿元的 6 家受访企业中，则全部为国有企业，即企业规模越大，销售产值越高，国有企业占有的比例相应越高。

表 7-13　企业规模及所有制类型汇总

| 企业规模 | 所有制类型 | | | | 总和（%） |
|---|---|---|---|---|---|
| | 国有（%） | 集体（%） | 民营（%） | 外资（%） | |
| 小型企业 | 4.29 | 2.86 | 18.57 | 0 | 25.71 |
| 中型企业 | 14.29 | 2.86 | 30.00 | 1.43 | 48.57 |
| 大型企业 | 12.86 | 0.00 | 12.86 | 0 | 25.72 |
| 总和（%） | 31.43 | 5.71 | 61.43 | 1.43 | 100 |

资料来源：作者整理

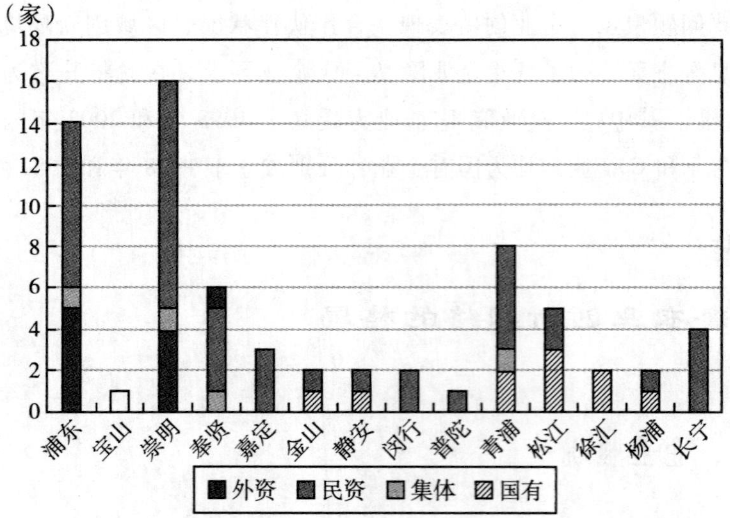


图 7-2　受访企业的区位布局

从受访企业的空间区位来看（见图 7-2），样本企业位于上海市 14 个市辖区，集中分布的区域是市郊的崇明、浦东、青浦和奉贤等区域，占比达到 64.71%；静安、长宁、徐汇、普陀等中心城区的农业科技企业也有涉及。与此同时，73 家受访企业涵盖了综合、种业、水产、蔬菜等 10 个农业生产类别（见图 7-3）。由此，我们认为：本次上海农业企业的抽样调查是有效的，基本覆盖不同规模、所有制类型、所在区位及经营类别的上海农业企业，与上海农业的实际情况相符，代表性和可行性较高。

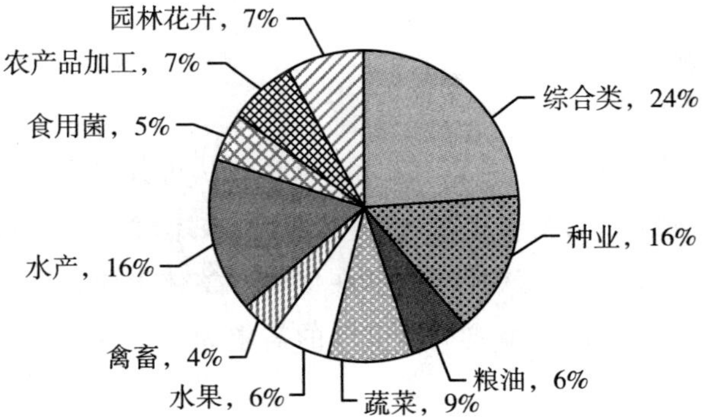


**图 7－3　受访农业龙头企业的主要经营类别**

此外，将上海农业企业的成立年限作为测度指标，分析结果（见表7－14）。在73份有效企业样本中，有2家企业的成立时间在30年以上，3家企业则位于26～30年，属于典型的老牌企业；分别有17.81%、58.9%的企业，其成立年限位于16～25年和6～15年之间，在发展阶段上可以称之为成熟企业。由此可以认为，样本企业总体创新合作方式稳定，其创新网络的结构和空间特征不会受到偶然及突发事件的影响而出现巨大波动。

**表 7－14　样本企业的业龄分布**

| 企业年龄 | 数量（家） | 百分比（%） |
|---|---|---|
| 1～5年 | 12 | 16.44 |
| 6～10年 | 25 | 34.25 |
| 11～15年 | 18 | 24.65 |
| 16～20年 | 7 | 9.59 |
| 21～25年 | 6 | 8.22 |
| 26～30年 | 3 | 4.11 |
| 31年以上 | 2 | 2.74 |

资料来源：作者整理

## 二、创新水平

1. 同行比较（见图 7－4）：仅有 1 家企业认可其自身在国际市场上的技术优势；34%左右的企业在国内市场上具有技术优势，而 65%左右的企业仅仅在上海区域范围内认为自身存在优势。整体上讲，上海农业企业在创新过程中主要以满足本国或本地市场的需求为主，同国际同行抑或先进水平相比还有一定差距。

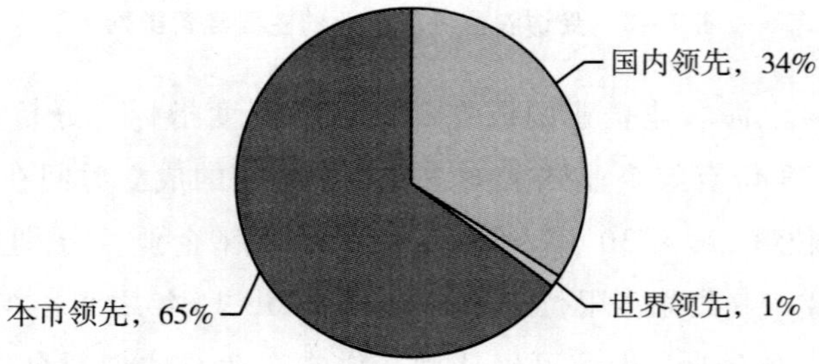


**图 7－4　受访企业技术优势的判定**

2. 新技术的获取渠道：上海农业技术创新的途径主要有企业自主研发、企业间合作创新、政府支持、与科研机构合作研发、与大学合作研发和外部企业引进 6 个方面。问卷分析结果如图 7－5 所示，一方面，与购买和转让等直接“给予”的方式相比，企业更倾向于通过自主及合作开发的方式来提高自身的技术势能，两者所占比例达 47%；另一方面，鉴于农业

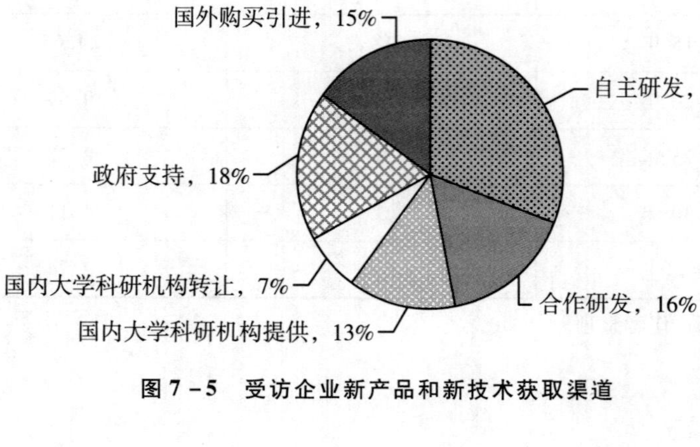


**图 7－5　受访企业新产品和新技术获取渠道**

创新特殊性及其产业的脆弱性特征，包括上海市农业农村委员会、上海市科学技术委员会等政府相关机构对企业的技术支持与投入在企业新产品的开发过程中发挥着重要作用。

3. 新产品的评价：作为创新成功的关键环节，企业推出新产品的目的就是刺激市场需求，扩大市场范围。对新产品开发的频度和市场占有情况的调查分析表明（见图 7－6）：上海市农业企业新产品推出的频率较低，占领市场的速度较低，但是，新产品相对来说具有更高品质，一旦需求方或客户认识并接受新产品，其销售收入将会占据较大比重。

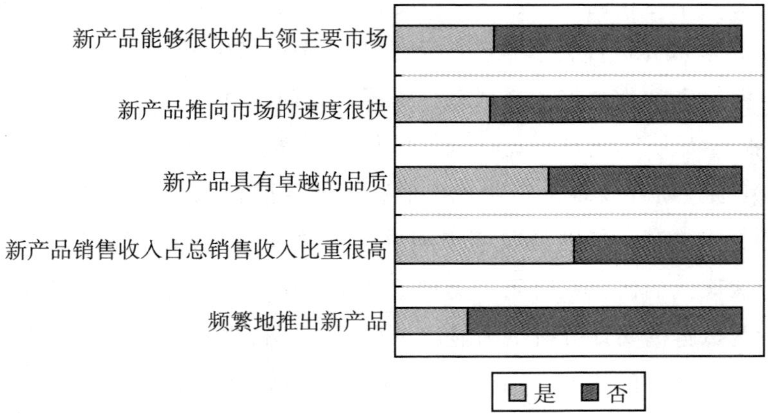


**图 7－6　企业新产品相关语句的判定**

技术和产品创新具有持续性、渐进性的特征，它们同市场创新组成了一个“三螺旋”结构。近年来，上海农业的现代化、全球化和标准化特征日趋明显（见表 7－15）：网上交易俨然已经成为农业企业开拓市场的主要方式；此外，设立分销渠道并建立产品生产的标准也是开辟新市场的两种方式。

**表 7－15　　样本企业市场创新情况统计**

| | 政府宣传 | 分销渠道 | 产品标准 | 网上交易 | 开辟新市场 |
|---|---|---|---|---|---|
| 企业数目（家） | 22 | 32 | 30 | 34 | 20 |
| 占比（%） | 30.14 | 43.84 | 41.10 | 46.58 | 27.40 |

资料来源：作者整理

近年来，在国家政策的引导和支持下，农业企业取得较快发展，企业技术取得不断创新和进步，增强了农业经济发展的活力。但从总体来看，由于农业企业起步晚、资金投入和人才储备不足，农业新技术、新产品研发能力不强，创新能力处于较低的水平，对于引进技术的消化吸收较慢，对农业企业的技术创新产生影响。

## 三、创新网络

不同类型的创新合作伙伴参与创新的环节、阶段以及对企业创新能力提升的影响不尽相同，“哪种类型的合作伙伴对企业创新网络的构建更为重要”是学术界一直关注的热点问题（吕国庆，2016）。

一些学者认为“产业链联系抑或同行之间的创新合作是技术进步的源泉”，他们认为企业的垂直联系能够极大地激发创新和生产效率。Tether（2002）通过研究发现：企业与价值链上伙伴的密切合作可以帮助其获取知识和技术诀窍，特别是在客户和供应商之间。Ahuja（2000）以美国化学产业为案例的研究也得到了类似的结论。Belderbos（2004）以荷兰创新型企业为数据的实证分析结果显示：企业与同行之间的创新合作水平能够促进企业新产品的研发。Soosay（2008）通过定性访谈得出结论：基于产业链上的垂直创新合作能够激发持续的创新。马双等（2016）的研究认为由于创新知识的吸收、传递存在易达性和异质性，垂直方向上的创新合作对企业创新能力的提升十分重要。

而基于产学研合作的创新网络由于资源依赖、技术知识的供给和需求、交易成本等诸多因素，其对企业创新发挥着积极影响。建立产学研合作能够使核心技术通过高校和研究机构这些创新主体实现转移和扩散，特别是掌握在少数企业里的关键技术（Toby，2007）。Lööf（2002）以瑞典的制造企业为实证研究对象，考察了新产品销售收入与产学研合作对企业创新的影响，结果表明瑞典企业新产品的收入会伴随产学研合作紧密程度的提升而逐渐增大，这个结论在Georgea（2002）研究也得到了证实。此外，也有一些学者质疑高校、研究机构对企业创新能力提升的影响，一般来说，学研机构对企业创新机会的带动作用有限，他们只是在帮助企业选择或确定研发方向等方面发挥了些许作用（Eom and Lee,

2010)。

本书关注上海农业企业与不同行为主体之间的创新合作情况，通过分析得到表7-16：①从网络构成来看，上海农业企业更倾向于与产业伙伴开展创新，二者分别占比75.31%和24.69%，并集中于与农户及农村合作社之间的合作。②创新空间方面，上海市域范围内的创新合作居于绝对的核心地位，比例达81.08%；本国尺度的创新合作次之，为16.82%；海外的合作只是零星地发生于几个大型企业，占比仅为2.09%。③创新空间与网络结构交互后，按重要性排序，依次为本市农户（37.63%）>本市农业合作社（15.52%）>本市科研院所（7.86%）>本国农业合作社（7.86%）>本市政府（5.85%）>本市大学（4.97%）（见表7-16）。

表7-16　　企业合作创新伙伴类型概况

| | | 出现次数 | 占比（%） | | 出现次数 | 占比（%） |
|---|---|---|---|---|---|---|
| 网络构成 | 大学 | 94 | 6.57 | 同行 | 71 | 4.97 |
| | 研究机构 | 124 | 8.67 | 客户 | 74 | 5.17 |
| | 中介机构 | 11 | 0.77 | 农户 | 584 | 40.84 |
| | 政府部门 | 124 | 8.67 | 农业合作社 | 348 | 24.34 |
| | 合计 | 353 | 24.69 | 合计 | 1077 | 75.31 |
| 空间结构 | 本市 | 301 | 20.34 | 本市 | 899 | 60.74 |
| | 本国 | 125 | 8.45 | 本国 | 124 | 8.38 |
| | 海外 | 21 | 1.42 | 海外 | 10 | 0.68 |

资料来源：作者整理

基于以上判断，笔者得出以下结论：①已有研究多强调跨区域合作的重要性，但是，农业产品在地性消费的特征使其对本地创新合作的需求并未减弱。加之上海农业创新刚刚处于发展的初期阶段，其网络因而表现出较强的地理邻近性，本地合作频率和强度均高于跨区域合作。②农业是有生命力的行业，基于农业这一特殊性，农户的企业化演变所形成的农村合作社对于上海农业创新网络建构的意义重大，他们对企业创新的支持更多地体现在种植经验上的积累，以及对新产品的试种等方面。③与同行和客户相比，高校及科研院所对上海农业创新的重要性更加突出。特别是光明等核心企业，他们规模大、经营范围广，通过紧密的产学研创新合作而实现产品的突破式创新，能够获得技术权力而占据技术链高端。④政府在农业发展及创新政策、奖励机制等环节为企业的发展提供了有利条件，亦作为重要节点，在构建适应都市现代农业发展的科技创新体系的过程中发挥着重要的作用。

## 第四节

## 上海农业创新网络的演化特征

企业的自身属性特征及其对应的创新能力，具有明显异质性特征（Wang and Lin，2013），如企业的发展及创新战略目标与产业链或价值链上合作伙伴之间的联系频率、技术权力的掌控等方面的要素都不尽相同，因而会具有不同的伙伴选择倾向。如 Escribano 等（2009）提出拥有较高吸收能力的企业，更容易吸收并整合创新信息，在与创新伙伴合作的过程中，搜寻、拓展企业所需的外部创新知识，并通过有效的交互和融合，进而通过技术通道的扩散而作用于创新（Lau and Lo，2015）。Bayona 等（2001）、Fontana 等（2006）、Torkkeli 等（2009）的研究认为，一般来说，创新能力较强的大型或成熟型企业才会投入大量的精力和资源进行基础、共性技术创新，在这一过程中，他们比较容易与研究机构开展创新合作。Jesús 和 Lluís（2010）提出，中小企业创新伙伴的选择强调企业现实所遇到的问题及需求，因此产业伙伴合作的倾向大于高校、研究机构等知识伙伴。

基于学术界已有的讨论，笔者认为：由于创新资源禀赋及能力之间的差异，企业的吸收能力及创新倾向具有较大的差别。因此，本书尝试对上海农业企业的创新能力进行分级和分类，以此探讨“创新能级迥异的企业之间，他们的网络结构及其对创新环境的认知”是否存在差异，以创新能力、创新网络构成、企业属性 3 组要素作为分类依据进行聚类分析（Ward's Method）后形成 3 个差异化组团（见表 7－17）。

表 7－17　　聚类分析结果

| 组团 | 个数（家） | R&D 强度均值 | 新产品销售收入占比均值（%） |
|---|---|---|---|
| 组团 1：低 | 24 | 2% 以下 | 13.38 |
| 组团 2：中 | 26 | 2%～5% | 18.55 |
| 组团 3：高 | 23 | 5%～10% | 25.66 |

资料来源：作者整理

## 一、上海农业企业的属性特征

对表 7－18 进一步分析，可以得出同一组团或创新能级内企业的共性特征：①组团一，技术及创新能级较低，国有企业数量较少，基本以小型民营企业为主；企业较为年轻且处于初级阶段，研发强度与销售收入略低，产品多依靠价格优势获得生存空间。②组团二共有 26 家企业，企业规模、成立时间、研发投入等指标明显高于组团一。③相对来说，组团三创新能力较强，基本以国有企业为主，同时企业的成立时限较长且企业规模较大，可以称之为成熟企业，其平均研发强度基本位于 5%～10%。本结论与 Liefner 等（2012）和吕国庆（2016）年对中国光电子及装备行业的研究一致，企业规模越大、成立时间越久，其创新层级可能越高（见表 7－18）。

表 7－18　　不同组团之间的企业特征

| 组团 | 不同所有制企业数量（家） | | 平均年龄 | 员工数量均值（人） | 销售收入（元） |
|---|---|---|---|---|---|
| | 国有 | 非国有 | | | |
| 组团 1：低 | 3 | 21 | 7.29 | 24 | 500 万～1000 万 |
| 组团 2：中 | 7 | 19 | 13.32 | 77 | 1000 万～5000 万 |
| 组团 3：高 | 12 | 11 | 14.68 | 417 | 1 亿～5 亿 |

资料来源：作者整理

## 二、网络结构特征

已有研究表明：企业寻求与高校、科研院所为主的知识伙伴进行合作，主要为获取基础、共性知识及技术秘诀，为激进式创新营造机会；与此相对，与产业链上的客户、供应商进行合作，则主要专注于渐进式创新，对产品工艺、成本等方面的改善可以为企业赢得更大市场（Fitjar and Rodríguez – Poseb，2013；阳银娟，2014）。一般来说，随着年龄和经验的逐步积累，企业创新利益需求的差异将导致其网络构建的行为和动机发生变化，进而带来不同的网络构成和空间结构。

根据样本企业对“不同类型合作伙伴重要性的识别—贵公司与哪种合作伙伴，共同开展农业科技研发创新活动，请按重要性写出三种”，本书梳理不同创新能级组团合作伙伴选择倾向（见表 7 – 19）。

**表 7 – 19　　不同创新能级企业的网络构成及空间结构**

| | | 组团 1：低 | 组团 2：中 | 组团 3：高 |
|---|---|---|---|---|
| 网络构成（%） | 大学 | 13.24 | 26.78 | 27.76 |
| | 科研院所 | 22.06 | 30.16 | 30.99 |
| | 同行 | 11.76 | 11.11 | 9.86 |
| | 客户 | 19.12 | 6.35 | 5.04 |
| | 中介机构 | 0 | 0 | 0 |
| | 政府 | 16.18 | 16.07 | 22.13 |
| | 农户 | 4.41 | 3.17 | 0 |
| | 合作社 | 13.24 | 6.35 | 4.23 |
| | 知识伙伴 | 35.29 | 57.75 | 58.75 |
| | 产业伙伴 | 48.53 | 21.13 | 19.13 |
| 空间结构 | 本市/跨区域 | 10∶1 | 2.67∶1 | 0.95∶1 |

可以发现：①虽然从数量上，产业伙伴高于知识伙伴，但是如若按照种类的重要性来说，创新能级越高的企业，越倾向于与高校、科研院所等知识伙伴进行合作。组团三有 58.75% 的企业选择将知识伙伴作为重要的合作对象，这一比例在组团二为 57.75%，组团一则仅为 35.29%。由此可以说明，创新能级较高的成熟性企业志在开拓新市场，进而会关注基础研究到最终产品的全过程创新，这样可以帮助企业获得技术权力的寡占优势，产品及市场不会因价格剧烈变动受到影响。②政府在农业及创新方面

的支持即意味着资源倾斜和政策偏好。一般来说，随着企业年限和创新能力的提升，企业经验知识的储备越来越丰富。与此相对，从政府的角度出发，他们倾向于支持具有一定规模、研发基础和创新能力的企业，从而导致各种形式的资助资金都主要流向以创新能力较高的企业组团，因此越容易感知到政府的重要性，组团三对政府这一节点的感知程度达到22.13%。③在本地与跨区域创新联系的对比中，可以清晰地发现：创新能级较高的企业组团三，跨区域联系开始多于本地联系，即创新能力较高的企业，可以通过与多空间尺度的行为主体建立创新交流通道，进而避免本地知识的同质性以提升创新绩效。

究其原因，本书认为主要有以下两点：①不同类型合作伙伴所涉及的创新重点和形式之间的差异。知识伙伴多涉及基础性研究，创新能力较低的企业尚不具备的开展基础性的研究或创新合作能力和资本，他们倾向于选择产业链上的合作以快速获取收益，创新能级较高的大型或成熟企业则更易于与高校、研究机构等知识合作伙伴开展合作（Hong and Su，2013；王秋玉等，2016）。②企业自身的知识存量是决定他们能否在与外部创新伙伴中获取或整合知识的重要变量（Inkpen and Pien，2006）。一般来说，成熟型企业其研发创新经验相对丰富，吸收能力也相对较强。鉴于跨区域合作的成本相对较高，创新能级及吸收能力较强的企业才更有可能迅速找到合适的合作伙伴，进而构建多空间尺度互相融合的创新网络，特别是全球尺度的创新合作。

## 三、创新环境的感知

将问卷中样本企业对区域创新环境的评判进行梳理，根据不同组团各项指标的占比进行判断不同组团对上海农业创新环境的感知关系。

从图可以发现（见图7-7）：①不同创新能力的企业，他们对区域创新环境的感知程度也存在一定的差异。如前所述，政府可以帮助企业获取创新所需的科技、资金资源，并寻找到更多优质的创新合作伙伴。因此，创新能力强的企业比较容易获得政府的支持，其感知度强于创新能力较弱的企业组团。②在对上海农业发展的限制因素进行统计中可以发现

(见图7－8)，样本企业均指出高素质劳动力缺乏是阻碍上海农业创新的首要因子，此外，组团三呼吁增加风险投资；组团二则偏重于新技术的介绍和引进以及市场规模的扩大；组团一则希冀在基础设施、风险投资和新技术等要素方面得到支持。

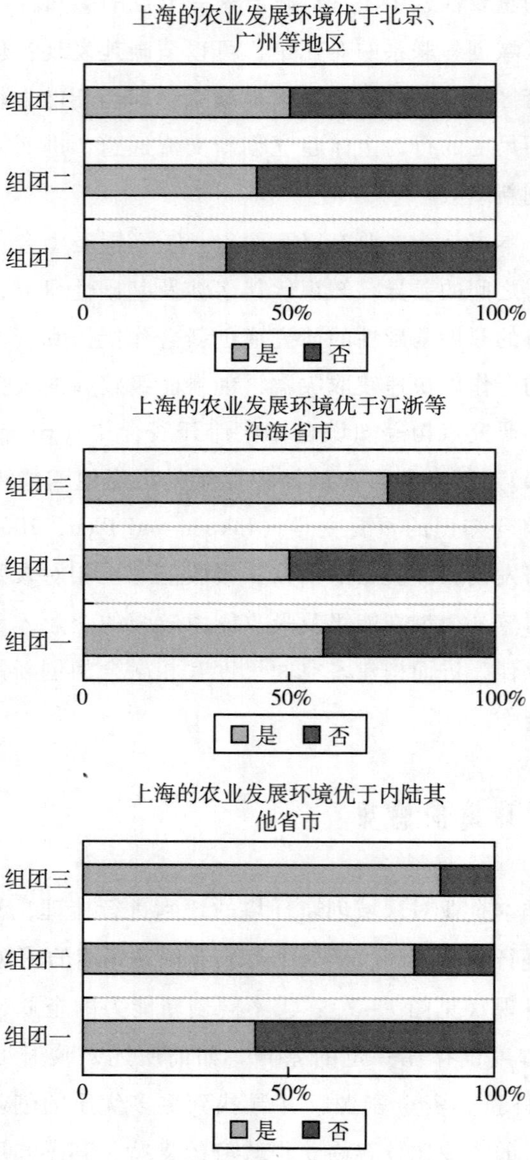


**图7－7　不同企业组团与上海农业发展环境之间的感知关系**

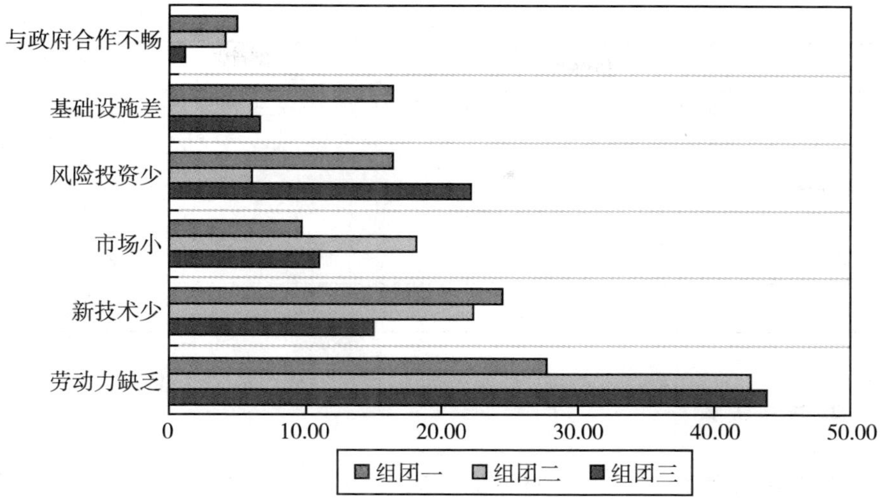


图 7－8　不同企业组团与上海农业发展的制约因素

# 第五节

## 上海农业创新网络的演进机理

### 一、回归分析

#### 1. 多重共线性诊断

共线性检验是指由于变量之间的高度相关性而导致因变量被削弱（陈力田，2012），其检验通常通过容差（TOL）和方差膨胀因子（VIF）等两个要素来进行诊断。由表 7－20 可见，本章所有变量 TOL＞0. 1，VIF＜10，即不存在多重共线性，均通过检验（见表 7－20）。

表 7－20　　变量共线性诊断的分析结果

| | | 容差 | 方差膨胀因子 |
|---|---|---|---|
| 企业属性 | 规模 | 0. 709 | 1. 411 |
| | 所有制 | 0. 773 | 1. 294 |
| | 研发能力 | 0. 826 | 1. 210 |

续表

| | | | 容差 | 方差膨胀因子 |
|---|---|---|---|---|
| 网络结构 | 网络构成 | 知识伙伴 | 0.597 | 1.675 |
| | | 产业伙伴 | 0.405 | 2.466 |
| | 空间结构 | 本地 | 0.342 | 2.924 |
| | | 跨区域 | 0.447 | 2.235 |
| 区域创新环境 | | 政府支持 | 0.741 | 1.349 |

**2. 相关关系**

本书首先对各变量之间的相关系数进行分析（见表7-21）：企业规模与企业所有制、政府支持，所有制与企业研发能力，知识伙伴与本地、跨区域的创新合作、产业伙伴与本地、跨区域的创新合作，本地与跨区域合作等变量之间存在较为显著的相关关系。

**表7-21　　各变量之间的相互系数**

| | 自变量 | 1 | 2 | 3 | 4 | 5 | 6 | 7 | 8 |
|---|---|---|---|---|---|---|---|---|---|
| 企业属性 | 规模 | 1 | | | | | | | |
| | 所有制 | 0.336** | 1 | | | | | | |
| | 研发能力 | -0.002 | -0.273* | 1 | | | | | |
| 网络构成 | 知识伙伴 | 0.136 | 0.016 | 0.123 | 1 | | | | |
| | 产业伙伴 | 0.027 | -0.083 | 0.083 | 0.139 | 1 | | | |
| 空间结构 | 本市 | 0.007 | -0.070 | 0.138 | 0.515** | 0.664** | 1 | | |
| | 跨区域 | 0.195 | 0.083 | 0.194 | 0.403** | 0.614** | 0.615** | 1 | |
| 区域创新环境 | 政府支持 | 0.382** | 0.141 | 0.167 | 0.054 | 0.193 | 0.222 | 0.132 | 1 |

**3. 回归结果**

为了检验企业创新与不同类型的合作伙伴的连接、多空间尺度的互动以及创新环境的相互关系。本章构建 Logistic 二元回归模型，选取的变量包括创新能力、网络构成（产业伙伴、知识伙伴）、空间结构（本地、扩区域）、区域创新环境（企业对政府支持的感知程度）和企业属性（规模、所有制和企业研发能力）。采用强迫进入法，分三步进行回归分析：第一步，企业属性指标进入模型；第二步，企业属性、网络构成、空间结构和创新环境的相关变量进入模型；第三步，企业属性、网络与环境交互作用的相关变量进入模型。最终结果见表 7－22 所示。

**表 7－22　　　　回归分析结果**

| | | 模型 1 | 模型 2 | 模型 3 |
|---|---|---|---|---|
| 企业属性 | 规模 | 0.990** | 3.931** | 1.097*** |
| | 所有制 | －1.060 | －4.168 | －1.959 |
| | 研发能力 | 4.417*** | 12.762** | 5.923*** |
| 网络构成 | 知识伙伴 | | 0.726* | |
| | 产业伙伴 | | －1.305 | |
| 空间结构 | 本市 | | －2.656* | |
| | 跨区域 | | 0.406 | |
| 区域创新环境 | 政府支持 | | 0.854* | |
| 网络与环境的交互作用 | 知识伙伴 * 政府支持 | | | 0.474* |
| | 产业伙伴 * 政府支持 | | | －0.929 |
| | 本市 * 政府支持 | | | －0.918* |
| | 跨区域 * 政府支持 | | | －0.372 |
| 常数 | | －8.098*** | －12.998** | －11.494*** |

注：* 表示显著性水平 $p<0.1$；** 表示显著性水平 $p<0.05$；*** 表示显著性水平 $p<0.01$

由 Logistic 二元回归模型 1 的分析结果可见，上海农业企业的创新能力与其规模（$\beta=0.990$）、研发能力（$\beta=4.417$）密切相关，企业的研发能力对创新的影响大于企业规模，即上海农业创新的主体是研发投入较高和规模较大的企业。而所有制要素和创新之间的联系并不显著。一般来说，创新所需要的成本较高，中小企业及研发能力较差的初创企业很难这样做。

将网络指标、区域创新环境的指标引入模型2后，可以发现：

①网络构成中知识伙伴的回归系数为正（β=0.726），产业伙伴不显著且为负数。由此可以说明：与高校、科研院所等知识伙伴的创新互动合作对上海农业创新网络绩效的提升有显著的作用，且与产业伙伴相比，重要性更为突出。

②创新空间结构方面，本市尺度通过检验且系数为负（β=-2.656）。由此可以说明：本市合作较多的企业，其创新能力较差，具有较高创新能力的上海农业企业通过融合本地及跨区域多尺度的创新资源，来避免本地知识的同质性而造成的技术锁定，从而创新绩效更高。

③政府支持的回归系数为正（β=0.854）。一般来说，政府R&D投入多通过支持企业与研究机构之间合作的方式作用于创新网络的构建，进而影响其网络创新绩效，这一进程通过叠加知识伙伴的重要作用，对企业创新能力的提升作用明显。

模型3探讨了网络构成、空间结构和政府支持之间的交互作用，其中，知识伙伴与政府支持的乘积项为正且具有显著性（β=0.474），本市合作和政府支持对创新影响的乘积项为负且具有显著性（β=-0.918），其余变量没有通过检验。由此可以进一步说明，政府的支持多与产学研合作相关，且受到行政区边界的影响。即区域创新环境一般通过影响知识伙伴及本地合作的方式间接表征企业创新能力的高低，分别正向、反向来调节与知识合作、本地合作对企业创新能力的影响。这表明多空间尺度合作网络的构建是企业创新能力提升的一个重要指标。

## 二、企业访谈

根据案例企业描述材料（见表7-23），可以得出创新能力从高到低依次为C>B>A>D，其中，C和B的创新绩效为“较好”，分别在各自细分市场中处于领导地位并建立了较好的创新体系；A和D的创新绩效为“好”，在同行业中处于前列。而后，将企业的相关信息进行编码，汇总后如表所示。接下来，通过对案例企业各组变量进行对比，勾勒企业属性、网络结构、区域环境对创新绩效的机理。

表 7－23　案例企业创新网络、环境及其创新绩效的汇总与编码

| 名称 | 创新绩效 | 企业属性 | | 网络构成 | | | | 区域创新环境 | |
|---|---|---|---|---|---|---|---|---|---|
| | | 所有制 | 规模 | 大学研究所 | 客户农户等 | 本地 | 跨区域 | 上海 | 政府支持 |
| A | 3 | 民营 | 小型 | 差 | 差 | 一般 | 一般 | 好 | 好 |
| B | 2 | 国有 | 大型 | 较好 | 较好 | 一般 | 好 | 较好 | 好 |
| C | 1 | 国有 | 大型 | 较好 | 好 | 一般 | 较好 | 较好 | 较好 |
| D | 4 | 民营 | 小型 | 较差 | 较差 | 较差 | 一般 | 好 | 较差 |

资料来源：作者整理

**1. 企业属性**

企业的核心竞争力源于企业自身知识存量的增加以及企业对外部知识的充分整合运用，自主研发是企业发展基石，只有具备一定的创新能力后，企业才会开始寻找外部合作伙伴。通过对案例企业属性的分析以及创新绩效的比较，可以得出一个基本结论，即案例企业所有制和规模的差异，使得其创新能力存在明显差别。一方面，规模较大的企业，他们拥有充足的资源来参与技术研发，因而具有较高的创新层级，具有较好的知识搜索、获取、转移和整合运用能力；另一方面，国有企业属于行业内领先企业，且规模较大，在政府显性或隐性的支持下，很容易得到创新所需的科技和资金资源，从而成为创新网络的主体。

此外，在调研的过程中，我们还发现：企业科技人才、企业制度管理和文化氛围也是企业创新网络构建中常常涉及和提到的三个方面。

技术人才是企业创新的重要资源，其创新能力的高低、强弱直接关系到企业未来发展，提高企业技术人才的创新能力是企业保持核心竞争力的关键。

——企业 A，时间 2016 年 3 月 15 日

我们的成功之处在于企业良好的制度管理，它能促进企业内部人员的

相互交流，促进技术创新的发展。一方面，良好的企业管理制度是技术创新的支撑和保障。企业技术创新要持续运行，必须建立鼓励探索、允许失败的保障制度；另一方面，技术创新也是建立良好企业制度管理的源泉和动力。技术创新的持续进行往往是在既定的制度框架内，随着技术创新达到一定规模和水平后，现有制度成为阻碍进一步技术创新的因素，为迫切需要实现技术创新的连续进行而推进制度管理创新。此外，人才培养上，我们采用双培制。每年有二十几项人才培养计划。在激励员工创新方面，公司实行内部职称体系，着重技术人员的业绩和工作能力，内部职称体系下，技术人员的最高等级收入可以和公司领导相当。

——企业 C，时间 2016 年 6 月 25 日

公司具有一定的国企性质，国家和上海市政府的政策支持对我们企业的发展具有重要的影响。高层管理人员对企业长远发展发挥重要作用。企业管理人员具有一种积极向上、追求进步的精神，企业的管理效率相对其他企业较高。

——企业 B，时间 2016 年 4 月 13 日

企业要延续，创新文化非常重要，特别是对农业而言，创新的周期很长且较容易失败，虽然企业文化并不是直接作用于技术创新，但却是影响技术创新实践的重要因素。

——企业 D，时间 2016 年 12 月 11 日

**2. 网络结构**

上海农业创新行为主体互动主要有两个方面：横向方面，企业间合作创新为企业互补知识的转移和利用提供了一条有效的途径；通过合作共享双方互补的创新资源，共担创新风险和成本，能缩短创新周期，提高创新效率。纵向方面，用户能够为农业技术的创新提供有价值的反馈，进而提高创新效率。上海农业企业创新合作的方式主要包括契约合同项目、股权投资、共建实体、咨询培训等。

在调研中，我们发现：①合作伙伴多的企业，其创新能力要大于相对孤立的企业，全部企业都与国内外知名的研究机构进行产学研创新合作；②在问到在进行合作研发时会选择哪里的合作伙伴时，这些企业均表示，

在上海一般都能够找到符合需求的知识合作对象，如果有技术难题无法在城市内部得以解决，他们通常会选择在产业的高技术企业集中地，如北京等城市寻找合作伙伴。③企业越来越重视通过与多空间尺度的客户、研究机构建立创新交流的通道，特别远距离的合作可以避免本地知识的同质性而更具价值。鉴于跨区域合作的成本较高，合作关系的建立较为慎重，如若形成，持续的时间较长且较为稳固。

我们会邀请我们的客户主要参与前期的研发工作。

——企业 C，时间 2016 年 6 月 25 日

在农业创新网络的构建过程中，人才交流是一项重要的表现方式，其形式包括与合作伙伴直接人员流动（高校学生毕业、人员工作变动、企业外部培训、双聘、短时人员互访）、朋友和校友之间的非正式网络、教育合作（资助研究生教育、赞助研究、提供奖学金、员工再培训、学生实习、教学课程调整）等。

避免技术人员闭门研究，让他们了解农业市场的信息、技术变化和发展趋势，利用合作项目组，解决有关产品试验过程中的瓶颈。

——企业 A，时间 2016 年 3 月 15 日

### 3. 区域环境

从受访企业的调研中，可以发现：政府支持的感知与创新绩效无显著的相关关系，但与企业属性特征高度相关，一方面，政府通过制定农业产业发展政策，一般重点支持大型企业开展重大技术攻关；另一方面，国有企业的所有权优势，使他们容易得到政府的资助进而掌控创新所需的科技、资金资源。企业所在城市的创新能级越高，企业越有可能进行创新网络的构建。因此，企业在进行选址时也会考虑区域的资源禀赋程度，进而对企业创新能力的提升产生积极的作用。在访谈中，所有企业都强调了上海丰富的创新资源禀赋状况对于创新的激励作用。

上海是中国最发达的城市之一，也是我们行业顶尖企业集中的地方，并且，这里大学也多，在这儿我们可以雇用到更适合的人才，还有更多的客户。

——企业 D，时间 2016 年 12 月 11 日

此外，鉴于农业技术对自然资源以及政府支持的依赖作用，政府虽不是创新活动的直接参与主体，但在农业企业技术研发、引进以及吸收的过程中发挥着极为重要的作用。因此，农业企业的创新活动尤其是自主创新活动必然会受到政府相关政策的支持，比如科技政策、税收政策、金融政策、教育政策、法律政策等，特别是企业所在的当地政府、行业协会等科技创新服务机构对企业发展的作用更为重要，能帮助企业及时解决困难。同时，我们在走访中发现，农业企业希望政府重点在以下几个方面予以重视：为技术开发、成果转化提供财税优惠政策；根据农业需求设立科技攻关项目，开展产学研对接活动；引进科技人才，制定更切实际的优惠政策吸引农业科技人才。

上海市各级政府的资金资助包括农委、科技、发改等部门的支持，对企业本身创新具有很大的推动作用。其实，上海农业相关人才储备比较薄弱，政府应在区域性的人才引进方面牵线搭桥。

——企业 C，时间 2016 年 6 月 25 日

## 第六节 本章小结

创新网络的空间结构是经济地理学者关注的重要议题和研究视角。从区域创新网络、学习型区域到国家创新系统、全球生产网络，再到最近一些学者提出的“本地蜂鸣 - 全球管道”“全球 - 地方创新网络”等一系列理论框架和概念模型，经济地理学者对创新网络的研究从关注区域到关注全球，再到强调全球与地方的融合。可以看出，随着全球化、信息化进程的加快，地理学研究的空间问题不只受限于单一的尺度效应，而是深深受着信息时代带来的“流”的影响。“流动空间”取代了“地方空间”成为表达产业功能集聚、知识生产和技术合作等空间关系的新机制。创新是多元主体在不同空间尺度上的耦合过程，但遗憾的是，已有研究经常忽略创新空间维度的探讨。基于此，本章以上海农业企业调研问卷的一手数据为样本，探讨了网络结构、区域创新环境以及二者的交互作用对创新的作用机制，剖析了创新网络结构、空间结构以及区域创新环境如何影响企业的

创新能力，进一步明晰了上海农业创新网络的作用机制，为创新经济地理学的研究提供了实证案例。通过分析，得出以下主要结论：

第一，上海农业创新的主体是研发投入较高和规模较大的企业，基于与高校、科研院所等知识伙伴的创新互动合作对上海农业创新网络能力的提升具有显著的推动作用，且与客户等产业伙伴相比，更为重要。

第二，不同类型合作伙伴所涉及的创新重点和形式之间的差异。知识伙伴多涉及基础性研究，处于发展初期或成长阶段的企业，由于创新能级较低，尚不具备精力更多地开展产学研创新合作，所以创新能级较高的成熟型企业更易于与知识合作伙伴开展激进式创新方面的合作。

第三，"企业从外部合作伙伴中的获取直接取决于他们已经有了知识存量"，成立时间较长的企业，一般经验及实用知识储备较为丰富，企业的吸收能力也相对较强。鉴于跨区域合作的成本相对较高，创新能级及吸收能力较强的企业，才更有可能寻找远距离的创新合作伙伴，进而融合本地及跨区域等多空间尺度的创新合作。

第四，政府的支持多以产学研合作的形式展开，且受到行政区边界的影响。即区域创新环境一般通过影响知识伙伴及本地合作的方式间接表征企业创新能力的高低，分别正向、反向来调节与知识合作、本地合作对企业创新能力的影响。上述条件共同发生作用，使得多空间尺度合作网络的构建是企业创新能力提升的一个重要指标。

总体来说，从上海农业创新网络构建的角度出发，企业通常是创新的发起者和主导者；而高校和研究机构则基于企业农业技术的需求，成为创新过程中较为活跃的行为主体；政府机构在网络构建、运行监管及财政支持方面发挥着重要的作用。根据本章的研究结果，上海市农业创新体系主体比较单一且创新能级不高，高素质劳动力缺乏是阻碍上海农业创新的首要因子，建议就不同类型的行为主体的功能和特点，依托基于市场化规则建立的服务工具平台，优化创新要素配置，逐步打造农业技术的综合平台建设，包括金融资本、信息交流、研发、人才孵化、会展交易等各类综合支撑平台，加强农业技术信息交流网络和科技资源共享的建设，打造充满活力、有序发展的生态创新圈。

# 第八章

# 上海农业创新发展前景与政策建议

## 第一节

## 上海农业创新网络发展趋势

创新网络是目前经济地理学领域的研究热点之一，但创新网络研究多以高技术、知识密集型工业为主，对于第一产业中的农业创新网络发展方面问题关注不多，对于都市型农业创新网络结构、空间特征、演进机理的探讨相对较少。本研究以上海农业创新网络为对象，在系统梳理创新网络研究文献的基础上，借助 1988 ~2018 年上海表征农业创新网络中科学知识网络与技术知识网络的农业技术领域合著论文和共同申请专利的信息数据，运用复杂网络与空间分析方法，基于城市、区域和国家等 3 个层面，从网络整体结构、关键节点的比较及其空间结构等方面刻画上海农业创新网络的结构及其空间特征。同时，以上海市级以上农业龙头企业、科研院所、政府部门问卷以及实地调研信息为依据，剖析了上海农业创新网络的演化特征和演进机理，并验证了网络结构、空间结构、区域创新环境及其交互作用对创新的作用机制。

## 一、政府是上海农业创新网络的重要组织者

农业创新网络是指由高校、科研院所、企业、农户、合作社、各类中介机构、政府相关行政部门等不同行为主体之间相互作用、相互联系而形成的以知识生产、转化、流动为核心的一种网络组织形式，是促进农业发展的一种重要方式。与制造业、服务业创新网络不同，农业创新网络知识、技术、组织管理形式有其自身的独特性。以往国内学者对农业创新网络研究对象多是基于分散的、独立生产的广大农户和专业合作社。本书依据全球农业发展态势，结合上海农业创新发展现实，深入分析了上海农业龙头企业与高校、科研院所的创新合作网络。另一方面，与海外农协组织在农业创新中发挥重要组织协调作用不同，我国政府在农业创新中发挥着十分重要的作用，而农协组织仅仅发挥辅助作用。

## 二、上海农业创新网络演化突变性特征显著

1988～2018 年，上海农业创新网络中行为主体间持续的合作关系已基本建立，创新知识交流越来越频繁。自 1988 年以来，上海市农业创新合作主体逐渐增加，自 2006 年后，上海农业创新网络规模和密度急剧增加，2010 年急剧下降后又升高。网络创新主体技术知识网络（联合申请专利）和科学知识网络（联合发表论文）数据显示，上海农业创新主体的合作论文及专利数逐步增加，并出现了增速突变的节点。1988～2000 年，论文和专利数量较少，2001 年以前的合作数均不足 30 个；2001～2005 年，两项指标呈现上升态势，本阶段末，合作论文和专利的数量分别为 81 和 7 个；从 2006 年开始，上海农业的合作专利数年均增加超过 37%，合作创新呈现爆发式增长之势；2011 年前后，受上海市新一轮农业布局规划（2010～2020 年）的影响，农业创新合作明显回落后迅速回稳，合作论文和专利的数量维持在 130 和 40 个左右波动。

## 三、高校和科研院所占据上海农业创新网络中核心地位

尽管越来越多的企业作为创新主体进入网络，但高校和科研机构的网络中心度高于企业，以上海市农业科学院、上海交通大学等为主的高校、研究机构占据着上海农业创新网络中的核心地位，在知识的转换和溢出方面发挥重要作用。基于组织邻近，形成了以上海市农业科学院为核心，包括上海科园、绿箭农业、佳牧生物、正名技术、国森生物等在内的凝聚子网。从发展过程来看，在上海农业科学知识网络的发展早期，合作创新主体有限，且各个主体的合作范围较小；创新合作伙伴的选择范围随着合作创新主体的增多而增大，而核心节点的度数中心度则逐渐缩小；但目前与科学技术网络相比，上海农业技术网络的结构较为松散并呈链状结构，还处于发展初期。

## 四、本地合作频率和强度均高于跨区域合作

农业产品具有在地性消费特征，对本地创新合作的需求强劲。加之上海农业创新刚刚处于发展的初期阶段，其网络因而表现出较强的地理邻近性，本地合作频率和强度均高于跨区域合作。上海农业创新网络本市、区域以及本国三个尺度相对重要性分析结果显示，尽管上海与区域内、外行为主体的创新合作日渐增强，跨界合作创新的数量也在逐渐增长，但是与长三角抑或全国其他城市的合作创新相比，上海农业创新本地尺度的合作占据最为重要地位且呈上升趋势；而国家尺度上的跨区域合作虽然占比仅次于本地尺度合作量的占比，但逐步减少的态势一直持续。地理邻近对塑造创新合作网络的重要性并未减弱，上海市域范围内合作比例达 81.08%；本国尺度的创新合作次之，为 16.82%；海外的合作只是零星地发生于几个大型企业，占比仅为 2.09%。

## 五、创新能级越高的企业越倾向于开展跨区域合作

总体来看，上海农业创新网络跨区域合作不断增多，特别是在国有及

大中型民营企业中，由于其发展时间一般较长、规模相对更大，同时比较容易获得政府的支持，其创新合作的需求远远高于小型企业，在创新网络中的核心地位相对突出。具体来说，知识伙伴明显呈现随着创新能力提高比例递增的趋势，一些创新能级越高的企业，越倾向于与高校、科研院所等知识伙伴进行合作。按照空间尺度来看，创新能级较高的企业组团跨区域联系开始多于本地联系，企业通过与多空间尺度的行为主体建立创新交流通道，进而避免本地知识的同质性以提升创新绩效。

### 六、政府在农业知识生产中发挥主导作用

政府在农业发展及创新政策、奖励机制等环节为企业的发展提供了有利条件，亦作为重要节点，在构建适应都市现代农业发展的科技创新体系的过程中发挥着重要的作用。政府在农业方面的支持意味着较多的资源倾斜和政策偏好，通过实地调研得到，除高校、科研院所作为网络核心节点外，企业对政府作用的感知度最高，创新能级高的企业对政府直接和间接的农业创新扶持政策感知均较高，上海创新能级较高的农业企业对政府的感知度超过下一能级的 6%。同时，知识伙伴与政府支持的乘积项为正且具有显著性（$\beta=0.474$），产业伙伴与政府支持的乘积项为负且具有显著性（$\beta=-0.929$），本市合作和政府支持的乘积项为负且具有显著性（$\beta=-0.918$），跨区域合作与政府支持的乘积项为负且具有显著性（$\beta=-0.372$），这充分说明政府是农业知识生产的重要推动者，而对产业伙伴、本地合作和跨区域合作关注还不够。

## 第二节

## 上海农业创新发展方向

进入 21 世纪，科技竞争已经成为世界各国综合国力竞争的核心内容，科学技术成为农业发展的助推器。世界发达国家纷纷大力加强农业技术研发投入，引领将农业发展向清洁高效、优质安全方向前进。通过信息化整合农业装备，极大地提高了农业生产过程的控制程度。而发展中国家则以

农作物高产技术为重点，着重发展育种技术、灌溉技术和旱作技术，通过解决半干旱、干旱和沙漠地区的农业生产问题，全面推动绿色技术革命。随着生物技术、信息技术、新材料技术、生态技术与低碳技术的不断创新和发展，世界各国先后出台了一系列加速农业科技发展的重点领域清单和政策措施。《国家中长期科学和技术发展规划纲要（2006～2020年）》《上海市中长期科学和技术发展规划纲要（2006～2020年）》等政府文件显示，上海正积极布局农业科技创新的新战略，将以高端生物种源技术、食品安全保障技术与生态农业技术为重点和优先发展领域。

## 一、高端生物种源农业

高端生物种源农业是上海农业科技发展的重点领域，计划依托常规育种技术与生物技术、种质资源收藏与挖掘技术，开展品质育种、抗性与耐性育种、高产育种以及高效育种，加强高新技术在育种技术中的应用研究，培育农业生物新品种，提高农业育种科技创新能力，推动生物育种产业化发展。其中，以加强生物育种核心技术、种质基因资源开发技术和生物种源制种关键技术为研究重点。生物种源的产品类型及关键技术如图8－1所示。

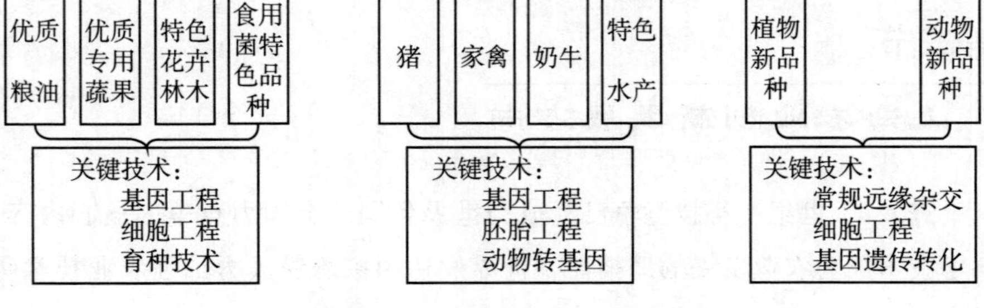


**图8－1　生物种源产业类型及关键技术**

资料来源：作者自绘

## 二、食品安全保障技术

食品安全保障技术是上海民生食品安全科技发展的重点。民以食为天，食以安为先，运用农产品安全监测技术、计算机技术、网络技术与标准化技术等，贯彻全程控制理论与技术体系，从根本上控制有害物质的危害性，建立食用农产品质量安全保障体系，保障市民食品消费安全。以食品质量安全监督、检测技术，农产品标准化生产及流通过程质量监督技术等为研究重点。食品安全保障技术体系如图 8－2 所示。

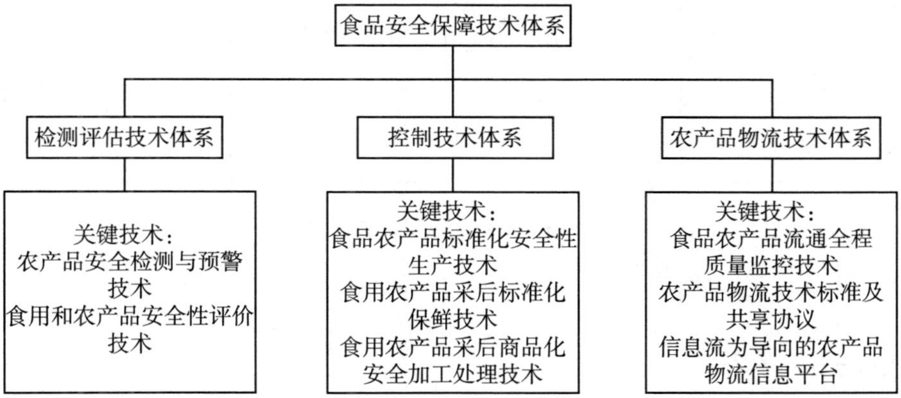


**图 8－2　食品安全保障技术体系关键技术**

资料来源：作者自绘

## 三、高效生态农业关键技术

高效生态农业关键技术对提升上海农业生态服务能力和水平具有十分重要的作用。农业的生态服务功能在大都市凸显其重要的战略功能，围绕这一功能，加强绿色技术、清洁技术、节能技术、信息技术等在生态农业领域集成创新，提升生态农业发展的综合技术水平，优先加强对农业低碳、节能、信息化技术以及农业污染控制、废物循环利用技术的研发与应用。高效生态农业关键技术如图 7－3 所示。

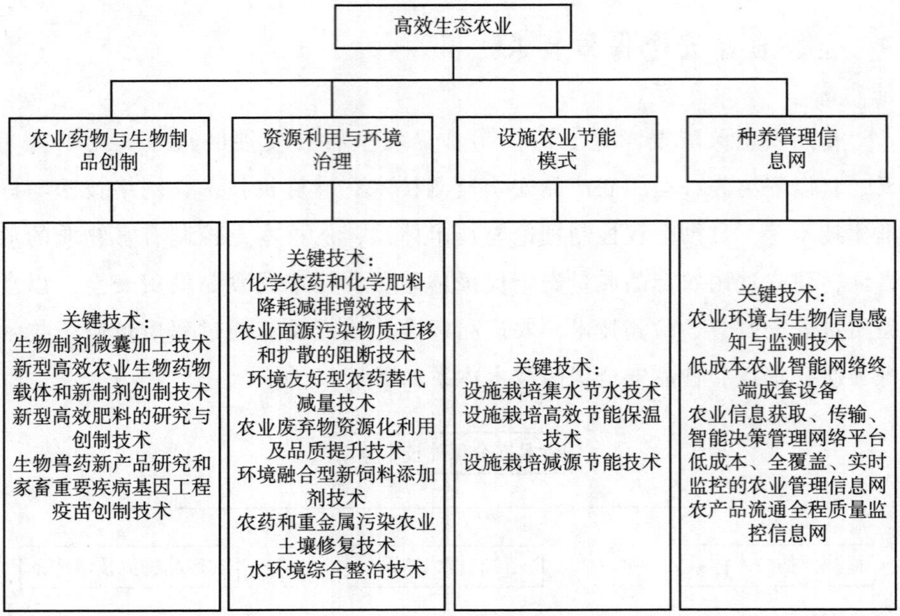


**图 8－3　高效生态农业关键技术**

资料来源：作者自绘

# 第三节

## 上海农业创新发展的路径建议

影响农业产学研一体化的因素主要包括外部环境和内部机制两个方面。解决好农业创新过程中内外两部分中阻滞其向纵深发展的制约因素，将会大大促进农业产学研一体化的快速发展。一方面，充分利用国家或政府的法规政策、环境体系、制度机制所提供的保障；另一方面，通过提升农业产学研一体化水平，加强各主体的协同性，使农业产学研一体化组织内部的运行管理机制更为健全。在借鉴世界发达国家成功经验的基础上，结合上海农业企业、高校、科研院所、政府部门等创新主体和创新网络的深入剖析，提出如下路径和建议，为探索出一条符合上海特色的农业产学研一体化道路提供借鉴。

## 一、优化农业创新发展的外部环境

### 1. 完善农业产学研一体化相关法律法规

政府利用政策导向、宏观调控等手段积极引导产学研主体在农业技术人才培训、技术服务咨询和关键技术创新攻关等方面广泛展开沟通，进行深入合作。政府部门转变职能角色，营造良好的宏观环境促进农业科研成果快速转化，要完善市场机制，健全相关的管理制度，不但要关心知识伙伴的合作，也要出台相关政策支持产业伙伴合作以及跨区域之间的交流合作。

### 2. 改善农业产学研一体化组织成果共享机制

进一步改善农业科技成果共享机制，科学合理地进行利益分配，充分调动高校、科研院所、企业各方的积极性，使各主体团结一致，跨越技术创新与成果应用之间的鸿沟。促进农业相关产业办和区县农业主管部门、技术推广部门对接，及时准确掌握农业产业发展的需求和导向，为农业产学研联合创新提供必要的技术支撑。发挥农业龙头企业的作用，采用技术培训和辐射带动等方式，积极引导更多的新型农业经营主体与更大范围的新型职业农民参与农业创新体系建设，组建覆盖面更广的农业产学研联盟。有步骤地推动专业服务机构的社会化、市场化、产业化建设和改革，鼓励农业高校、科研院所、涉农企业、社会团体和科研人员通过成果转化、技术入股、合作研发、创办企业、有偿技术承包等方式，建立或入股各类专业中介服务机构，充分发挥专业机构在知识、技术转移和资源整合方面的功能优势，增强创新成果转化主体之间的协调与合作。

### 3. 建立农业产学研一体化多元投融资体系

政府专项资金是产学研合作中重要的资金来源，有着扶持引导重要作用，可以设立恒定的专项资金，稳定保障高校、科研院所开展长期的公益性、基础性和关键技术、共性技术以及前瞻性技术的研究开发及其基础平台建设。加大农业企业资金扶持力度，一是，激发大企业创新热情，降低中小企业创新风险；二是，为企业产学研合作提供资金支持，拓宽筹资融资渠道，主动适应社会，面向市场，争取银行等金融机构设立专为农业产学研参与主体的服务窗口，并实施拨款贴息等优惠政策，逐步建立起“政府资金大力引导，产学研主体主动投入，银行贷款、风险投资、引进外资和社会集资等各类社会资金积极投入”的开放多元的融资渠道，使产学研合作更加深入、更加紧密，加快一体化进程。加大政府财政对于农业科技创新及其成果转化的投入保障力度，确保扶持资金能够实现持续、稳定增长的运作机制。鼓励和引导社会资本投入农业科技创新及成果转化，充分发挥政府专项资金的引导和放大作用，逐步建立以政府为主导，企业、社会、农户相结合的多元化、多渠道、可持续的投资体系。

**4. 拓宽农业产学研一体化合作渠道**

采取多元化方式，拓宽农业产学研的合作领域。鼓励和支持农业科研院所、高校和涉农企业尽早培养出一支在农业领域懂科研、能推广、善经营、会运作的精英队伍。大力鼓励高等院校、各类研究机构和企业在更大范围、更广领域内以单位合作、项目合作、委托合作等多种形式开展农业科技合作和成果应用转化，构建全方位、多元化的合作关系。探索以农业科技创新中心为载体进行农业科技传播扩散，以科技企业孵化器为依托扶持农业中小科技企业快速成长，尝试发展农业行业协会、专业合作社、农业金融服务中心等多种类型的中介服务机构，保障农业产学研合作的有效运转。建议依托上海崇明生态农业科创中心、上海浦东孙桥现代农业科创中心和上海市农业科学院都市现代农业科创中心三大科创中心平台，加强国际合作交流。进一步明确三大中心发展定位，完善中心架构。以此为基础，尽早建立起上海农业科技国际合作交流中心、上海农业科技国际示范园区等平台，吸引农业科技创新方面的国际资源，加大国际协作与资源整合，加快农业科技成果的国际化应用和输出。

## 二、完善农业创新发展的内部机制

### 1. 建立农业产学研一体化组织的人员保障机制

对上海市农科院、上海市动物疫病控制中心等农业科研单位的科研人员要建立起相应的支撑保障体系，要保证农业科研人员有合适的条件和充足的时间开展科研实验。在单位进行绩效考核、人才培养评价等方面，要综合考虑研发活动对产业发展的贡献统筹考虑，给予相关科研人员重点支持；建设能够支撑上海市农业发展的高层次农业科技人才队伍。一方面，健全农业科技人才工作机制，依托上海市农业领域开展的重大科技创新项目与工程，加强本市优秀农业科技人才的培养和引进，进一步优化考核评价机制，由过去重学术向学术与转化应用并重转变；另一方面，积极抓好农业生产人才，通过政策倾斜吸纳更多优秀人才从事现代农业生产。

### 2. 完善农业产学研一体化组织的运行机制

遵循市场化原则，完善农业产学研一体化组织的运行机制，实现农业产学研合作的可持续性。参照成本最小化与优势互补、目标一致的原则，理智地选择合作伙伴。以《合同法》《公司法》等法律法规作为依据，制定规范的合作章程，明晰农业产学研一体化组织内部各合作主体的权责，确保权责一致，保障各方利益。与此同时，要科学合理地分工合作，建立完善的奖罚制度，激励督促各方合作伙伴朝着统一的目标努力前进。在具体的实施践行过程中，及时调节有偏差的环节，使农业产学研合作更加高效、更加开放、更加规范。

### 3. 强化农业产学研一体化组织的知识管理

农业的行业特点决定了其产学研合作涉及的主体较多，也导致了较多合作主体违约的情况。为解决这一问题，减少因违约给整个合作团体带来的利益损失，在构建农业产学研一体化组织时，应具有现代企业的良好合作意识，发挥企业家精神，系统管理各个合作主体的知识。在合作组织的内部，构建以企业为主导的现代农业产学研一体化组织，为了避免某一参与方的违约造成整个产学研合作组织利益损失，应建立相应的体制机制，系统化管理各合作主体的知识，构建组织内部的学习通道，实现组织内部知识的转移、消化、吸收和二次创新。与此同时，应不断反思总结，汲取合作中的成功经验和失败教训，使得合作组织更好、更快地发展壮大。

**4. 加强农业产学研一体化组织的知识产权保护**

一方面，重视对内部人员在文件管理及保密规定、知识产权法律制度等方面的教育，增强内部人员知识产权的保护意识。另一方面，制定技术信息保密制度等企业、机构的知识产权保护制度，从制度层面明确技术信息知情人员的保密义务，规范技术信息知情人员的行为，防止技术信息有意泄露。同时，统一管理科研档案，控制获知技术信息的人员范围，除必要人员外，尽量避免无关人员获知技术信息；结合企业或机构的实际情况，构建完善的知识产权转让管理制度。

## 第四节 本章小结

上海作为我国特大型城市，已完成从传统农业到城郊农业的全面转变，具备了都市型现代农业的发展条件。上海农业虽然总量不大，但上海粮食作物单位面积产量、农业机械化、设施化水平，农民组织化程度，农业商品率等均位居全国前列。在大健康发展、农业供给侧结构性改革和上海农业科技创新建设的大背景下，亟待研究以上海为代表的都市型农业创新网络的基本形态和演化机理、产业伙伴和知识伙伴的不同作用以及农业创新网络的主要影响因素等。本章根据对上海农业创新发展历程、发展现状、发展条件的剖析，结合上海“十三五”农业科技发展规划和上海都市现代农业科技创新中心的总体构想，分析了上海农业创新的发展趋势，上海农业创新发展将重点关注高端农业科技发展领域、民生食品安全科技发展领域、农业服务城市生态功能领域等。同时，依据上海农业创新网络构成、空间结构和演化机理分析，从优化农业创新发展的外部环境、完善农业创新发展的内部机制两个方面提出了促进农业产学研一体化发展的建议，对于社会经济条件非常相似的长三角地区以及国内其他城市化快速推进地区的现代农业发展具有借鉴意义。

# 参考文献


[1] Assimakopoulos D. G.. 技术社区与网络——创新的激发与驱动[M]. 华宏鸣，司春林，吴添港，译. 北京：清华大学出版社，2010.

[2] 艾少伟，苗长虹. 从“地方空间”“流动空间”到“行动者网络空间”：ANT视角[J]. 人文地理，2010（2）：43－49.

[3] 白亚娟. 我国农业科技推广体系研究[D]. 杨凌：西北农林科技大学，2006.

[4] 布鲁诺·拉图尔. 科学在行动：怎样在社会中跟踪科学家和工程师[M]. 刘文旋，等译. 北京：东方出版社，2005.

[5] 曾刚，李英戈，樊杰. 京沪区域创新系统比较研究[J]. 中国城市化研究，2006，30（3）：32－38.

[6] 曾刚. 上海汽车产业集群建设之管见[J]. 长江流域资源与环境，2008，17（2）：168.

[7] 曾菊新. 现代城乡网络化发展模式[M]. 北京：科学出版社，2001.

[8] 陈太政，李二玲，李琬. 1989～2009年河南省农作物地理集聚及其演化机制[J]. 地理科学进展，2013，32（8）：1237－1245.

[9] 陈伟，张永超，马一搏，等. 区域装备制造业产学研创新网络的实证研究——基于网络结构和网络聚类的视角[J]. 科学学研究，2012，30（4）：600－607.

[10] 陈伟，张永超，田世海. 区域装备制造业产学研创新网络的实证研究——基于网络结构和网络聚类的视角[J]. 中国软科学，2012（2）：96－107.

[11] 陈锡文. 适应经济发展新常态　加快转变农业发展方式[J].

求是，2015（6）：20－22.

[12] 陈玉萍，吴海涛．农业技术扩散与农户经济行为［M］．武汉：湖北人民出版社，2010.

[13] 池仁勇．区域中小企业创新网络的结点联结及其效率评价研究［J］．管理世界，2007（1）：105－121.

[14] 崔春晓，李建民，邹松岐．美国农业科技推广体系的组织框架、运行机制及对中国的启示［J］．农村经济与科技，2012，23（8）：120－123.

[15] 党建兵．跨组织联结、资源管理与企业创新绩效［D］．南京：南京大学，2013.

[16] 邓正华．环境友好型农业技术扩散中农户行为研究［D］．武汉：华中农业大学，2013.

[17] 范群林，邵云飞，唐小我，王剑峰．结构嵌入性对集群企业创新绩效影响的实证研究［J］．科学学研究，2010（12）：1891－1900.

[18] 冯峰．产学研合作创新网络培育机制分析——基于小世界网络模型［J］．中国软科学，2008（11）：82－86.

[19] 冯锋，李徐伟，司尚奇．基于无标度网络的产学研合作网络功能及培育机制研究［J］．科学学与科学技术管理，2009（9）：27－30.

[20] 冯治军，王树林．网络关系对企业创新能力的影响研究［D］．哈尔滨：哈尔滨工业大学，2006.

[21] 盖文启．创新网络：区域经济发展新思维［M］．北京：北京大学出版社，2002.

[22] 郭爱芳．企业STI/DUI学习与技术创新绩效关系研究［D］．杭州：浙江大学，2010.

[23] 郭焕成，王云才．我国农业地理学研究的回顾和发展趋势［J］．经济地理，1999，19（6）：1－6.

[24] 郭俊立．巴黎学派的行动者网络理论及其哲学意蕴评析［J］．自然辩证法研究，2007（2）：104－108.

[25] 郭明哲．行动者网络理论［D］．上海：复旦大学，2008.

[26] 郭思．基于产业链与产业集群下的装备制造业企业网络研究——

以上海临港为例［D］. 上海：华东师范大学，2012.

［27］郝生宾，于渤. 企业网络能力对自主创新影响的实证研究［J］. 科学学与科学技术管理，2009（4）：77－80.

［28］亨利·埃茨科威兹，等. 创业型大学与创新的三螺旋模型［J］. 科学学研究，2009（4）：481－488.

［29］洪进，余文涛，汪凯. 基于“行动者网络理论”的中国生物制药产业技术的演化和治理研究［J］. 中国科技论坛，2010（11）：55－61.

［30］洪伟. 区域校企专利合作创新模式的变化——基于社会网络方法的分析［J］. 科学学研究，2010（1）：40－46，150.

［31］胡海鹏，袁永. 基于行业视角的北京产学研合作创新网络空间特征分析［J］. 科技管理研究，2018（24）：79－86.

［32］景秀艳. 网络权力及其影响下的企业空间行为研究［D］. 上海：华东师范大学，2007.

［33］雷滔，陈向东. 区域校企合作申请专利的网络图谱分析［J］. 科研管理，2011，32（2）：67－73.

［34］李春涛，宋敏. 中国制造业企业的创新活动：所有制和 CEO 激励的作用［J］. 新华文摘，2010（5）.

［35］李丹丹，汪涛，魏也华，等. 中国城市尺度科学知识网络与技术知识网络结构的时空复杂性［J］. 地理研究，2015，34（3）：525－540.

［36］李丹丹，汪涛，周辉. 基于不同时空尺度的知识溢出网络结构特征研究［J］. 地理科学，2013，33（10）：1180－1187.

［37］李二玲，李小建. 欠发达农区传统制造业集群的网络演化分析——以河南省虞城县南庄村钢卷尺产业集群为例［J］. 地理研究，2009，28（3）：738－750.

［38］李二玲，庞安超，朱纪广. 中国农业地理集聚格局演化及其机制［J］. 地理研究，2012，31（5）：885－898.

［39］李二玲，史焱文，李小建. 基于农业产业集群的农业创新体系结构分析——以河南省鄢陵县花木产业集群为例［J］. 经济地理，2012（11）：113－119.

［40］李华晶，王睿．知识创新系统对我国大学衍生企业的影响——基于三螺旋模型的解释性案例研究［J］．科学管理研究，2011（1）：114－120.

［41］李佳怡，李同昇，李树奎．不同农业技术扩散环境区农户技术采用行为分析——以西北干旱半干旱地区节水灌溉技术为例［J］．水土保持通报，2010（5）：201－205，236.

［42］李敬，陈澍，万广华，等．中国区域经济增长的空间关联及其解释——基于网络分析方法［J］．经济研究，2014（11）：4－16.

［43］李同昇，罗雅丽．农业科技园区的技术扩散［J］．地理研究，2016，35（3）：419－430.

［44］李平，刘智君，王维薇．中日农业科技创新体系建设的比较分析［J］．农村经济与科技，2018，29（21）：9－11，36.

［45］李小建，李二玲．西方农区地理学理论研究评述［J］．经济地理，2007，27（1）：5－10.

［46］李小建．农区地理学国际研究进展［J］．人文地理，2006，21（6）：1－5.

［47］李小丽．三螺旋模式下大学技术转移组织构建研究［D］．武汉：华中科技大学，2013.

［48］李志刚，汤书昆，梁晓艳，赵林捷．产业集群网络结构与企业创新绩效关系研究［J］．科学学研究，2007，25（4）：778－782.

［49］梁书民．中国农业种植结构及演化的空间分布和原因分析［J］．中国农业资源与区划，2006，27（2）：29－34.

［50］廖祖君，郭晓鸣．中国农业经营组织体系演变的逻辑与方向：一个产业链整合的分析框架［J］．中国农村经济，2015（2）：13－21.

［51］林兰．技术扩散理论的研究与进展［J］．经济地理，2010，30（8）：1233－1239.

［52］林秀梅，孙海波，王丽敏．知识产权保护对经济增长的技术差距门槛效应——基于中国省际面板数据的经验分析［J］．当代经济研究，2015（12）：37－45.

［53］林学军．基于三重螺旋创新理论模型的创新体系研究［D］．广

州：暨南大学，2010.

[54] 刘丹，闫长乐．协同创新网络结构与机理研究［J］．管理世界，2013（12）：1－4.

[55] 刘凤朝，马荣康，姜楠．基于“985 高校”的产学研专利合作网络演化路径研究［J］．中国软科学，2011（7）：178－192.

[56] 刘刚，罗强．上海推进农业产学研一体化的现状与建议［J］．上海农村经济，2015（5）：16－18.

[57] 刘刚，尚勇敏，曾刚．发达国家农业产学研一体化实践与启示［J］．上海农业学报，2015，31（3）：123－126.

[58] 刘慧芬．产学研合作模式和机制研究［D］．上海：上海交通大学，2009.

[59] 刘伟．探究农业生产同心圆环状结构发生形变的影响因子——是谁改变了杜能环［J］．中国科教创新导刊，2012（29）.

[60] 刘彦随，王大伟，彭留英．中国农业地理学研究的进展与趋向［J］．地理学报，2004（增 1）：175－182.

[61] 刘彦随，吴传钧．农业持续发展研究进展及其理论［J］．经济地理，2000（1）：63－68.

[62] 鲁柏祥．基于知识的国家农业技术创新体系研究［D］．杭州：浙江大学，2007.

[63] 陆大道．中国区域发展的新因素与新格局［J］．地理研究，2003，22（3）：261－271.

[64] 栾春娟，王续琨，侯海燕．发明者合作网络的演变及其对技术发明生产率的影响［J］．科学学与科学技术管理，2008（3）：28－30.

[65] 罗强，俞菊生，刘刚．上海农业科技创新水平现状分析［J］．上海农村经济，2014（6）：33－34.

[66] 吕国庆，曾刚，顾娜娜．基于地理邻近与社会邻近的创新网络动态演化分析：以我国装备制造业为例［J］．中国软科学，2014（5）：97－106.

[67] 吕国庆，曾刚，顾娜娜．经济地理学视角下区域创新网络的研究综述［J］．经济地理，2014，34（2）：1－8.

[68] 吕国庆，曾刚，郭金龙．长三角装备工业产学研创新网络体系的演化分析 [J]．地理科学，2014，34 (9)：1051－1059.

[69] 吕国庆．中国装备工业创新网络研究 [D]．上海：华东师范大学，2016.

[70] 吕可文．知识基础、学习场与技术创新 [D]．开封：河南大学，2013.

[71] 戚湧，刘军．创新网络对装备制造企业创新绩效的影响 [J]．中国科技论坛，2017 (8)：69－78.

[72] 马克思恩格斯选集（第3卷）[M]．北京：人民出版社，1972：552.

[73] 马双，曾刚．技术合作对企业创新绩效的影响研究——以我国装备制造业为例 [J]．华东经济管理，2016，30 (5)：160－165.

[74] 马双，曾刚，吕国庆．基于不同空间尺度的上海市装备制造业创新网络演化分析 [J]．地理科学，2016，36 (8)：1155－1164.

[75] 马艳艳，刘凤朝，孙玉涛．中国大学——企业专利申请合作网络研究 [J]．科学学研究，2011，29 (3)：390－395.

[76] 毛加强，崔敏．创新网络下的产业集群技术创新实证分析 [J]．软科学，2010 (3)：19－31.

[77] 莫小香，孔令孜等．浅析我国农业科技成果转化现状及对策 [J]．农村经济与科技，2014，25 (10)：159－161.

[78] 欧阳俊，李康杓．中国汽车零部件购销网络的块段模型分析 [J]．统计研究，2006 (4)：32－38.

[79] 钱锡红，徐万里，杨永福．企业网络位置、间接联系与创新绩效 [J]．中国工业经济，2010 (2)：78－88.

[80] 瑟乔·西斯蒙多．科学技术学导论 [M]．许为民，等译．上海：上海世纪出版社，2007：85.

[81] 石乘齐，党兴华．基于知识权力的创新网络演化模型 [J]．科技进步与对策，2013，30 (17)：128－131.

[82] 史烽，高阳，陈石斌，等．技术距离、地理距离对大学——企业协同创新的影响研究 [J]．管理学报，2016，13 (11)：1665－1673.

[83] 史焱文，李二玲，李小建，等．基于 SNA 的农业产业集群创新网络与知识流动分析——以寿光蔬菜产业集群、鄢陵花木产业集群为例［J］．经济地理，2015，35（8）：114－122.

[84] 史焱文，李二玲，李小建．农业产业集群创新效率及影响因素——基于山东省寿光蔬菜产业集群的实证分析［J］．地理科学进展，2014，33（7）：1000－1008.

[85] 史焱文，李二玲，李小建．农业创新系统研究脉络及启示［J］．经济地理，2014，34（3）：10－16.

[86] 宋晶，孙永磊．合作创新网络能力的形成机理研究——影响因素探索和实证分析［J］．管理评论，2016，28（3）：67－75.

[87] 孙志锋，陈萍，郑亚红．我国政产学研一体化的现状及问题研究——基于宁波市的实证分析［J］．技术经济与管理研究，2013（7）：53－58.

[88] 汤进华．城镇化进程中上海市郊农业产业结构演进与评价研究［D］．上海：华东师范大学，2012.

[89] 涂俊，吴贵生．基于 DEA－Tobit 两步法的区域农业创新系统评价及分析［J］．数量经济技术经济研究，2006（04）：136－145.

[90] 汪涛，Hennemann S，Liefner I. 等．知识网络空间结构演化及对 NIS 建设的启示——以我国生物技术知识为例［J］．地理研究，2011，30（10）：1861－1872.

[91] 王贝贝．多维邻近性视角下的知识网络结构演化研究——以生物科技和纳米科技为例［D］．南京：南京师范大学，2013.

[92] 王琛，林初昇，戴世续．产业集群对技术创新的影响——以电子信息产业为例［J］．地理研究，2012，31（8）：1375－1386.

[93] 王灏．光电子产业创新网络的构建与演进研究［D］．上海：华东师范大学，2009.

[94] 王缉慈，王可．区域创新环境和企业根植性——兼论我国高新技术企业开发区的发展［J］．地理研究，1999（4）：357－362.

[95] 王缉慈．创新的空间——企业集群与区域发展［M］．北京：北京大学出版社，2001.

[96] 王敬华，杨闯，陈江涛，等．农业科技成果转化政策与机制研究 [J]．湖南农业科学，2012 (5)：141-144.

[97] 王能能，孙启贵，徐飞．行动者网络理论视角下的技术创新动力机制研究——以中国自主通信标准 TD-SCDMA 技术创新为例 [J]．自然辩证法研究，2009 (3).

[98] 王秋玉，吕国庆，曾刚．内生型产业集群创新网络的空间尺度分析——以山东省东营市石油装备制造业为例 [J]．经济地理，2015，35 (6)：102-108.

[99] 王秋玉，曾刚，吕国庆．中国装备制造业产学研合作创新网络初探 [J]．地理学报，2016 (2)：251-264.

[100] 王贤梅，胡汉辉．基于社会网络的产业集群创新能力分析 [J]．科学学与科学技术管理，2009，(12)：86-91.

[101] 王向华．基于三螺旋理论的区域智力资本协同创新机制研究 [D]．天津：天津大学，2012.

[102] 王玉秋．开放系统中企业创新的网络机制研究（二）[J]．科研管理，2015 (s1)：61-67.

[103] 魏江，朱海燕．产业集群网络化创新过程与创新绩效的实证研究 [J]．中国青年科技，2007 (3)．8-14.

[104] 温晓霞，杨改河．西部地区农业专业化发展及主要作物比较优势的衡量 [J]．土壤与作物，2006，22 (2)：112-116.

[105] 文婷．嵌入全球价值链的中国地方产业网络升级机制的理论与实践研究 [D]．上海：华东师范大学，2005.

[106] 吴剑峰，杨震宁，邱永辉．国际研发合作的地域广度、资源禀赋与技术创新绩效的关系研究 [J]．管理学报，2015，12 (10).

[107] 吴敏．基于三螺旋模型理论的区域创新系统研究 [J]．中国科技论坛，2006 (1)：36-40.

[108] 希拉·贾撒诺夫，等．科学技术论手册 [M]．盛小明，等译．北京：北京理工大学出版社，2004：191.

[109] 夏丽娟，谢富纪，付丙海．邻近性视角下的跨区域产学协同创新网络及影响因素分析 [J]．管理学报，2017 (12)：63-71.

[110] 肖仁桥，钱丽，陈忠卫．中国高技术产业创新效率及其影响因素研究 [J]．管理科学，2012，25 (5)：85 –98.

[111] 谢静．高校产学研结合的发展模式研究 [D]．西安：西北工业大学，2003.

[112] 徐振宇．社会网络分析在经济学领域的应用进展 [J]．经济学动态，2013 (10)：61 –72.

[113] 杨光富，张宏菊．赠地学院对美国高等教育的影响 [J]．河北师范大学学报，2008，10 (10)：8 –11.

[114] 阳银娟．知识伙伴对企业创新绩效的影响研究 [D]．杭州：浙江大学，2014.

[115] 阳银娟，陈劲．开放式创新中市场导向对创新绩效的影响研究 [J]．科研管理，2015 (3)：103 –110.

[116] 尤晨，魏世振，陈良珠，等．农业产业集群形成机制分析及启示 [J]．福建论坛（人文社会科学版），2007 (6)：35 –38.

[117] 约翰·冯·杜能．孤立国同农业和国民经济的关系 [M]．吴衡康，译．北京：商务印书馆，1986.

[118] 原毅军，任焕焕，张蒙蒙．装备制造业的耦合网络分析及升级路径 [J]．科技进步与对策，2012 (9)：58 –62.

[119] 翟琳，王晶，徐明，等．法国农业科技体制发展及对中国科技体制改革的启示 [J]．世界农业，2015 (4).

[120] 张贵龙．加快推进上海农村集体经济组织产权制度改革 [J]．上海农村经济，2013 (2)：9 –11.

[121] 张洁瑶．创业企业多维邻近性对协同创新关系影响研究 [J]．科研管理，2018，39 (9)：78 –85.

[122] 张晶，许正权，张中强．生态视角下协同创新网络构建及演替研究 [J]．科技进步与对策，2016，33 (23)：19 –24.

[123] 张敏．基于三螺旋模型的企业自主创新能力提升研究——以大连光洋为例 [D]．大连：大连理工大学，2014.

[124] 张蓉．农业高校产学研结合模式探讨 [D]．杨凌：西北农林科技大学，2007.

［125］张小林，盛明．中国乡村地理学研究的重新定向［J］．人文地理，2002，17（1）：81－85．

［126］张云逸，曾刚．技术权力影响下的产业集群演化研究——以上海汽车产业集群为例［J］．人文地理，2010（2）：120－124．

［127］张云逸．基于技术权力的地方企业网络演化研究［D］．上海：华东师范大学，2009．

［128］章世明．中美农业推广模式比较研究——中国“政府主导型”与美国“三位一体”型模式的比较［D］．南京：南京农业大学，2011．

［129］赵建吉．全球技术网络及其对地方企业网络演化的影响［D］．上海：华东师范大学，2011．

［130］郑风田，顾莉萍．准公共品服务、政府角色定位与中国农业产业簇群的成长——山东省金乡县大蒜个案分析［J］．中国农村观察，2006（5）：18－25．

［131］郑海涛．基于企业集聚的网络结构、外部社会资本和技术创新绩效关系研究［D］．华南理工大学博士论文，2011．

［132］郑辽吉，马廷玉．多功能农业创新网络构建与分析［J］．农业现代化研究，2015（4）：643－650．

［133］钟秋波．我国农业科技推广体制创新研究［D］．成都：西南财经大学，2013．

［134］周春彦，亨利·埃茨科威兹．三螺旋创新模式的理论探讨［J］．东北大学学报（社会科学版），2008（4）：300－304．

［135］周国红，陆立军．产学研对企业竞争力的影响程度研究——基于1639家中小企业问卷调查与分析［J］．研究与发展管理，2005，17（5）：64－68．

［136］周浩军．搜索优势与转移问题：弱联系、结构洞和网络多样性［D］．浙江大学博士论文，2011．

［137］朱桂龙，彭有福．产学研合作创新网络组织模式及其运作机制研究［J］．软科学，2003，17（4）：49－52．

［138］朱纪广，李二玲，史焱文，等．农业产业集群发展中的共同演化分析——以鄢陵县花木产业集群为例［J］．人文地理，2014（3）：

109 - 114.

[139] Agwu, A. E., Dimelu, M. U. and Madukwe, M. C. Innovation System Approach to Agricultural Development: Policy Implications for Agricultural Extension Delivery in Nigeria [J]. African Journal of Biotechnology, 2008, 7 (11): 1604 - 1611.

[140] Ahuja, G. Collaboration networks, structural holes, and innovation: A longitudinal study. Administrative Science Quarterly, 2000, 45 (3): 425 - 455.

[141] Ahuja G. Collaboration networks, structural holes and innovation: a longitudinal study [J]. Administrative Science Quarterly, 2000: 78 - 92.

[142] Andersson D E, Gunessee S, Matthiessen C W, et al. The geography of Chinese science [J]. Environment and Planning A, 2014, 46: 2950 - 2971.

[143] Antonio Messeni Petruzzelli, Vito Albino, Nunzia Carbonara, Daniele Rotolo. Leveraging Learning Behavior and Network Structure to Improve Knowledge Gatekeepers Performance [J]. Journal of Knowledge Management, 2010, 14 (5): 635 - 658.

[144] Archibugi, D. The inter - industry distribution of technological capabilities: a case study in the application of Italian patenting in the USA [J]. Technovation, 1998 (7): 259 - 274.

[145] Arvanitis, Spyros, Woerter, Martin, . Firms' transfer strategies with universities and the relationship with firms' innovation performance [J]. Industrial & Corporate Change, 2009, 18 (6): 1067 - 1106.

[146] Asheim B, Coenen L, Moodysson J, et al. Constructing knowledge - based regional advantage: implications for regional innovation policy [J]. International Journal of Entrepreneurship & Innovation Management, 2007, 7 (2): 140 - 155.

[147] Asheim B T, Coenen L. Knowledge bases and regional innovation systems: Comparing Nordic clusters [J]. Research Policy, 2005, 34 (8): 1173 - 1190.

[148] Asheim B T, Isaksen A. Regional innovation system: the integration of local "sticky" and global "ubiquitous" knowledge [J], The Journal of Technology Transfer, 2002 (27): 77 - 86.

[149] Autio E. Evaluation of RTD in regional systems of innovation [J]. European Planning Studies, 1998, 6 (2): 131 - 140.

[150] Balland P A, Boschma R, Frenken K. Proximity and Innovation: From Statics to Dynamics [J]. Regional Studies, 2015, 49 (6): 1 - 14.

[151] Balland P A, Vaan M D, Boschma R. The dynamics of interfirm networks along the industry life cycle: The case of the global video game industry, 1987 - 2007 [J]. Journal of Economic Geography, 2013, 13 (5): 741 - 765.

[152] B. A. Lundvall. National systems of innovation: Towards a theory and interactive learning [M]. London: Anthem Press. 1992.

[153] Bathelt H, Glückler J. The Relational Economy: Geographies of Knowing and Learning [M]. Oxford University Press, 2011: 273 - 275.

[154] Bathelt H, Malmberg A, Maskell P. Cluster and Knowledge: Local Buzz, Global Pipelines and the Process of Knowledge Creation [J]. Progress in Human Geography, 2004 (28): 31 - 56.

[155] Bathelt H. Geographies of production: growth regimes in spatial perspective (Ⅱ) - knowledge creation and growth in clusters [J]. Progress in Human Geography, 2005, 29 (2): 204 - 216.

[156] Baum J A C, Calabrese T, Silverman B S. Don't go it alone: alliance network composition and stratups' performance in Canadian biotechnology [J]. Strategic Management Journal, 2000 (21): 267 - 294.

[157] Bayona C, GarcíA - Marco T, Huerta E. Firms motivations for cooperative R&D: an empirical analysis of Spanish firms [J]. Research Policy, 2001, 30 (00): 1289 - 1307.

[158] Belderbos R, Carree M, Lokshin B. Cooperative R&D and firm performance [J]. Research Policy, 2004, 33 (10): 1477 - 1492.

[159] Bell, G. G. Clusters, networks, and firm innovativeness [J].

Strategic Management Journal, 2005, 26 (3): 287 - 295.

[160] Boschma. R. A.. Proximity and Innovation: A Critical Assessment [J]. Regional studies, 2005, 39 (1): 61 - 74.

[161] Broekel T, Boschma R. Knowledge networks in the Dutch aviation industry: the proximity paradox [J]. Journal of Economic Geography, 2009, 12 (2): 409 - 433.

[162] Bunnell T G, Coe N M. Spaces and Scales of Innovation [J]. Progress in Human Geography, 2001, 25 (25): 569 - 589.

[163] Callon M. Some elements of a sociology of translation: domestication of the scallops and fishermen of St. Brieuc Bay [A]. In: LAW J. (Eds.), Power, Action and Belief: A New Sociology of Knowledge [C]. London: Routledge and Kegan Paul, 1986.

[164] CAMAGNl R. Innovation networks: spatial perspectives [M]. London: Belhaven press, 1991.

[165] Chairatana P A, Chantaraskul K, Ratanawaraha A, et al. Knowledge - intensive business service within creative industry in Thailand: paper to be presented at "The 7th ASIALICS International Conference" Global Recession and Reform of Innovation Systems in Asia, 15 - 17 April 2010 [J]. Innovation Interface Labs Chulalongkorn University Bangkok Th, 2010.

[166] Chairatana P, The economics of the agro - innovation system (AIS) [A], Paper for DRUID's Summer 2000 Conference [C], Rebild/Denmark, 2000: 15 - 17.

[167] Chambers R, Pacey A, Thrupp L A. Farmer First: Farmer Innovation & Agricultural Research [M]. London: Intermediate Technology Publications, 1989.

[168] Chih - Hsing Liu. The effects of innovation alliance on network structure and density of cluster [J]. Expert Systems with Applications, 2011 (38): 299 - 305.

[169] Chris Freeman. Technology Policy and Economic Performance Lessons Irom Japan [M]. London; Pinter Publishers, 1987.

[170] Coe N M, Yeung WC. Global Production Networks: Theorizing Economic Development in an Interconnected World [M]. 2015.

[171] Darr, E. D. , Kurtzberg, T. R. An investigation of Partner similarity dimensions on knowledge transfer [J]. Organizational behavior and human decision proeesses, 2000, 82 (1): 28 -44.

[172] David Doloreux, Charles Edquist, Leif Hommen. The institutional and functional underpinnings of the regional innovation system of East - Gothia [R]. Sweden The DRUID Summer Conference, 2003: 1 -4.

[173] Defillippi R, Arthur M. Paradox in project - based enterprises: The case of filmmaking [C]. 1998: 125 -139.

[174] Diez J R, Berger M. The role of multinational corporations in metropolitan innovation systems: empirical evidence from Europe and Southease Asia [J]. Environment and Planning A, 2005, 37 (10): 1813.

[175] Engel J S, Del - Palacio I. Global networks of clusters of innovation: Accelerating the innovation process [J]. Business Horizons, 2009, 52 (5): 493 -503.

[176] Eom B Y, Lee K. Determinants of industry - academy linkages and their impact on firm performance: The case of Korea as a latecomer in knowledge industrialization [J]. Research Policy, 2010, 39 (5): 625 -639.

[177] Erken H, Gilsing V. Relocation of R&D - a Dutch perspective [J]. Technovation, 2005, 25 (10): 1079 -1092.

[178] Escribano A, Fosfuri A, Tribó J A. Managing external knowledge flows: The moderating role of absorptive capacity [J]. Research Policy, 2009, 38 (1): 96 -105.

[179] EtzkowitzH, Leydesdorff L. Universities andthe Global Knowledge Economy: A Triple Helix of University - Industry - Government Relations [M]. London: Cassell Academic, 1997.

[180] Fitjar R D, Rodríguez - Pose A. Firm Collaboration and Modes of Innovation in Norway [J]. Research Policy, 2013, 42 (1): 128 -138.

[181] Fontana R, Geuna A, Matt M. Factors affecting university - indus-

try R&D projects: The importance of searching, screening and signaling [J]. Research Policy, 2006, 35 (2): 309 - 323.

[182] Freeman C. The economics of industrial innovation [M]. 2nd ed. London: Frances Primer, 1982.

[183] Fritsch, M., Kauffeld - Monz M. The impact of network structure on knowledge transfer: an application of social network analysis in the context of regional innovation networks [J]. The Annals of Regional Science. 2010, 44 (1): 21 - 38.

[184] Gertler M S, Wolfe D A. Innovation and Social Learning [M]. Palgrave Macmillan, 2002.

[185] Georgea G, Zahra S A, Wood D R. The effects of business - university alliances on innovative output and financial performance: A study of publicly traded biotechnology companies [J]. Journal of Business Venturing, 2002, 17 (6): 577 - 609.

[186] Giuliani E. The selective nature of knowledge networks in clusters: evidence from the wine industry [J]. Journal of Economic Geography, 2007, 7 (2): 139 - 168.

[187] Glückler J. Economic geography and the evolution of networks [J]. Journal of Economic Geography, 2007, 7 (7): 619 - 634.

[188] Grabher G. Fragile sector, robust practice: project ecologies in new media [J]. Environment & Planning A, 2002, 34 (11): 1911 - 1926.

[189] Hagedoorn J, Cloodt M. Measuring innovative performance: is there an advantage in using multiple indicators? [J]. Research Policy, 2003, 32 (8): 1365 - 1379.

[190] Hagestrand T. Innovation as A Spatial Process [M]. Chicago: University of Press, 1967.

[191] Hakan Hakansson. Industrial technological development: a network approach [M]. Croom Helm, 1987.

[192] Hall, A. Challenges to Strengthening Agricultural Innovation Systems: Where Do We Go From Here? [R]. United Nations University Working

Paper Series, 2007.

[193] Hennessy T, Läpple D, Moran B. The Digital Divide in Farming: A Problem of Access or Engagement? [J]. Applied Economic Perspectives and Policy, 2016, 38 (3).

[194] Henry Etzkowitz, ChunyanZhou. Regional Innovation Initiator: The Entrepreneurial University in Various Triple Helix Models [C]. Singapore: Theme Paper for 6th Triple Helix Conference, 2007.

[195] Herstad, S. J., Aslesen H. W., Ebersberger B. On industrial knowledge bases, commercial opportunities and global innovation network linkages [J]. Research Policy. 2014, 43 (3): 495 – 504.

[196] Hoekman J, Frenken K, Van Oort F. The geography of collaborative knowledge production in Europe [J]. The Annals of Regional Science, 2009, 43 (3): 721 – 738.

[197] Holger Graf, Tobias Henning. Public Research in Regional Networks of Innovators: A Comparative Study of Four East German Regions [J]. Regional Studies, 2009, 43 (10): 1349 – 1368.

[198] Hong W, Su Y S. The effect of institutional proximity in non – local university – industry collaborations: An analysis based on Chinese patent data [J]. Research Policy, 2013 (2): 454 – 464.

[199] Huber F. Do Clusters Really Matter for Innovation Practices in Information Technology? Questioning the Significance of Technological Knowledge Spillovers [J]. Journal of Economic Geography, 2010, 12 (1): 107 – 126.

[200] Ilbery, B. W. Agricultural geography: a social and economic analysis [M]. Oxford: Oxford University Press, 1985.

[201] Inkpen AC, Pien W. An Examination of Collaboration and Knowledge Transfer: China – Singapore Suzhou Industrial Park [J]. Journal of Management Studies, 2006, 43 (4): 779 – 811.

[202] Jérôme Doutriaux. University – Industry Linkages and the Development of Knowledge Clusters in Canada [J]. Local Economy, 2003, 18 (1): 63 – 79.

[203] Jesús N M, Lluís S. Technological Collaboration: Bridging the Innovation Gap between Small and Large Firms [J]. Journal of Small Business Management, 2010, 48 (1): 44 - 69.

[204] Jian Cheng Guan, Richard C. M. Yam, Chiu Kam Mok. Collaboration between industry and research institutes/universities on industrial innovation in Beijing, China [J]. Technology Analysis & Strategic Management, 2005, 17 (3): 339 - 353.

[205] John Law, Michel Callon. Engineering and Sociology in a Military Aircraft Project: A Network Analysis of Technological Change [M]. Social Problems, Vol. 35, No. 3, Special Issue: The Sociology of Science and Technology, 1988: 284 - 297.

[206] Jörg S, Udo S. The institutional embeddedness of project networks: the case of content production in German television [J]. Regional Studies, 2010, 36 (3): 215 - 227.

[207] Koka B R, Madhavan R, Prescott J E. The evolution of inter - firm networks: Environmental effects on patterns of network change [J]. Academy of Management Review, 2006, 31 (3): 721 - 737.

[208] Lambooy JG. The Transmission of Knowledge, Emerging Networks, and the Role of Universities An Evolutionary.

[209] Latour B. Reassembling the social - an introduction to actor - network theory [M]. Oxford: Oxford University Press, 2005.

[210] Latour Bruno, Woolgar Steve. Laboratory life: the social construction of scientific facts [M]. Beverly Hills London: Sage, 1979: 154.

[211] Lau A K W, Lo W. Regional innovation system, absorptive capacity and innovation performance: An empirical study [J]. Technological Forecasting & Social Change, 2015 (92): 99 - 114.

[212] Laursen K, Salter A. Open for innovation: the role of openness in explaining innovation performance among U. K. manufacturing firms [J]. Strategic Management Journal, 2006, 27 (2): 131 - 150.

[213] Lazer, D. , Friedman, A. The network structure of exploration and

exploitation. Administrative Science Quarterly, 2007, 52 (4): 667 - 694.

[214] Leydesdorff L, Meyer M. The Triple helix of university - industry government relations [J]. SCIENTOMETRICS. 2003, 58 (2): 191 - 203.

[215] Leydesdorff L. The mutual information of university - industry - government relations: An indicator of the Triple Helix dynamics [J]. SCIENTOMETRICS. 2003, 58 (2): 445 - 467.

[216] Liefner I, Brömer C, Zeng G. Knowledge absorption of optical technology companies in Shanghai, Pudong: Successes, barriers and structural impediments [J]. Applied Geography, 2012, 32 (1): 171 - 184.

[217] Liefner I, Hennemann S. Structural holes and new dimensions of distance: the spatial configuration of the scientific knowledge network of China's optical technology sector [J]. Environment and Planning A 2011 (43): 810 - 829.

[218] Liefner I. Funding, Resource Allocation, and Performance in Higher Education Systems [J]. Higher Education, 2003 (46): 469 - 489.

[219] Lööf H, Heshmati A. Knowledge capital and performance heterogeneity: A firm - level innovation study [J]. International Journal of Production Economics, 2002, 76 (1): 61 - 85.

[220] Maillat D. Innobative melieux and new generations of regional policies debelopment [M]. Oxford: Oxford University Press, 1998.

[221] Mekonnen D K, Spielman D J, Fonsah E G, et al. Innovation Systems and Technical Efficiency in Developing - Country Agriculture [J]. Agricultural Economics, 2012, 46 (5): 689 - 702.

[222] Meyer M, Grant K, Morlacchi P, et al. Triple Helix indicators as an emergent area of enquiry: a bibliometric perspective [J]. SCIENTOMETRICS. 2014, 99 (1): 151 - 174.

[223] Michel Callon, Bruno Latour. Don't Throw the Baby Out With the Bath School: A Reply to Collins and Yearley [M]. Andrew Pickering (edited). Science as Practice and Culture. Chicago University Press, 1992: 348.

[224] Michel Callon. Four Modelsfor the Dynamics of Science [A]. In

Sheila Jasanoff. Handbook of Science and Technology [C]. London: Sage - Publications, 1995: 52.

[225] Mikel Buesa, Joost Heijs, Monica Martinez Pellitero, Thomas Baumert. Regional systems of innovation and the knowledge production function: the Spanish case [J]. Technovation, 2006 (26): 463 - 472.

[226] Motohashi K. Assessment of Technological Capability in Science Industry Linkage in China by Patent Database [J]. World Patent Information, 2008, 30 (3): 225 - 232.

[227] Motohashi K. IT, Enterprise Reform and Productivity in Chinese Manufacturing Firms [C] // Research Institute of Economy, Trade and Industry (RIETI), 2005.

[228] OECD. National Innovation System [R]. Paris: OECD, 1997.

[229] Ooms D L, Hall A. On - and Off - Farm Labour Suplly of Dutch Dairy Farmers: Estimation and Policy Simulations [C] // European Association of Agricultural Economists, 2005.

[230] Oxley J E, Sampson R C. The scope and governance of international R&D alliances [J]. Strategic Management Journal, 2004 (25): 723 - 749.

[231] Ponniah, A. The Role of Agricultural R&D Within the Agricultural Innovation Systems Framework. Prepared for the ASTI/IFPRI - FARA Conference/Accra, Ghana/, 2011.

[232] Porter M E, Porter M P. The Adam Smith address: location, clusters, and the "new" microeconomics of competition. [J]. Business Economics, 1998: v33 (n1): 7 - 13.

[233] Powell WW., KoPut K. W, &Smith - Doerr, L. Interorganizational collaboration and the locus of innovation: Networks of learning in biotechnology [J]. Administrative Science Quarterly, 1996, 41 (1): 116 - 145.

[234] Pudelko M, Mendenhall M E. The contingent nature of best practices in national competitiveness: The case of American and Japanese innovation processes [J]. European Management Journal, 2009, 27 (6): 456 - 466.

[235] Rajalahti, R. Janssen, W. Pehu, E. Agricultural Innovation Sys-

tems: From Diagnostics Toward Operational Practices. Agriculture and Rural Development Discussion Paper. The International Bank for Reconstruction and Development/The World Bank, 2008.

[236] Rogers E M. Diffusion of Innovation. 3rd ed. New York: Free Press, 1983.

[237] Roseboom, J. Adopting an Agricultural Innovation System Perspective: Implications for ASARECA's Strategy—Johannes Roseboom [R]. Asareca Strategic Planning Paper NO. 7. 2004.

[238] Rost, K. The strength of strong ties in the creation of innovation [J]. Research Policy. 2011, 40 (4): 588 –604.

[239] Scherngell T, Hu Y. Collaborative Knowledge Production in China: Regional Evidence from a Gravity Model Approach [J]. Regional Studies, 2011, 45 (6): 755 –772.

[240] Shapiro M A. Receiving information at Korean and Taiwanese universities, industry, and GRIs [J]. SCIENTOMETRICS. 2012, 90 (1): 289 –309.

[241] Skoric M M. The implications of big data for developing and transitional economies: Extending the Triple Helix? [J]. SCIENTOMETRICS. 2014, 99 (1): 175 –186.

[242] Soosay C A, Hyland P W, Ferrer M. Supply chain collaboration: capabilities for continuous innovation [J]. Supply Chain Management, 2008, 13 (2): 160 –169.

[243] Spielman D J. Innovation systems perspectives on developing – country agriculture: a critical review [C] // 2005.

[244] Spielman, J. D., Birner, R., 2008. How Innovative Is Your Agriculture? Using Innovation Indicators and Benchmarks to Strengthen National Agricultural Innovation Systems [M]. 2008, World Bank, Washington DC..

[245] Stefan Kuhimann. European/German efforts and policy evaluation in regional innovation [J]. Tokyo: NISTEP, 2004 (25).

[246] Ter Wal A L J, Boschma R. Applying social network analysis in

economic geography: framing some key analytic issues [J]. Annals of Regional Science, 2009 (3): 739 -756.

[247] Ter Wal A L J. The dynamics of the inventor network in German biotechnology: geographic proximity versus triadic closure [J]. Journal of Economic Geography, 2013, 14 (3): 589 -620.

[248] Tether B. Who co - operates for innovation, and why: An empirical analysis [J]. Research Policy, 2002, 31 (6): 947 -967.

[249] Toby E. Vertical alliance networks: The case of university - biotechnology - pharmaceutical alliance chains [J]. Research Policy, 2007, 36 (4): 477 -498.

[250] Torkkeli M T, Kock C J, Salmi P A S. The "Open Innovation" paradigm: A contingency perspective [J]. journal of industrial engineering and management, 2009, 2 (1): 176 -207.

[251] Tracey P, Clark G L. Alliances, Networks and Competitive Strategy: Rethinking Clusters of Innovation [J]. Growth & Change, 2003 (1): 1 -16.

[252] Wal A L J T, Boschma R A. Applying social network analysis in economic geography: framing some key analytic issues [J]. The Annals of Regional Science, 2009, 43 (3): 739 -756.

[253] Wang C, Lin G. Dynamics of Innovation in Globalizing China: Regional Environment, Inter - firm Relations and Firm Attributes [J]. Journal of Economic Geography, 2013, 13 (3): 397 -418.

[254] Wei Y D, Li W, Wang C. Restructuring Industrial Districts, Scaling Up Regional Development: A Study of the Wenzhou Model, China [J]. Economic Geography, 2007, 83 (4): 421 -444.

[255] Whlttington, K. B., Owen - Smith, J., &Powell, W. W. Networks, Propinquity, and innovation in knowledge - intensive industries [J]. Administrative Science Quarterly, 2009, 54 (1): 90 -122.

[256] Woods, M. Rural Geography [M]. London: Sage Publi cations, 2005: 1 -170.

[257] Wu A, Wang C C., Li S. Geographical knowledge search, internal R&D intensity and product innovation of clustering firms in Zhejiang, China [J]. Papers in Regional Science, 2015, 94 (3): 553-572.

[258] Xielin Liu, Steven White. An exploration into regional variation in innovative activity in China [J]. Int. J. Technology Management, 2001, 21 (12): 114-129.

[259] Yang H B, Lin Z J. A multilevel framework of firm boundaries: Firm characteristics, dyadic differences and network attributes [J]. Strategic Management Journal, 2010, 31 (3): 237-261.

[260] Zhang G, Guan J, Liu X. The impact of small world on patent productivity in China [J]. Scientometrics, 2014, 98 (2): 945-960.

# 附录

## 附录1：2018年上海市级及以上农业龙头企业一览

| 序号 | 企业名称 | 年销售收入（万元） | 年末从业人员（个） | 带动农户数（户） | 级别 |
|---|---|---|---|---|---|
| 1 | 上海清美绿色食品有限公司 | 122000 | 2225 | 5066 | 国家级 |
| 2 | 上海孙桥现代农业联合发展有限公司 | 3090 | 215 | 8500 | |
| 3 | 上海新成食品有限公司 | 24662 | 994 | 3300 | |
| 4 | 上海农产品中心批发市场经营管理有限公司 | 1500000 | 342 | 3600 | |
| 5 | 上海正义园艺有限公司 | 25100 | 432 | 5136 | |
| 6 | 上海五丰上食食品有限公司 | 24175 | 285 | 1000 | |
| 7 | 上海大山合菌物科技股份有限公司 | 23125 | 180 | 605 | |
| 8 | 上海雪榕生物科技股份有限公司 | 179835 | 226 | 5000 | |
| 9 | 上海科立特农科（集团）有限公司 | 42210 | 185 | 5000 | |
| 10 | 上海塞翁福农业发展有限公司 | 24367 | 248 | 2000 | |
| 11 | 上海元盛食品有限公司 | 58975 | 415 | 11306 | |
| 12 | 中饮巴比食品股份有限公司 | 78291 | 900 | 1200 | |
| 13 | 上海银龙农业发展有限公司 | 21000 | 2118 | 20000 | |
| 14 | 上海鑫博海农副产品加工有限公司 | 41849.25 | 1222 | 4000 | |
| 15 | 上海都市农商社有限公司 | 134200 | 2014 | 2642 | |
| 16 | 上海良友（集团）有限公司 | 1820273 | 5203 | 13202 | |
| 17 | 光明米业（集团）有限公司 | 551573 | 1258 | 13520 | |
| 18 | 光明乳业股份有限公司 | 2090293 | 5861 | 40000 | |
| 19 | 上海鲜花港企业发展有限公司 | 15921 | 250 | 4100 | |
| 20 | 上海（蔬菜）集团有限公司 | 1003383 | 1857 | 27000 | |

续表

| 序号 | 企业名称 | 年销售收入（万元） | 年末从业人员（个） | 带动农户数（户） | 级别 |
|---|---|---|---|---|---|
| 1 | 上海城市食品配送有限公司 | 13427 | 1005 | 2750 | 市级 |
| 2 | 上海福新面粉有限公司 | 84736 | 135 | 13484 | |
| 3 | 上海敏航农业科技有限公司 | 10400 | 30 | 1467 | |
| 4 | 超大（上海）食用菌有限公司 | 11261 | 86 | 2082 | |
| 5 | 上海景瑞农业科技发展有限公司 | 12372 | 116 | 3600 | |
| 6 | 上海汉康豆类食品有限公司 | 18666 | 550 | 2033 | |
| 7 | 上海江杨农产品批发市场经营管理有限公司 | 1459000 | 406 | 12500 | |
| 8 | 上海惠和种业有限公司 | 10595 | 108 | 2772 | |
| 9 | 上海艺杏食品有限公司 | 10505 | 249 | 3000 | |
| 10 | 上海万金观赏鱼养殖有限公司 | 5600 | 26 | 720 | |
| 11 | 上海原野蔬菜食品有限公司 | 8825 | 102 | 490 | |
| 12 | 上海市江桥批发市场经营管理有限公司 | 893570 | 455 | 15874 | |
| 13 | 上海沧海桑田生态农业发展有限公司 | 3689 | 103 | 1500 | |
| 14 | 上海垠海贸易有限公司 | 36597 | 169 | 2100 | |
| 15 | 上海祥欣畜禽有限公司 | 8544 | 138 | 505 | |
| 16 | 上海乐惠米业有限公司 | 80919 | 49 | 10104 | |
| 17 | 上海多利农业发展有限公司 | 37370 | 358 | 510 | |
| 18 | 上海种都农业科技有限公司 | 5987 | 57 | 1500 | |
| 19 | 上海益升农业发展有限公司 | 12321 | 88 | 300 | |
| 20 | 上海和顺渔业有限公司 | 3034 | 102 | 50 | |
| 21 | 上海田野农副产品配送服务有限公司 | 25422 | 135 | 2647 | |
| 22 | 上海源耀生物股份有限公司 | 21861 | 81 | 135 | |
| 23 | 上海杰隆生物制品股份有限公司 | 3816 | 83 | 3000 | |

续表

| 序号 | 企业名称 | 年销售收入（万元） | 年末从业人员（个） | 带动农户数（户） | 级别 |
|---|---|---|---|---|---|
| 24 | 上海源怡种苗有限公司 | 13318 | 209 | 2740 | 市级 |
| 25 | 上海闽龙实业有限公司 | 14036 | 245 | 7830 | |
| 26 | 上海康桥中药饮片有限公司 | 38438 | 230 | 5800 | |
| 27 | 上海丰科生物科技股份有限公司 | 10137 | 215 | 1880 | |
| 28 | 上海金丰裕米业有限公司 | 23515 | 18 | 2700 | |
| 29 | 上海鼎丰酿造食品有限公司 | 25564 | 145 | 2298 | |
| 30 | 上海惠尔利农资有限公司 | 10190 | 259 | 5548 | |
| 31 | 上海圣华副食品有限公司 | 16333 | 282 | 110 | |
| 32 | 上海海利生物技术股份有限公司 | 15755 | 343 | 1073 | |
| 33 | 上海森蜂园蜂业有限公司 | 11798 | 200 | 1450 | |
| 34 | 上海香川饲料有限公司 | 64162 | 102 | 6430 | |
| 35 | 上海新农饲料有限公司 | 97421 | 682 | 5785 | |
| 36 | 佳克食品（上海）有限公司 | 19667 | 301 | 600 | |
| 37 | 上海松林食品（集团）有限公司 | 27440 | 225 | 1655 | |
| 38 | 上海奕方农业科技股份有限公司 | 38211 | 545 | 2432 | |
| 39 | 上海农好饲料有限公司 | 54647 | 142 | 10500 | |
| 40 | 上海红马饲料有限公司 | 16514 | 138 | 3500 | |
| 41 | 上海山林食品有限公司 | 23156 | 433 | 1513 | |
| 42 | 上海亚太国际蔬菜有限公司 | 17039 | 433 | 2781 | |
| 43 | 上海双汇大昌有限公司 | 76171 | 1068 | 5471 | |
| 44 | 上海天容肉制品集团有限公司 | 7119 | 80 | 500 | |
| 45 | 上海舜地食品有限公司 | 17202 | 290 | 5199 | |
| 46 | 上海融氏健康产业股份有限公司 | 22940 | 3900 | 9600 | |
| 47 | 中粮融氏生物科技有限公司 | 53209 | 263 | 6000 | |
| 48 | 上海弘阳农业有限公司 | 9145 | 105 | 1007 | |
| 49 | 上海大千美食林实业有限公司 | 17269 | 260 | 280 | |

续表

| 序号 | 企业名称 | 年销售收入（万元） | 年末从业人员（个） | 带动农户数（户） | 级别 |
|---|---|---|---|---|---|
| 50 | 上海义林食品有限公司 | 16762 | 262 | 3295 | 市级 |
| 51 | 上海立明粮油有限公司 | 23648 | 445 | 18980 | |
| 52 | 上海老杜农业发展有限公司 | 21000 | 83 | 210 | |
| 53 | 上海明珠湖肉食品有限公司 | 22888 | 138 | 300 | |
| 54 | 上海绿晟实业有限公司 | 5025 | 106 | 1371 | |
| 55 | 上海海丰米业有限公司 | 106033 | 144 | 2386 | |
| 56 | 上海光明长江现代农业有限公司 | 16452 | 476 | 1403 | |
| 57 | 上海跃进现代农业发展有限公司 | 20213 | 476 | 25000 | |
| 58 | 上海东穗现代农业发展有限公司 | 13261 | 325 | 1018 | |
| 59 | 上海黄海种业有限公司 | 12603 | 403 | 1251 | |
| 60 | 光明米业集团上海国际贸易有限公司 | 220350 | 16 | 2000 | |
| 61 | 上海星辉蔬菜有限公司 | 58450 | 366 | 1202 | |
| 62 | 上海光明森源生物科技有限公司 | 13261 | 375 | 540 | |
| 63 | 上海光明饲料有限公司 | 143623 | 110 | 520 | |
| 64 | 上海大瀛食品有限公司 | 9357 | 165 | 384 | |
| 65 | 上海爱森肉食品有限公司 | 51033 | 767 | 194 | |
| 66 | 上海瑞华实业公司 | 16422 | 1003 | 1001 | |
| 67 | 上海海丰水产养殖有限公司 | 34099 | 111 | 1000 | |
| 68 | 上海光明特种水产有限公司 | 10118 | 66 | 1017 | |
| 69 | 农工商超市（集团）有限公司 | 1458007 | 28445 | 23000 | |
| 70 | 上海国兴农现代农业发展股份有限公司 | 5616 | 65 | 1633 | |

续表

| 序号 | 企业名称 | 年销售收入（万元） | 年末从业人员（个） | 带动农户数（户） | 级别 |
|---|---|---|---|---|---|
| 71 | 上海高校后勤服务股份有限公司 | 57705 | 61 | 7951 | 市级 |
| 72 | 上海市农业生产资料公司 | 358872 | 274 | 672 | |
| 73 | 上海市果品有限公司 | 9926 | 135 | 1000 | |
| 74 | 上海西郊国际农产品发展有限公司 | 16758 | 39 | 350 | |
| 75 | 上海家禽育种有限公司 | 6691 | 219 | 1000 | |

资料来源：根据 2019 年 6 月赴上海市农委调研资料统计

# 附录 2：上海涉农企业及高校名录

| 类别 | 数量（家） | 名　称 |
|---|---|---|
| 国家级农业企业 | 20 | 上海清美绿色食品有限公司、上海孙桥现代农业联合发展有限公司、上海新成食品有限公司、上海农产品中心批发市场经营管理有限公司、上海正义园艺有限公司、上海五丰上食食品有限公司、上海大山合菌物科技股份有限公司、上海雪榕生物科技股份有限公司、上海科立特农科（集团）有限公司、上海塞翁福农业发展有限公司、上海元盛食品有限公司、中饮巴比食品股份有限公司、上海银龙农业发展有限公司、上海鑫博海农副产品加工有限公司、上海都市农商社有限公司、上海良友（集团）有限公司、光明米业（集团）有限公司、光明乳业股份有限公司、上海鲜花港企业发展有限公司、上海（蔬菜）集团有限公司 |

续表

| 类别 | 数量（家） | 名　　称 |
| --- | --- | --- |
| 市级农业企业 | 75 | 上海城市食品配送有限公司、上海福新面粉有限公司、上海敏航农业科技有限公司、超大（上海）食用菌有限公司、上海景瑞农业科技发展有限公司、上海汉康豆类食品有限公司、上海江杨农产品批发市场经营管理有限公司、上海惠和种业有限公司、上海艺杏食品有限公司、上海万金观赏鱼养殖有限公司、上海原野蔬菜食品有限公司、上海市江桥批发市场经营管理有限公司、上海沧海桑田生态农业发展有限公司、上海垠海贸易有限公司、上海祥欣畜禽有限公司、上海乐惠米业有限公司、上海多利农业发展有限公司、上海种都农业科技有限公司、上海益升农业发展有限公司、上海和顺渔业有限公司、上海田野农副产品配送服务有限公司、上海源耀生物股份有限公司、上海杰隆生物制品股份有限公司、上海源怡种苗有限公司、上海闽龙实业有限公司、上海康桥中药饮片有限公司、上海丰科生物科技股份有限公司、上海金丰裕米业有限公司、上海鼎丰酿造食品有限公司、上海惠尔利农资有限公司、上海圣华副食品有限公司、上海海利生物技术股份有限公司、上海森蜂园蜂业有限公司、上海香川饲料有限公司、上海新农饲料有限公司、佳克食品（上海）有限公司、上海松林食品（集团）有限公司、上海奕方农业科技股份有限公司、上海农好饲料有限公司、上海红马饲料有限公司、上海山林食品有限公司、上海亚太国际蔬菜有限公司、上海双汇大昌有限公司、上海天容肉制品集团有限公司、上海舜地食品有限公司、上海融氏健康产业股份有限公司、中粮融氏生物科技有限公司、上海弘阳农业有限公司、上海大千美食林实业有限公司、上海义林食品有限公司、上海立明粮油有限公司、上海老杜农业发展有限公司、上海明珠湖肉食品有限公司、上海绿晟实业有限公司、上海海丰米业有限公司、上海光明长江现代农业有限公司、上海跃进现代农业发展有限公司、上海东穗现代农业发展有限公司、上海黄海种业有限公司、光明米业集团上海国际贸易有限公司、上海星辉蔬菜有限公司、上海光明森源生物科技有限公司、上海光明饲料有限公司、上海大瀛食品有限公司、上海爱森肉食品有限公司、上海瑞华实业公司、上海海丰水产养殖有限公司、上海光明特种水产有限公司、农工商超市 |

续表

| 类别 | 数量（家） | 名　称 |
|---|---|---|
| 市级农业企业 | 75 | （集团）有限公司、上海国兴农现代农业发展股份有限公司、上海高校后勤服务股份有限公司、上海市农业生产资料公司、上海市果品有限公司、上海西郊国际农产品发展有限公司、上海家禽育种有限公司 |
| 高校科研院所 | 25 | 上海市农业科学院、上海市农业技术推广中心、上海市动物疫病预防控制中心、上海市动物卫生监督所、上海市农技技术推广站、上海市农业机械研究所、上海市农机具质量检测站、中荷农业部上海市园艺培训示范中心（上海鲜花港）、上海市农产品质量认证中心、上海市水产研究所（上海市水产技术推广站）、上海农林职业技术学院、中国水产科学研究院东海水产研究所、中国水产科学研究院渔业机械仪器研究所、中国农业科学院上海兽医研究所、中国科学院上海生命科学研究院植物生理生态研究所、上海交通大学、上海大学、上海海洋大学、同济大学、华东理工大学、上海理工大学、华东师范大学、上海工程技术大学、上海师范大学、上海应用技术学院 |
| 合计 | 120 | |

资料来源：根据2019年6月赴上海市农委调研资料整理

# 附录 3：合作论文数据库的基本信息表

| 年份 | 论文题目 | 作者单位 | 单位 1 | | | 单位 2 | | | 单位 3 | | | 单位 4 | | |
|---|---|---|---|---|---|---|---|---|---|---|---|---|---|---|
| | | | 所在省份 | 所在城市 | 性质 | 所在省份 | 所在城市 | 性质 | 所在省份 | 所在城市 | 性质 | 所在省份 | 所在城市 | 性质 |
| 1992 | 普通小麦多子房基因单体分析的染色体定位及双端体分析的染色体臂定位 | 上海师范大学生物系；上海市农业科学院 | | 上海 | 高校 | | 上海 | 研究机构 | | | | | | |
| 1993 | 上海市郊饲料含氟量分析 | 上海市农业科学院；上海农学院 | | 上海 | 研究机构 | | 上海 | 高校 | | | | | | |
| 1994 | 用 RFLP 技术检测水稻染色体片段的来源 | 上海市农业科学院；美国佐治亚大学 | | 上海 | 研究机构 | 美国 | | 高校 | | | | | | |
| 1995 | 杨梅雌雄株同工酶和酚类物质的鉴别 | 浙江农业大学园艺系；上海市农业科学院 | 浙江 | 杭州 | 高校 | | 上海 | 研究机构 | | | | | | |

续表

| 年份 | 论文题目 | 作者单位 | 单位1 | | | 单位2 | | | 单位3 | | | 单位4 | | |
|---|---|---|---|---|---|---|---|---|---|---|---|---|---|---|
| | | | 所在省份 | 所在城市 | 性质 | 所在省份 | 所在城市 | 性质 | 所在省份 | 所在城市 | 性质 | 所在省份 | 所在城市 | 性质 |
| 1995 | 水稻游离花粉培养的高频率再生植株 | 中国科学院上海植物生理研究所；上海市农业科学院 | | 上海 | 研究机构 | | 上海 | 研究机构 | | | | | | |
| 1998 | 上海市郊大棚蔬菜的农药使用调查 | 上海农学院；上海市农业科学院 | | 上海 | 高校 | | 上海 | 研究机构 | | | | | | |
| 1999 | “提高仔猪断奶重的推广”试验测定 | 上海市奉贤县种畜场；上海市农业科学院 | | 上海 | 研究机构 | | 上海 | 研究机构 | | | | | | |
| 2001 | 农业机械化对农业和农村经济贡献率理论分析 | 上海市农业科学院；农业部规划设计研究院 | | 上海 | 研究机构 | | 北京 | 研究机构 | | | | | | |
| 2002 | 南方沿海发达地区农业机械化贡献率分析 | 上海市农业科学院；农业部规划设计研究院 | | 上海 | 研究机构 | | 北京 | 研究机构 | | | | | | |
| 2004 | 航天诱变种番茄和辣椒在现代温室中的表现 | 上海市农业科学院；上海都市绿色工程有限公司 | | 上海 | 研究机构 | | 上海 | 企业 | | | | | | |
| 2004 | 条浒苔蛋白核超微结构和Rubisco及其活化酶分子定位 | 上海水产大学生命科学与技术学院；南京农业大学农学院；上海市农业科学院；中国科学院上海植物生理研究所 | | 上海 | 高校 | 江苏 | 南京 | 高校 | | 上海 | 研究机构 | | 上海 | 研究机构 |

续表

| 年份 | 论文题目 | 作者单位 | 单位1 | | | 单位2 | | | 单位3 | | | 单位4 | | |
|---|---|---|---|---|---|---|---|---|---|---|---|---|---|---|
| | | | 所在省份 | 所在城市 | 性质 | 所在省份 | 所在城市 | 性质 | 所在省份 | 所在城市 | 性质 | 所在省份 | 所在城市 | 性质 |
| 2005 | 温室番茄发育模拟模型研究 | 南京农业大学农学院；上海市农业科学院 | 江苏 | 南京 | 高校 | | 上海 | 研究机构 | | | | | | |
| 2005 | 塑料大棚盐渍化土壤灌水洗盐对水环境污染负荷的研究 | 上海市环境科学研究院；上海市农业科学院 | | 上海 | 研究机构 | | 上海 | 研究机构 | | | | | | |
| 2006 | 温度和辐射对一品红发育及主要品质指标的影响 | 南京农业大学；南京市蔬菜花卉科学研究所；上海市农业科学院 | 江苏 | 南京 | 高校 | 江苏 | 南京 | 企业 | | 上海 | 研究机构 | | | |
| 2006 | 几条随机克隆的香菇顺式因子特性分析 | 上海水产大学；上海市农业科学院 | | 上海 | 高校 | | 上海 | 研究机构 | | | | | | |
| 2006 | 酶体外定向分子进化技术：环境生物污染治理中的新星 | 南京农业大学；上海市农业科学院 | 江苏 | 南京 | 高校 | | 上海 | 研究机构 | | | | | | |
| 2006 | 基于氮磷养分管理的畜禽场粪便匹配农田面积 | 上海市环境科学研究院；上海市农业科学院 | | 上海 | 研究机构 | | 上海 | 研究机构 | | | | | | |

# 附录4：合作发明专利数据库基本信息

| 年份 | 专利名称 | 申请人 | 申请人1 | | | 申请人2 | | | 申请人3 | | | 申请人4 | | |
|---|---|---|---|---|---|---|---|---|---|---|---|---|---|---|
| | | | 所在省份 | 所在城市 | 性质 | 所在省份 | 所在城市 | 性质 | 所在省份 | 所在城市 | 性质 | 所在省份 | 所在城市 | 性质 |
| 2015 | 一种灵芝孢子粉原料有效成分的检测方法 | 上海市农业科学院；上海百信生物科技有限公司 | | 上海 | 科研机构 | | 上海 | 企业 | | | | | | |
| 2002 | 一种含壳聚糖蔬菜种子包衣剂 | 华东理工大学；上海市农业科学院园艺研究所 | | 上海 | 高校 | | 上海 | 科研机构 | | | | | | |
| 2002 | 雷公藤再生植株及其制备工艺 | 上海延农生物工程有限公司；上海市农业科学院生物技术研究中心 | | 上海 | 企业 | | 上海 | 科研机构 | | | | | | |

续表

| 年份 | 专利名称 | 申请人 | 申请人1 | | | 申请人2 | | | 申请人3 | | | 申请人4 | | |
|---|---|---|---|---|---|---|---|---|---|---|---|---|---|---|
| | | | 所在省份 | 所在城市 | 性质 | 所在省份 | 所在城市 | 性质 | 所在省份 | 所在城市 | 性质 | 所在省份 | 所在城市 | 性质 |
| 2002 | 用于转基因植物中生产类胡萝卜素的相关基因的合成 | 上海永业农科生物工程有限公司；上海市农业科学院生物技术研究中心 | | 上海 | 企业 | | 上海 | 科研机构 | | | | | | |
| 2003 | 具有除草活性的噻二唑并嘧啶的吡啶碳酰亚胺衍生物及其制备方法 | 上海师范大学；上海市农业科学院植物保护研究所 | | 上海 | 高校 | | 上海 | 科研机构 | | | | | | |
| 2004 | 用化学合成和分子进化获得酵母表达高比活植酸酶基因 | 上海永业农科生物工程有限公司；上海市农业科学院生物技术研究中心 | | 上海 | 企业 | | 上海 | 科研机构 | | | | | | |
| 2005 | 一种防除草莓杂草的组合物及其制备方法与应用 | 上海市农药研究所；上海市农业科学院植物保护研究所 | | 上海 | 科研机构 | | 上海 | 科研机构 | | | | | | |
| 2005 | 猪细小病毒病油乳剂灭活疫苗 | 上海市农业科学院畜牧兽医研究所；上海佳牧生物制品有限公司 | | 上海 | 科研机构 | | 上海 | 企业 | | | | | | |

续表

| 年份 | 专利名称 | 申请人 | 申请人1 | | | 申请人2 | | | 申请人3 | | | 申请人4 | | |
|---|---|---|---|---|---|---|---|---|---|---|---|---|---|---|
| | | | 所在省份 | 所在城市 | 性质 | 所在省份 | 所在城市 | 性质 | 所在省份 | 所在城市 | 性质 | 所在省份 | 所在城市 | 性质 |
| 2006 | 雷公藤丛生芽的诱导、增殖及移栽方法 | 上海延农生物工程有限公司；上海市农业科学院生物技术研究中心 | | 上海 | 企业 | | 上海 | 科研机构 | | | | | | |
| 2006 | 一种油菜田除草剂、制备方法及其用途 | 中国科学院上海有机化学研究所；上海市农业科学院植物保护研究所 | | 上海 | 科研机构 | | 上海 | 科研机构 | | | | | | |
| 2007 | 一种水葫芦生物防治菌株及其用途 | 上海市农业科学院植物保护研究所；中国科学院上海生命科学研究院 | | 上海 | 科研机构 | | 上海 | 科研机构 | | | | | | |
| 2007 | 水稻叶片内卷基因及其应用 | 中国科学院上海生命科学研究院；上海市农业科学院 | | 上海 | 科研机构 | | 上海 | 科研机构 | | | | | | |
| 2007 | 水稻叶片外卷基因及其应用 | 上海市农业科学院作物育种栽培研究所；中国科学院上海生命科学研究院 | | 上海 | 科研机构 | | 上海 | 科研机构 | | | | | | |

续表

| 年份 | 专利名称 | 申请人 | 申请人1 | | | 申请人2 | | | 申请人3 | | | 申请人4 | | |
|---|---|---|---|---|---|---|---|---|---|---|---|---|---|---|
| | | | 所在省份 | 所在城市 | 性质 | 所在省份 | 所在城市 | 性质 | 所在省份 | 所在城市 | 性质 | 所在省份 | 所在城市 | 性质 |
| 2008 | N－(4－氯－6－甲氧基嘧啶－2－基)－2，4－二氯苯氧乙酰胺及其制备方法、应用和农用组合物 | 上海师范大学；上海市农业科学院；上海生农生化制品有限公司 | | 上海 | 科研机构 | | 上海 | 科研机构 | | | | | | |
| 2010 | 一种西藏亚东野生黑木耳人工栽培的培养料 | 上海市农业科学院；上海国森生物科技有限公司 | | 上海 | 科研机构 | | 上海 | 企业 | | | | | | |
| 2010 | 桑黄的菌种培养及桑黄的栽培方法 | 上海市农业科学院；福建省永春县林业局 | | 上海 | 科研机构 | 福建 | 泉州 | 科研机构 | | | | | | |
| 2010 | 一种金针菇出菇育种方法 | 上海市农业科学院；上海科立特农科（集团）有限公司；上海国森生物科技有限公司 | | 上海 | 科研机构 | | 上海 | 科研机构 | | 上海 | 企业 | | | |

# 附录 5:《上海农业创新网络演化研究》企业调研问卷

尊敬的先生/女士:

您好！本问卷是上海市农业科学院和华东师范大学联合进行的一项学术研究，旨在考察上海农业创新网络及其空间分布特征，进而研判上海农业企业的创新能力及创新政策需求。本次调查均采取匿名形式，且所得数据仅供科学研究之用。我们承诺不会以任何形式泄露企业的商业信息，请您放心填写，对此我们表示诚挚的谢意!

上海市农业科学院和华东师范大学农业创新网络研究小组

## 一、企业基本情况

1. 企业所在区域：上海市________区，成立于________年。

2. 贵公司为:

□总公司　　□地区总公司　　□子公司

3. 贵公司的所有制性质:

□国有　□集体　□民营　□外商独资　□其他

4. 贵公司经营类别（本题可多选）:

□综合类　□种业　□粮油　□蔬菜　□水果　□畜禽

□水产　□食用菌　□农产品加工　□园林花卉　□其他____

5. 贵公司年销售收入:

□500 万元以下　□500 万 ~ 1000 万元　□1000 万 ~ 5000 万元

□5000 万 ~ 1 亿元　□1 亿 ~ 5 亿元　□5 亿 ~ 10 亿元　□10 亿元以上

6. 贵公司研发投入占销售收入的比重：

□2% 以下　　□2% ~5%　　□5% ~10%　　□10% 以上

7. 贵公司研发投入的来源分别有哪些渠道，占比多少？（可多选）：

□本公司自筹资金，占____%　　□风险基金投入，占____%

□政府项目投入，占____%　　□企业合作经费，占____%

□高校、科研院所合作经费，占____%　　□其他，占____%

8. 贵公司的员工数量____人，企业科研人员数量____人，具有本科以上学历的员工数量____人。

## 二、企业创新情况

9. 贵公司新产品销售收入占当年销售收入的比例____%。

10. 与同行相比，贵公司的创新能力

□本市领先　□国内领先　□国际领先

11.

| 企业新技术新产品的获得渠道 | | | | | | |
|---|---|---|---|---|---|---|
| 自主研发 | 企业合作研发 | 国内大学科研机构提供 | 国内大学科研机构转让 | 当地政府支持 | 从国外购买引进 | 其他 |
| | | | | | | |

12.

| 企业的市场创新 | | | | | | |
|---|---|---|---|---|---|---|
| 自己跑市场 | 政府宣传 | 设立分销渠道 | 建立产品标准 | 网上信息交易 | 开辟新销售市场 | 其他 |
| | | | | | | |

13.

| 企业的创新障碍 | | | | | |
|---|---|---|---|---|---|
| 科研技术力量薄弱 | 资金问题 | 政策限制 | 企业合作困难 | 基础设施不健全 | 其他 |
| | | | | | |

14. 在过去三年中，与同行企业平均水平相比，贵公司的创新情况？

| 1～5表示从非常不同意向非常同意的逐渐变化，3相当于行业平均水平。 | | 不同意→同意 | | | | |
|---|---|---|---|---|---|---|
| 1 | 频繁地推出新产品 | 1 | 2 | 3 | 4 | 5 |
| 2 | 新产品销售收入占总销售收入比重很高 | | | | | |
| 3 | 新产品具有卓越的品质 | | | | | |
| 4 | 新产品推向市场的速度很快 | | | | | |
| 5 | 新产品能够很快地占领主要市场 | | | | | |

## 三、企业创新合作情况

15. 贵公司与哪些重要的合作伙伴，共同开展农业科技研发创新活动，请选出三个，按重要性从高到低选择填写数字：________________

（1）大学　（2）科研院所　（3）同行业企业　（4）主要客户

（5）中介机构　（6）政府部门　（7）农户　（8）农业合作社

（9）其他

16. 在过去两年新产品的开发中，贵公司与企业（机构）创新合作的数量（单位：个）

| 所在区域数量 | 大学 | 科研院所 | 同行业企业 | 主要客户 | 中介机构 | 政府部门 | 农户 | 农业合作社 |
|---|---|---|---|---|---|---|---|---|
| 总数（个） | | | | | | | | |
| 本市（个） | | | | | | | | |
| 外省市（个） | | | | | | | | |
| 国外（个） | | | | | | | | |

17. 贵公司与企业（机构）创新合作的关系频度和广度（请在对应的方框内打“√”）

| 关系强度 / 主要节点 | 合作机构所处区域 | | | 关系频度（合作时间） | | | 关系广度（合作机构数量） | | |
|---|---|---|---|---|---|---|---|---|---|
| | 本市为主 | 外省市为主 | 国外为主 | 每年一两次 | 每月一两次 | 每周一两次 | 1～5 | 6～10 | 11以上 |
| 大学 | | | | | | | | | |
| 科研院所 | | | | | | | | | |
| 同行业企业 | | | | | | | | | |
| 主要客户 | | | | | | | | | |
| 中介机构 | | | | | | | | | |
| 政府部门 | | | | | | | | | |
| 农户 | | | | | | | | | |
| 农业合作社 | | | | | | | | | |
| 其他 | | | | | | | | | |

## 四、企业创新环境

18. 和以下地区相比，你认为上海农业发展的创新环境如何？（请在对应的方框内打“√”）

| | 好 | 相同 | 差 |
|---|---|---|---|
| 北京、广州等地 | | | |
| 浙江、江苏等沿海城市 | | | |
| 中国内陆城市 | | | |
| 欧美等国家地区 | | | |

19. 你认为制约上海农业发展的环境因素有哪些？

□高素质的劳动力缺乏　□新技术少　□市场潜力小　□风险投资少

□基础设施差　□与政府合作不畅　其他________________

20. 你希望政府给予哪些方面的支持以提高公司的创新绩效，请就下列措施，按重要性排序：______________

（1）政府的服务效率　（2）优惠和扶持政策　（3）科研项目投入

（4）改善基础设施　（5）知识产权保护　（6）引进人才扶持

（7）帮助寻找客户和合作伙伴　（8）其他方面（请说明）

21. 如果贵公司进行新的农业项目开发，选择哪个地方的可能性大？

□上海本地　□江苏或浙江地区　□国内其他地区　□国外（请注明）

# 附录6：《上海农业创新网络演化研究》高校、科研院所访谈提纲

## 一、单位基本情况

1. 贵单位的成立时间？单位的性质？

2. 贵单位的研发人员数量？占总人数比例？

3. 贵单位科研经费变化情况？

## 二、单位创新合作情况

4. 与贵单位建立创新联系的伙伴有哪些，企业、高校、科研院所、中介机构、政府部门等？

5. 企业、高校、科研院所、政府部门等哪个节点上的合作伙伴有利于科技创新能力的提高，如何评价各个节点对创新的作用？

6. 本市、本国、国外哪里的创新合作伙伴比较多？如何与它们建立联系？

7. 科技成果转化的比例有多少？转化主体有哪些？转化收益如何分配？

### 三、单位创新环境情况

8. 影响贵单位创新能力的因素有哪些？

9. 希望创新环境在哪些方面得到提升？

# 附录 7：《上海农业创新网络演化研究》政府访谈提纲

1. 上海农业产学研合作创新的主体有哪些？每一个创新主体发挥的作用如何？

2. 上海农业科技创新的投入情况？成果转化的产出情况？

3. 上海农业创新有哪些激励机制和扶持政策？

4. 上海农业创新与外省市和国外的合作情况？

5. 与外省市相比，上海农业创新的环境如何？优势有哪些，制约因素有哪些？

6. 政府在农业创新中重点发挥哪些作用？下一步的政策导向是什么？